中国教师研修网　组编
教程主编　周　卫　陈爱苾
本书主编　陈爱苾

CHUNHUAQIUSHI MEI YI NIAN

——BANZHUREN DE MEI YI XUENIAN

中小学班主任案例式培训教程

春华秋实每一年

——班主任的每一学年

教育部师范教育司、基础教育一司　规划指导

教育科学出版社
·北京·

在“2008年万名中小学班主任国家级远程培训”开班典礼仪式上的讲话

周　济

（2008年10月14日）

“2008年万名中小学班主任国家级远程培训”项目，是教育部在2007年成功组织实施全国万名中小学班主任远程培训基础上，进一步加强班主任培训的重要举措；是加强班主任队伍建设的示范性项目；是创新教师培训模式，运用远程教育手段大规模培训班主任的又一次探索，具有十分重要的意义。借此机会，我主要讲三点意见。

一、要高度重视中小学班主任工作和班主任队伍建设

班主任队伍建设是中小学教师队伍建设的重要工作，也是全面提高教育质量、全面推进素质教育的重要环节。在整个中小学教育中，班主任工作非常重要。从教育事业发展看，教育战线贯彻党的教育方针，培养中国特色社会主义事业合格建设者和可靠接班人的任务，都要通过中小学教师特别是班主任老师面向每一个学生来实现。从一个人的成长看，班主任在中小学阶段对孩子的成长影响非常之大，是中小学生学习做人做事最具有影响力的指导者。班主任在教书育人工作中承担着重要的职责，他们是学校教育工作最基层的组织者和协调者，是班集体建设的指导者，是中小学生健康成长的引领者，是中小学思想道德教育的骨干，是沟通家长和社区以及学校的桥梁，是实施素质教育的重要力量、最关键的力量。目前，全国中小学约有435万个教学班，约有440万名教师担任着班主任工作，影响着近两亿的中小学生。胡锦涛总书记说，全面

推行素质教育，本质上就是要解决培养什么人、怎样培养人的重大问题。这应该成为教育工作的主题，我们要坚定不移地贯彻教育方针，那就是要坚定不移地培养德、智、体、美全面发展的社会主义事业的建设者和接班人。在这个推进素质教育、培养建设者和接班人的过程当中，班主任所起的作用是非常巨大的。我们两个亿的中小学生接受着我们这440万班主任的教育，所以我们这些班主任素质如何，班主任开展工作的效果如何，直接关系到整个中小学的教育质量，关系到中小学教育目标的实现，关系到一代甚至几代人的健康成长，关系到中华民族的伟大复兴。

当前我国教育改革发展进入了新的历史时期，全面提高教育质量，成为教育发展新阶段的主要任务。提高教育质量关键在于教师，关键在于建设一支高素质的教师队伍。因此，大力加强教师队伍包括班主任队伍建设，是具有战略意义的重要举措。我们要按照党的十七大对教育提出的要求，要优先发展教育，办好人民满意的教育，瞄准建设人力资源强国的战略目标，全面贯彻落实科学发展观，坚持以人为本，就要把加强教师队伍建设切实摆在新时期教育改革发展的“重中之重”。党的十七大报告当中专门有这么一句话：“加强教师队伍建设尤其是农村教师队伍建设”，所以我们要花更大的气力、采取更多的举措加强教师队伍建设，在不断提高教师的政治地位、社会地位、职业地位的同时，大力加强教师培训，不断提高广大教师教书育人的素质和能力。同时，我们要特别关心广大班主任教师的学习、工作和生活状况，促进班主任们的成长发展，保障和鼓励中小学教师愿意做班主任，做好班主任工作。

党中央、国务院高度重视中小学班主任队伍建设工作。《中共中央国务院关于进一步加强和改进未成年人思想道德建设的若干意见》中强调指出，“要完善学校的班主任制度，高度重视班主任工作，选派思想素质好、业务水平高、奉献精神强的优秀教师担任班主任”。按照中央要求，教育部于2006年6月，印发了《教育部关于进一步加强中小学班主任工作的意见》，对于当前和今后一个时期加强中小学班主任工作和班主任队伍建设提出了明确的指导意见，希望各地结合实际认真贯彻落实。各级教育行政部门和学校都要为班主任开展工作创造条件，提供保障。在这里，我要特别强调以下几点。

一是要把班主任队伍的建设放在更加重要、更加突出、更加基础的地位上。我们要对班主任工作的本质和任务作进一步的深入研究，要明确做班主任工作和学科教学一样都是中小学教师的主业。要培养德、智、体、美全面发展的社会主义事业的建设者和接班人，要全面地推进素质教育，这是做“人”的工作，而且是做“人的成长”的工作，这既是一门科学，也是一门艺术。做好班主任工作是非常不容易的，做好班主任工作对党和人民的事业有利，对孩子们的成长有利。我们班主任每天做的看起来都是一些很平凡的小事，但是这些小事连接着每一个孩子的成长，连接着每一个家庭的幸福，连接着民族和国家的未来。所以我们要把班主任工作在整个中小学工作中摆在更加突出、更加重要、更加基础的位置上。这是一个重大的变化。我们通常把学科教学作为教师的主业，把班主任工作作为教师的一个兼职，班主任津贴作为一种补助。但仔细想一想我们孩子的成长过程，想一想我们的教育规律，恐怕就要把班主任工作和班主任队伍的建设摆在更加突出、更加重要、更加基础的位置上来。所以将来我们要考虑，班主任工作的工作量要大大增加，要提高班主任工作量的权重，合理安排班主任的教学任务。我们的班主任一般都是比较好的专科老师，但是一名好的专科老师，并不意味着就是一名好的班主任，要能够既上好课又做好班主任的工作，是一件非常非常不容易的事情。所以我们要在班主任工作的位置、班主任工作的重要性上给予更进一步的强调。

二是要完善班主任的激励制度。我们要努力改善班主任的待遇，按照现在的安排，下一阶段教师们的工资待遇当中有很大一部分是绩效工资，而在绩效工资的安排当中我们将对班主任工作设置更加重要的成分和比重，以此来改善班主任的待遇。要在整个教师工作当中营造以从事班主任工作为荣的氛围，采取一系列强有力的措施，吸引我们的优秀老师来从事班主任工作、热爱班主任工作、做好班主任工作；要将优秀班主任的表彰奖励纳入教师、教育工作者的表彰奖励体系之中，而且要摆在一个重要的位置；要定期表彰优秀班主任，树立一批班主任先进典型，宣传他们的先进事迹，充分肯定他们在学校教育中的贡献；中小学校应积极推荐优秀班主任加入党组织，把优秀班主任列入学校党政后备干部的培养范围，等等。总的来说，就是要形成一整套的班主任工作的激励制度。

三是要加强班主任队伍的管理。要经常研究班主任工作，了解班主任的工作状况，规范班主任的行为。要建立班主任工作档案，定期考核班主任工作，考核结果要作为班主任和教师聘任、奖励、晋职的重要依据。

四是要为班主任开展工作创造必要的条件。要切实维护班主任教师的合法权益，减轻他们过重的精神压力和工作压力，保障他们的身心健康。要及时了解他们在工作和生活中遇到的困难和问题，为他们排忧解难。

二、要大力加强和支持班主任培训工作

大家正在学习党的十七届三中全会的决议，其中有这样一句话："保障和改善农村教师工资待遇和工作条件，健全农村教师培养培训制度，提高教师素质。"按照中央的要求，我们将要在全国的教师特别是农村教师当中开展大规模的、深入的教师培训工作，在此项工作当中班主任培训将是非常重要的任务。班主任是一项专业性、实践性和艺术性很强的工作。班主任教师应具备较高的思想道德素质和综合教育能力。从优秀班主任的成长经历看，注重不断学习和研究总结班主任工作的规律是班主任成长的必由之路。因此，加强班主任培训，建立班主任培训制度，为班主任学习研修提供帮助支持，是加强班主任队伍建设的重要举措。教育部高度重视班主任培训工作，2006 年 8 月启动实施了"中小学班主任培训计划"，大批中小学班主任接受了培训，受到了班主任的普遍欢迎。我们要进一步推进全国"中小学班主任培训计划"的深入实施，建立和完善班主任培训制度。落实三中全会决议，加强农村教师培养和培训工作中的一项任务，就是建立和完善班主任培训制度，为广大班主任的终身学习和专业发展提供制度和条件保障。各级教育行政部门要采取措施，做好班主任队伍培训规划，加强领导，统筹安排，为班主任提供多样化的学习机会和条件，有计划、有步骤地组织开展班主任培训，促进班主任队伍整体素质不断提高。在组织开展班主任培训方面，我们要特别重视和强调以下几个方面。

一是要把提高班主任思想政治素质和师德修养作为培训的首要任务。去年 8 月 31 日，胡锦涛总书记在全国优秀教师代表座谈会上的讲话中对广大教师提出了"爱岗敬业、关爱学生，刻苦钻研、严谨笃学，勇于创新、奋发进取，淡泊名利、志存高远"的殷切期望，希望广大教师自尊自励，努力成为无愧于党和人民的人类灵魂工程师，以人民教师特有的

人格魅力、学识魅力和卓有成效的工作赢得全社会的尊重。班主任工作岗位是育人的重要岗位，需要思想道德素质好、业务水平高、身心健康、乐于奉献的教师担任。班主任与学生接触最多、沟通便利，影响深刻，需要班主任具有高度的事业心、责任感。要做好立德树人的工作，必须不断加强政治理论学习，提高自身思想政治素质；必须把握中小学生的教育规律和成长规律，以真诚的爱心和科学的方法教育、引导、帮助学生成长进步，成为学生的良师益友。教育部会同中国教科文卫体工会在今年教师节前印发了新修订的《中小学教师职业道德规范》，希望广大班主任教师认真学习贯彻师德规范，进一步提高自身师德修养，弘扬人民教师的高尚师德，做践行师德规范的楷模。

二是要不断丰富班主任培训内容，增强班主任培训的针对性和实效性。当前，班主任培训要紧密围绕全面实施素质教育的需要，紧扣中小学生身心发展的规律与特点，紧密结合经济社会发展变化对中小学生产生的影响，有针对性地安排培训内容，增强针对性和实效性。第一，要帮助班主任进一步明确立德树人是教育的根本任务，把用社会主义核心价值体系引导教育学生融入教育教学的过程之中。第二，要帮助班主任了解当代中小学生成长环境发生的深刻变化，既要看到社会经济发展变化给学生带来的积极影响，也要看到一些消极和不利因素对学生所产生的负面影响。第三，要帮助班主任把握中小学生的教育规律和成长规律，尊重中小学生的人格；尊重中小学生的年龄特点，因势利导、循循善诱，做到入耳、入脑、入心；尊重中小学生的认知方式和表达方式，在育人过程中体现知识性、科学性、娱乐性、趣味性；还要尊重中小学生的差异和特性，充分考虑他们的个体差异，不要按一个标准、一个模式、“一刀切”地简单进行教育。

三是要把农村班主任培训作为工作的重点。我刚才说到，这次三中全会特别提到要健全农村教师培养培训的制度。我国班主任绝大多数在区县及以下的城镇和农村，由于客观条件的限制，很多人没有机会接受培训，而他们又最需要培训。各级教育行政部门一定要把农村班主任培训作为培训工作的重点，创造条件，让更多的农村一线班主任教师有学习与提高的机会。

三、要不断创新班主任培训工作，提高培训效益和质量

近年来，教育部不断加大中小学教师培训的力度，积极探索教师培

训的新机制、新模式，尤其是积极探索运用现代远程教育手段，远程教育与集中培训相结合，组织开展了一系列国家级远程培训示范性项目，大规模、低成本、高效益地培训教师，取得了显著的成果，积累了宝贵的经验，受到全国各地，尤其是广大教师的充分肯定和欢迎。

我们要认真总结近年来教师培训的有益经验，积极探索创新班主任培训的有效机制和模式，通过远程培训、集中培训和校本研修等方式的有机结合，整合和开发优质培训资源，优化班主任培训队伍，不断提高班主任培训的效益和质量，推动中小学班主任培训工作的持续健康发展。

2008 年“中小学班主任国家级专项培训计划”是教育部在去年成功组织实施 100 个县 1 万名班主任培训的基础上，继续采取网络培训与集中培训相结合的形式，开展的大规模班主任培训活动。从今天起，来自全国 100 个项目县的 1 万名班主任教师将进行 50 学时的专题培训。希望参加此次国家级远程培训的各位班主任老师珍惜学习机会，认真学习、积极思考、主动交流、深入钻研，不断提高自身素质和教育教学能力，为推动我国教育事业改革发展，培养和造就一批又一批社会主义合格建设者和可靠接班人作出自己的更大贡献！

目　录

教程导读 ……………………………………………………………… (1)

主编寄语 ……………………………………………………………… (13)

专题1 学年开始 ……………………………………………………… (1)

教育主题：自我教育从自定目标开始

主 案 例：48 份目标的故事

专题2 编排座位 ……………………………………………………… (25)

教育主题：编排座位有学问

主 案 例：自由找座位

专题3 布置教室 ……………………………………………………… (45)

教育主题：布置教室也要立足教育

主 案 例：一波三折的小柜面

专题4 选班委会 ……………………………………………………… (69)

教育主题：让学生体味公平公正的班级民主生活

主 案 例：选举班委会的风波

专题 5　制定班规 …………………………………………………… (93)
教育主题：使班规建设的过程成为学生自管自育的过程
主 案 例：李老师和班规的故事

专题 6　家校联系 …………………………………………………… (119)
教育主题：促使家长成为教育的助力
主 案 例：以书信和家长会搭建家校连心桥

专题 7　评价评奖 …………………………………………………… (145)
教育主题：评价活动价值取向的冲突
主 案 例："评教"给我上了一课

专题 8　学年结束 …………………………………………………… (169)
教育主题：信任出自实事求是
主 案 例：学年结束时的一幕

编后语 ……………………………………………………………… (189)
后　记 ……………………………………………………………… (191)

教 程 导 读

2008 年 5 月，教育部师范教育司采取招投标方式把 2008 年万名班主任国家级远程培训的任务下达给了中国教师研修网。北京教育学院陈爱苾教授和我有幸牵头培训课程的研发。我们非常高兴地邀请到上海市教育科学研究院研究员、上海市中小学心理咨询协会会长吴增强，南京师范大学班主任研究中心主任齐学红教授，北京教育科学研究院《班主任》杂志名誉主编王宝祥教授，湖北《班主任之友》杂志常务副主编熊华生博士，天津市班主任研究会副理事长、德育特级教师张万祥共同编写了这套教程。

我们希望通过这样一种案例式的班主任培训，更新培训观念，创新培训模式，提升班主任的专业理论和专业技能，促进班主任的专业自主和专业发展，为把班主任由教书的“副业”变为育人的“主业”，由一种经验性的职业变为一种专业化的岗位做一些基础性的工作。我们深知这项任务的重要和艰巨，也许很难在这么短的时间里，拿出一个比较成熟的方案，但是我们愿意倾尽心力做出探索和努力，因为我们时刻没有忘记全国 440 万中小学班主任朋友的期待。

在这篇导语里，我试图尽可能扼要地阐述一下这种案例式班主任培训的初衷和想法。希望读者在阅读这套书之前，对这套书的内容主题、写作旨趣、编写体例、框架结构，先有一个总体的了解。如果你觉得这些导语过于枯燥和抽象，那么你也不妨跳过去，直接阅读后面的精彩故事，等到你觉得需要的时候，再回过头来浏览它们。相信我，你会越读越喜欢的。

这套书是写给班主任的

这套书是为所有正在从事班主任工作、有意从事班主任工作、有兴趣研究和探索班主任工作的同仁们写的。

这套书写的是一百多个有关班主任日常工作中经常发生或有可能发生的故事。故事的主角是一批有经验的、用心思考和工作的中小学班主任。

班主任是班级工作的组织者、班集体建设的引导者、学生精神生活的关注者。班主任工作是一项专业性、实践性、艺术性很强的工作，具有情境性、复杂性和不可预见性。中小学生德育需要深入到班主任日常工作的细节中，一深入就具体，一具体就复杂，一复杂就不能感情用事简单处理，就需要多角度的思考。

班主任工作情境是一个非常复杂的系统。班级管理的对象是充满个性差异的活生生的人，班主任要对班级实施有效的管理，不仅需要自身人格的魅力，以心育心，以德育德，以人格育人格，更需要丰富的实践智慧和专业能力。在激烈变革的现实生活中，面对纷至沓来的各种新的情境、新的问题与新的挑战，每个班主任都要持续不断地做出各种专业行动的判断和决策，都必须从“教什么——怎么教——教了以后怎么样”这三个专业层面上来思考自己面对的问题该如何解决。我们在这里讲的这些班主任的故事，并不是为了传播班主任工作的经验，告诉你处理各种问题的技巧和方法，也不想告诉你应该怎样做、不应该怎样做，以及这样做是好还是坏，而是想让大家一起感受班主任工作的“乐趣”和困惑，让大家体会到，班主任决策是一个极其复杂的过程，为了对学生的终身发展负责，为了尽可能将问题解决的负面影响控制到最小，我们遇事绝不能凭一时冲动随意处置，也不能仅凭以往的经验简单处理。我们希望透过这些复杂的问题和现象，引导你学会“专业化地思考和决策”。

班主任工作需要在个别的工作经验中，累积丰富的“实践智慧”。如果每一个新任班主任事事都要自己去亲历和亲为，那么等到他们的经验与智慧成熟时，差不多也到了该退休的时候了。因此，如何使新任班主任能在短期内迅速成长为专家型班主任，已成为时代赋予我们的使命，也是我们正在努力做的。我们可以通过案例教学来发现搜集和积累开发班主任群体的实践智慧，尽管这一百多个案例，较之新中国成立60年来我国千百万班主任积淀的实践智慧，真好比是沧海之一粟。但是，这不仅是一个良好的起步，而且是在倡导一种民主、平等、开放、多元、合作、共享的学习文化。相信越来越多的班主任同行如果都能养成这样一种实践反思的职业习惯，大家一起动手来发现和积累自己身边的班主任工作的典型案例，建立班主任工作的案例库，经常研究探索、交流与分享，我们的班主任队伍就有可能更快地从职业走向专业。

这套教程的内容结构提纲

这套教程是采用“案例分析”的体例来撰写的。“案例故事”是以班主任日常工作中经常发生的事件或遇到的问题为线索，内容包括班主任的每一天、班主任的每一学年、班主任与每次活动、班主任与每个班级、班主任与每一个学生、做一个专业的班主任6个分册。每个分册设8个专题，每个专题由“核心问题”“案例故事”“对话班主任”“对话专家”“综合评析”“拓展案例”“相关资源”“学员作业”8个部分组成。

正标题一般都提示了这则案例的主题，副标题道明的是这则案例的教育情境。

“核心问题”是围绕这则案例的主题所提出的一些关键问题。班主任案例的主题，通常都关系到教育的核心价值观、班主任工作的主要理论和基本原理、决定班主任工作成败的关键问题。失去了主题，一则案例顶多是一个生动有趣的故事。如果只是就事论事地分析，充其量只能告诉你限于个别案例情境的问题解决的过程与方法；只有将案例的分析与讨论，回归到对教育“基本面”的探索与思考上来，才能真正体现案例教学的价值。

“案例故事”描述的是班主任日常工作的典型事件，包括事件的背景、发生发展的过程、遇到的冲突和困难、班主任决策选择的两难困惑、事件处置的结果和反思。

“对话班主任”是学员在观看情境故事或动漫案例过程中边看边想，与有经验的班主任进行对话和交流，可以是对当事人问题处置得失的分析，也可以是对问题的诊断，以及具体处理改进的操作性建议。

“对话专家”则是我们特邀资深专家从教育学、心理学、管理学、德育、教育社会学、方法论等多学科的角度，对案例情境和决策进行多角度、多侧面的分析与思考，以引发和促进我们班主任面对复杂的教育情境，做出更专业的思考。

“综合评析”是该册主编或特邀专家、班主任对这一教育事件决策处理过程的综合分析与评说，包括从操作角度对这种决策利弊得失的评析与具体的改进建议，以及对相关问题的理性思考。

“拓展案例”是围绕主案例延伸的一组相关的案例，也许是不同处置不同效果的变式，也许是处置不当的反例，以激发读者更深入地思考。

“相关资源”有的是同类事件的成功经验和有重要参考价值的资料，有的是相关的论文、研究报告，还有的是提供参阅的书目或网页。

“学员作业”是作为班主任培训时，要求学员必须或选择完成的。

这48组案例（全套教程共6册，每册书包含8个专题，每个专题下各有1组案例），为我们班主任同行处理或解决各种问题，提供了一个思考的空间。它可以帮助我们预设各种可能发生的问题，一旦这类问题发生时，可以有更充分的准备和更冷静的判断；也可以帮助我们反思自己曾经经历过的同类事件和问题，通过“无声的对话”，省思自己的经验教训，提高我们的决策应变能力。没有最好，只有更好，追求卓越，永远是一个过程。

一个好的班主任案例一般应该具备四个要素：

A. **故事性**：有背景、情境，有生动曲折的细节，有冲突悬念，引人入胜（不能只是活动的计划和方案，也不能平铺直叙）。

B. **丰富性**：围绕决策，有多种选择的两难困惑，以及多种预判，耐人寻味（不只是一个成功的经验和具体做法、技巧）。

C. **教育性**：至少有一个明确的教育主题，从中引发读者深入思考，给人启迪（不只是就事论事，而应上升到教育的“基本面”上来思考）。

D. **开放性**：要有问题，有争议，有引发争论的空间和看点，便于讨论（不过于封闭、简单或过于圆满，让人无话可说）。

《中小学班主任案例式培训教程》结构提纲

分册	主编	专题序号	专题名称	教育主题	案例故事
阳光心态每一天——班主任的每一天	王宝祥	1	打招呼	“打招呼”与尊师爱生	老师不理我
		2	一日计划	忙要忙到点子上	忙乱的一天
		3	迟到处理	处理学生“迟到”有学问	替学生“撒谎”
		4	课堂管理	班主任如何进行课堂管理	帮助学生提高自我控制力
		5	课间十分钟	不容忽视课间十分钟的教育价值	我没发现什么问题啊
		6	课间操	广播操比赛的“输与赢”	预定“倒数第一”
		7	午餐/午休	午餐/午休过程有教育	挑食的孩子
		8	旷课/逃学	把旷课学生吸引到学校里来	他又旷课了

续表

分册	主编	专题序号	专题名称	教育主题	案例故事
春华秋实每一年——班主任的每一学年	陈爱苾	1	学年开始	自我教育从自定目标开始	48 份目标的故事
		2	编排座位	编排座位有学问	自由找座位
		3	布置教室	布置教室也要立足教育	一波三折的小柜面
		4	选班委会	让学生体味公平公正的班级民主生活	选举班委会的风波
		5	制定班规	使班规建设的过程成为学生自管自育的过程	李老师和班规的故事
		6	家校联系	促使家长成为教育的助力	以书信和家长会搭建家校连心桥
		7	评价评奖	评价活动价值取向的冲突	“评教”给我上了一课
		8	学年结束	信任出自实事求是	学年结束时的一幕
激情梦想同飞翔——班主任与每次活动	熊华生	1	安全教育活动	安全教育不要走过场	抗震奇迹：四川省安县桑枣中学师生无一伤亡
		2	成长主题活动	生成性班会就一定好吗？	“秘密花园”——生成性班会课感录
		3	参加艺术节与运动会	如何看待成败	比赛失败之后……
		4	沟通与交往主题活动	沟通与交往的学问	我们也“实话实说”
		5	社会实践活动	志愿者活动一定出于自愿吗？	走近老人　爱心涌动——志愿者在行动
		6	班级管理主题活动	我为什么不可以做自己？	剪短发风波
		7	节日纪念日活动	只有亲身体验才刻骨铭心	一天的体验，一生的收获
		8	心理健康主题活动	班主任能做好心理辅导吗？	学会积极的自我暗示

续表

分册	主编	专题序号	专题名称	教育主题	案例故事
精神家园共营造——班主任与每个班级	齐学红	1	班主任与差乱班	找回失落的尊严和自信	让我们有尊严地活着
		2	班主任与优秀班	优秀的不仅仅是成绩	让优秀成为一种过程
		3	班主任与新接班	校规与民主管理的平衡	穿校服的争论
		4	班主任与寄宿班	如何引导寄宿生的交往?	墙上的博客
		5	班主任与全纳班	不让一个孩子掉队	你是我们班的一面镜子
		6	班主任与外来务工子女班	对弱势群体的尊重与关爱	爱心也“伤心”
		7	班主任与小班	教育不能承受之重	他最终为什么会离开学校?
		8	学生与科任教师冲突	架设心灵间的桥梁	好药不能治百病
学生心声细聆听——班主任与每一个学生	吴增强	1	优秀生辅导	优秀生也需要心理辅导	想转学的优秀生
		2	留守儿童辅导	留守儿童——一群需要关爱的孩子	真实地去爱留守学生
		3	厌学生辅导	如何对待学生厌学?	从不言弃
		4	异性交往困惑生辅导	女生“早恋”的困惑	忍不住要去想
		5	网络成瘾生辅导	学生网络成瘾怎么办?	如何让小浩彻底告别网瘾?
		6	情绪失调生辅导	只要解决问题，怎么做都行吗?	投石问路
		7	行为偏差生辅导	不要随便把他们给“叉叉”了	把我当道错题“叉叉”了吧
		8	灾后生辅导	班主任如何做心理援助?	过去，我们不再提

续表

分册	主编	专题序号	专题名称	教育主题	案例故事
专业发展梦之旅——做一个专业的班主任	张万祥	1	沟通能力	先改变学生，还是先改变自己？	黛玉进了“花果山”
		2	读书习惯	如何才能真正优秀？	“购物发票”变身为“购书发票”
		3	写作能力	如何对待专业写作？	想说爱你不容易
		4	总结反思	如何把先进的东西内化？	为什么我总走回头路？
		5	职业道德	如何坚持公平公正？	撕心裂肺的伤痛
		6	实践智慧	如何面对传统榜样与现代偶像的冲突？	学生走进崇拜误区了吗？
		7	应对挑战	如何面对嫉妒与挫折？	在打击降临时
		8	网络技能	怎样在学习中自我调控？	网上学习怎么如此难？

为什么要采用案例式培训

以往的班主任培训，或是学院式的“讲授法”，从概念演绎出发，脱离班主任的实务需求，各位讲授者围绕自己熟悉的领域，讲一些纯理论；或是偶尔举例说明理论，而这些例子又过于机械、单一，远离现实生活中的复杂情境；或是把班级管理仅当成是一种技能，进行单纯的职业训练，但这些技能“何时用”“用什么”乃至“怎么用”，更需要的是一种面对复杂情境的专业判断。

“徒有理论（原则、观念）难免空泛，光讲技巧（技术、方法）易致盲目。”而以案例为载体的研讨，恰好可以弥补上述两种途径“空泛”与“盲目”的缺陷。

班主任工作需要教育的艺术。教育的知识是高度个性化的知识，班主任的隐性教育知识往往难以言表。优秀班主任的实践智慧、面对突发事件的教育机智，常常蕴藏在具体的教育情境之中，然而由于时空的限制与教师个体背景的不同，教师不可能事事通过亲身经历的方式来获取隐性知识，而载于书本的显性知识又无法尽述或表达这些融于情境中的经验智慧。班主任案例则是隐性教育知识的重要载体，在隐性教育知识和显性教育知识之间起到桥梁和沟通的作用。案例式教学可以促进隐性知识与显性知识的不断转化，通过具体的情境，将隐性的知识外显，或将显性的知识内化。

案例教学法最适合用于以下情况：研究的问题类型是“怎么样”和“为什么”，研究的对象是目前正在发生的事件，研究者对于当前正在发生的事件不能或极少能控制。

案例教学法应用于班主任培训，有如下的功能。

A. 将理论知识与实践知识紧密联系与整合；

B. 协助职前和职初教师获得专家与有经验教师所具有的隐性知识；

C. 培养教师辨识和了解形形色色的班级事件，提高分析能力和决策能力；

D. 协助教师建构个人的教育理论并积累班主任实务经验；

E. 增进教师从间接性经验中学习、感悟的能力；

F. 促进教师学会多元化的复杂性思考，从而避免将复杂的人际工作做简单化的盲目处理。

培训案例与研究案例的区别

用于培训的班主任案例，本质上是一种决策型案例，它要尽可能展现：在复杂的教育情境中做出一个或一系列决策的过程；在两难困惑中的决策和选择，为什么要做出这一决策？决策是怎样执行的？其结果和后效如何？

决策型案例是由案例研究者编写的，它是建立在一个真实生活情境、问题、事件基础上的描述性研究文献。

好的决策型案例是复杂的、模棱两可的、开放多元的，它是从精心制定的研究设计和调查研究中开发出来的。

有效的决策型案例能够引发多层次、深入的讨论。在这种讨论中，没有唯一正确的答案，实际上几个讨论小组的结论可能大相径庭，任何一项决策都有利弊得失。案例讨论的目的是为了发展学员分析问题和解决问题的能力，这种能力可以给班主任提供一种从多角度思考问题的方法论或者说“思维方式”。

本教程中的案例主要来源于在全国范围内征集的“班主任话细节”的4

万余篇征文，其中也有部分是基于班主任研究工作者的长期积累。

教学性案例与研究性案例有着明显的不同。在教学性案例中，案例的材料是经过精心处理的，以便更有效地突出某一关键之处或教育的主题。在研究性案例中，这样的做法是被严格禁止的。研究性案例要求每一个从事案例研究的学者都必须尽最大的努力，真实客观地记录观察到的资料，然而在用于班主任培训的教学性案例中，人物的姓名以及学校的校名，都是虚构的，故事的情节也经过适当的调整、改编及加工，以免侵犯隐私，伤及无辜，并凸显讨论的焦点；但是案例中班主任所面对的问题和困惑，他们的经验和应对，却并非出于杜撰。用心的读者不难发现，他们所面对的问题以及他们在处理这些问题过程中所体验到的疑虑、两难和困惑，在我们自己身上或我们班级周围，也都曾发生过，或正在发生。

教师如何进行案例学习

班主任老师进行案例学习，一定要改变你讲我听、被动接受的方式，转向自主探究、主动参与、交流对话、尊重多元。复杂教育系统的每一位参与者，其个人经历、知识面、教育环境、性格特点、处事方式等背景各不相同，这就是系统内部教师群体的复杂性，因此，对同一问题自然会有不同的观点、想法和见解。在案例讨论时，每一位学员应尽可能各抒己见，相互对话和交流。

案例学习一般要经历“阅读案例——讨论案例——完成作业”三个阶段。

一、学习前：阅读案例

学员课前一定要挤出一定的时间认真阅读案例，并准备一篇针对案例的短评报告，在课上发言或参与小组讨论时用；根据教材提供的思考题认真思考，并形成自己的问题或观点。一般案例讨论，值得思考的问题如下。

A. 案例情境的中心问题是什么？哪些是最关键的？

B. 如果你是这个班主任，你该做些什么？何时做？怎么做？为什么要这么做？

C. 案例中的班主任实际上是怎么处理的？效果如何？有什么后果？存在什么风险？如果出现僵局和不妥，是怎么造成的？

D. 你认为这种做法对学生今后的发展有什么影响？对其他学生和整个

班集体的发展有什么影响？对家长和学校有什么影响？为什么？

E. 你从这个案例中学到了什么？

二、学习中：讨论案例

要按照远程课程的安排，准时收看网络课程，积极参与班级的讨论、师生对话、生生互动，充分发表自己的意见，同时虚心听取别人的评议。要认真聆听其他学员发表的各种意见，记录不同观点，关注大家争论的焦点，引发自己深入思考。

案例讨论时，应遵循以下原则。

A. 仔细聆听每位成员的想法；

B. 尊重每位成员的想法；

C. 不轻易打断别人的发言；

D. 包容与自己不同意见的想法；

E. 积极参与讨论，倘有疑问时，就主动提出；

F. 围绕讨论的焦点充分发表意见。

三、学习后：完成作业

根据导师要求，每个专题，选择其中一个与自己联系紧密的案例，完成案例学习的心得报告；结合自己平时工作中类似的情境故事，写一篇反思札记；逐渐养成积累典型案例的习惯。

用复杂性理论思考班主任工作

教育是一个非常复杂的系统，它除具有复杂系统的一般特点：开放性、不确定性、非线性、涌现性以及不可预测性，还有其自身的特点：多样性、平等与权力及其彼此制衡，以及教育系统中人的行为的社会性特点十足。人的社会性特点游离于理性与非理性之间，因此其复杂性远高于自然科学惯用的逻辑思维的复杂性。教育系统的复杂性不仅体现在与教育系统息息相关的外部环境复杂多变上，而且还表现在系统过程中的动态复杂性，正如彼得·圣吉所说的“细节化的复杂性”和“变化的复杂性”。

复杂科学是20世纪80年代提出的研究复杂性和复杂系统的科学。目前它还处在萌芽状态，但是一些科学家却将其誉为“21世纪的科学”。

以往我们在教育工作中屡屡失误或成效不高，很重要的一个原因，是用简单性思维模式来处理复杂性系统的问题，这就难免挂一漏万，好走极端，表面化、形式化、简单化。基于对简单化思维形式的局限性和弊端的认识，法国哲学家埃德加·莫兰明确提出了“复杂性研究”的基本理论和方法。复杂的东西不能用一个关键词（概念）来概括，不能归结为一条规律，也不能化归为一个简单的思想。莫兰认为，世界的存在既不可能是纯粹有序的，也不可能是纯粹无序的，因为在一个无序性的世界里任何事物都将化为乌有而不可能存在，而在一个有序性的世界里，万物将一成不变，不会有新的东西发生。所以，世界的基本性质是有序性和无序性的交混，而这正构成了事物“复杂性”的基础。

班主任工作作为教育复杂系统中的一环，它仍旧是复杂的。一方面，我们需要按照线性的观点来观察其中的有序性，从中寻找规律性、普适性的东西；另一方面，我们还要按照非线性的观点来观察其中的无序性和偶然性，从中寻找个别化的经验与体会。从目前的状况来看，尤其需要重视对具有无序性特征的教育偶发事件或案例（个案或组合案例）的研究。

人们通过对典型案例的剖析发现：成功背后有秘诀，问题背后有败招。将这些隐藏于成功经验背后的智慧和规律加以提炼、编码，使之显性化、外在化，可以帮助班主任提高处理同类问题的决断能力。成功的隐性知识可以化作指引后人的明灯；而将失败的教训显性化、外在化，则能防止同类事故的发生或积累应急防范的经验和措施，可谓将以血换来的失败教训化作后人预警和避险的红灯。

从这种意义上来看，案例教学法就不仅是克服当今教师教育中诸多严重缺陷的有效策略之一；这种被某些人视为无序性的“噪声”或分散的偶发事件，在某种程度上正确切地承载着教育本质的奥秘与意蕴。

参考文献

[1] 埃德加·莫兰. 复杂性理论与教育问题［M］. 陈一壮，译. 北京：北京大学出版社，2004.
[2] 高熏芳. 师资培育：教学案例的发展与应用策略［M］. 北京：九州出版社，2006.
[3] 罗伯特·K. 殷. 案例研究：设计与方法［M］. 第3版. 周海涛，主译. 重庆：重庆大学出版社，2004.
[4] 罗伯特·K. 殷. 案例研究方法的应用［M］. 第2版. 周海涛，主译. 重庆：重庆大学出版社，2004.
[5] 司晓宏，吴东方. 复杂性理论与教育的复杂性研究［J］. 教育研究，2007（11）：58－62.

[6] 王晓春. 做一个专业的班主任 [M]. 上海：华东师范大学出版社，2008.
[7] 岳晓东. 登天的感觉——我在哈佛大学做心理咨询 [M]. 上海：上海人民出版社，2007.
[8] 曾美蕙. 超越教学技巧 [M]. 南宁：广西教育出版社，1999.
[9] 张民杰. 案例教学法——理论与实务 [M]. 北京：九州出版社，2006.
[10] 郑金洲. 案例教学指南 [M]. 上海：华东师范大学出版社，2006.
[11] 朱迪斯·H. 舒尔曼. 教师教育中的案例教学法 [M]. 上海：华东师范大学出版社，2007.

周　卫　陈爱苾

周　卫：中国教师研修网培训总监，上海市教育科学研究院教师发展研究中心研究员，北京师范大学学校发展研究所特约研究员；系教育部 2008 年、2009 年国家级班主任远程案例式培训项目组负责人；享受国务院政府特殊津贴专家。

陈爱苾：北京教育学院教授，参与承担 2007 年、主持承担 2008 年和 2009 年的国家级班主任远程案例式培训的课程开发任务。

主编寄语

如果说，“班主任的每一天”是在“细胞”这个比较微观的层面上讨论班主任的工作细节，现在我们则要在“机体”层面上探讨班主任工作。班主任一学年中所涉及的每一个工作环节，都是构成一个班级机体生命活动的载体。

班主任任职的基本周期是一学年。因此一学年几乎可以涵盖班主任常规工作的基本内容。由于课程模块的容量有限，无法把班主任一学年的每个工作环节都纳入其中，但是，我们期望它与本教程的其他分册一起能够大致反映班主任工作的全貌。

一、本书综述

（一）专题和案例

本书选择班主任一学年中必须面对的常规性管理工作为专题，并以工作环节出现的基本顺序来排列各个专题。

班主任工作以秋季开学为标志进入新的周期。“学年开始”是本书的第一个专题。制定目标、开学讲话等都是班主任学年开始必做的事。接着，班主任就要着手学年初期几项班级建设的常规工作：“编排座位”“布置教室”“选班委会”“制定班规”等。育人是班主任的主业，它贯穿学年的整个过程，为了形成教育合力，班主任必须加强“家校联系”。而到了学年末期“评价评奖”“学年结束”则是班主任一年工作的“归宿”。这些环节构成了本书的八个专题。

每个专题都选择一个主案例，它是以专题为背景发生的故事。这些鲜活生动的情境故事，把我们带进班主任的职业生活之中。每个故事都隐含着教育的主题和值得我们探讨的问题（见表1）。

这些案例大多源于教育部基础教育司和《中国教育报》联合发起的“班主任话细节”的征文，在引用时作了一定的改编。

表1　本书专题编排

编号	专　题	教育主题	主案例
1	学年开始	自我教育从自定目标开始	48份目标的故事
2	编排座位	编排座位有学问	自由找座位
3	布置教室	布置教室也要立足教育	一波三折的小柜面
4	选班委会	让学生体味公平公正的班级民主生活	选举班委会的风波
5	制定班规	使班规建设过程成为学生自管自育的过程	李老师和班规的故事
6	家校联系	促使家长成为教育的助力	以书信和家长会搭建家校心桥
7	评价评奖	评价活动价值取向的冲突	“评教”给我上了一课
8	学年结束	信任出自实事求是	学年结束时的一幕

（二）主题和问题

每个专题一开始便提出数个“核心问题”，它们实际上是围绕每个主案例的主题提出的，是引导读者围绕主题在教育基本层面上定向思考的风向标。

“48份目标的故事”讲述了学年开始之际，班主任让学生自定目标的故事。提出了：自定目标对学生自律行为产生什么样的作用，教师如何指导学生制定目标，如何监控学生实施目标等问题。

“自由找座位”讲述了班主任在尝试各种方法编排座位的过程中，面临的矛盾与尴尬。提出了：编排座位在班主任工作中有多重要，应当如何保证教师和学生在编排座位中的作用，编排座位还有可以遵循的几条原则等问题。

“一波三折的小柜面”是发生在布置教室中的故事。主人公因他人的热情帮助反而受到伤害，从而引发了关于：如何帮助自信心差的学生，班主任如何使布置教室的过程成为育人的过程，以及班级文化构建的过程等问题。

“选举班委会的风波”叙述的是选班委会过程中出现的作弊和拉票现象，而班主任在维护公正性和保护学生自尊的冲突之间面临着决策两难的问题，提出了：如何对待作弊和拉票现象，师生在实施民主教育、体验公平公正的民主实践过程中，需要掌握哪些必要的技能等问题。

“李老师和班规的故事”通过探讨在班规建设中学生的软抵抗，以及在班规实施中学生拒绝承诺的故事，提出了：班规究竟谁说了算，班规到底是管谁的，班规怎样才能真正发挥作用等问题。

“以书信和家长会搭建家校连心桥”讲述了班主任通过沟通家长、激励家长等措施，有效地促进了班级多数学生的进步，但依然不得不面对一些“软硬不吃”的学生的案例。并提出了：班主任在家校联系中，如何处理面儿上的工作和个别工作的关系，如何深化家校联系等问题。

“‘评教’给我上了一课”讲述了学生在评教过程中，给科任老师评低分，引起科任老师的不满，班主任被置于矛盾的焦点之中的案例，并提出了：班主任应当如何协调科任老师与学生之间、科任老师与自己之间的关系，如何认识评教的真正意义等问题。

“学年结束时的一幕”讲述了班主任在做完学年末总结后，无论是受到批评的学生，还是受到表扬的学生，都表示不满。班主任对此感到困惑的案例。引发的问题是：班主任在总结工作中，应当以什么样的态度进行表扬与批评，总结究竟是为了什么。

主案例都隐含着或引发着问题。但这些问题的体现方式不尽相同，第一类情况，如“选举班委会的风波”“自由找座位”中的问题是围绕班主任的决策是否恰当提出的，它引导人们多视角审视与探讨班主任所做的决策；第二类情况，班主任解决问题的同时，又面临新的问题和挑战，生成一种开放性的问题，如“48 份目标的故事”“李老师和班规的故事”“以书信和家长会搭建家校连心桥”等，它引导人们对于开放性问题开展多方位的复杂性思考；第三类问题，如“学年结束时的一幕”，直接提出了班主任面临的困惑和尴尬，引发了大家对问题产生原因的追溯和探究。

（三）分析与提升

1. 多视角解读

“案例”的价值在于经过分析和探讨，使它背后的价值得到揭示，反映的问题得到探讨，隐藏的道理得到展现，从而启发我们的思考，提升我们的认识，拓展我们的视野，丰富我们的思路。为此，我们聘请了有经验的一线班主任和不同学科领域的专家，对案例进行了讨论和解读，提炼出了许多值得借鉴的见解和有价值的观点。例如：

* 关于制定目标，提出了“目标的制定要将个体化和集体化目标结合

起来，系统化与阶段化目标结合起来，个人短期目标与全面成长的目标结合起来”等见解。

* 关于编排座位，提出了“编排座位涉及教育空间资源的分配，对学生的学习效率、组织纪律和心理人格都会有一定的影响，值得重视。编排座位要先制定‘游戏规则’，要让学生民主参与，但不能放弃教师的引导权和决策权”等见解。

* 关于选举班委会，提出了“通过民主选举产生班委会，是进行民主教育的极好时机，是师生体验公平公正的民主实践的平台。但由于师生民主实践的经验不足，严肃对待、关注细节、认真反思、积累经验显得十分必要。对于涉及说谎、作弊之类的非诚信行为要给予惩戒”等见解。

* 关于制定班规，提出了“有效的规章制度都应当是契约式的，是制约管理者与被管理者双方的。班规需要有一定的强制性，同时还要设法使学生从依赖外强制的他律向内强制或无强制的自律转化”等见解。

* 关于家校合作，提出了“家长在学生教育中是不可替代的力量，但是家长不是专业的教育者，因此开展家长教育是家校形成教育合力的必要举措，而加强家校联系是其必要的条件。在家校联系中，要做大面上的工作，还要做深入的个别化的工作”等见解。

* 关于评价评奖，提出了“评教是为了教育好学生，这是评教的出发点；评教也是为了提高教学质量，促进教师发展的手段。要加强科任老师和学生的沟通：使科任老师了解学生，使学生理解科任老师”等见解。

* 关于学年总结，提出了“年末总结工作中，表扬和批评需有明确的目的性和教育性。要有群众基础，要有说服力，要有事实根据，经过调查研究，做好前期和后续的工作”等见解。

2. 综合评析

在每个专题中，我们通过“综合评析”来归纳对案例的解读。“综合评析”分三步将评析引向深入。

* 回放案例：对案例故事的简明概述，使读者回顾案例故事的主要情节。

* 深入案例：是紧扣案例的分析，归纳策略的运用，促进实践的改进。

* 超越案例：这是我们案例学习的关键步骤。引导读者走出案例具体情境的局限，回到教育基本层面进行反思，揭示其中的教育价值，或提供方法论层面上的理性思考，它给了我们超出案例本身的启示。

二、剖析一个专题——布置教室

为了使大家对专题的结构和内容有一个更具体的了解，让我们剖析一个专题“布置教室”。这个专题的主案例是“一波三折的小柜面”，主题是“布置教室也要立足教育”。

（一）关于“案例故事”——“一波三折的小柜面”

本书对主案例通过“对话班主任”和“对话专家”进行了多学科、多层面的探讨，并在“综合评析”中进行了梳理和概括。通过“回放—深入—超越”案例，把讨论引向深入。

“案例故事”提供的主案例“一波三折的小柜面”讲述的是：开学初，郭老师让学生们自己动手布置小柜面，且要开展竞赛评比，而小 A 却迟迟不动手，郭老师让同学们帮他做，谁知同学们的作品被他当众撕下扔进纸篓。

复杂性是选择主案例的重要依据之一。“一波三折的小柜面”故事具有一定的复杂性。该案例中主人翁的心理活动和行为是复杂的，事件的背景是复杂的，教师的价值取向是复杂的。如：孩子不完成作业，是不自信，还是不适应？是能力问题，还是个性问题？孩子拒绝帮助，是维护自尊，还是封闭自我？帮助他人，是一种施舍，还是一种互利？是一种强者对弱者的支持还是一种合作？小柜面竞赛是要比出优劣，还是为了张扬个性？布置墙壁是班主任动议，还是应对全校评比？班主任是在促进开放宽松合作的班级文化，还是在营造竞争创优的班级文化等，这些问题使得该案例成为诱发复杂性思考的素材。

（二）关于“拓展案例”——主案例的补充

为了深化我们对主案例“一波三折的小柜面”的探讨，我们提供了两个拓展案例。拓展案例一“每颗星星都有它的位置”，讲述班主任的“天生我材必有用”、每个学生都可以成为明星的理念不被学生认同，对此，班主任是如何通过引导、沟通与交流，让学生接受和认同的。拓展案例二“新学期，我们为教室‘美容’”，反映的是班主任如何通过有目的、有组织、有计划地布置教室的活动，加强班级凝聚力，形成协同合作的班级文化氛围的。

——它们为主案例解决班级物质文化建设的有关问题提供了正面的范例，补充了主案例的不足。

（三）关于“相关资源”——支持理性思考

为了进一步提升班主任对布置教室工作意义的认识，促进其理性思考，提高实操能力，获得可借鉴的经验，我们选择了围绕班级墙壁的布置和有关班级物质文化建设的文章作为参考阅读资料："精心设计——构建班级物质文化""教室的墙壁布置普遍存在的缺陷""班级室内物质环境建设的实践与思考"。

通过主案例提炼主题，并围绕主题提供"拓展案例"和"相关资源"以便深化学员对"布置教室"的理解，是本专题的一个特点。

（四）关于"综合评析"——步步引向深入

回放案例：班主任让学生自主布置小柜面……小 A 却不动手，班主任采取措施……（略）

深入案例：班主任的措施值得肯定：一是在提高学生的能力上下工夫；二是强化合作行为；三是鼓励学生的参与；四是做好协调工作，使助人者懂得如何助人，被助者懂得如何感恩。但班主任缺乏活动预设，因此活动的目的或理念不够明确，缺乏把布置教室作为班级文化建设一部分的意识。

超越案例：整个案例给我们诸多启示：

启示一：学生参与布置教室有利于提高主体意识。

启示二：布置教室的过程也是教育的过程。

启示三：布置教室也是构建班级文化的活动。

启示四：班级文化的核心是师生共同的价值观。

启示五：弱势学生活动不积极要分析原因采取对策。

启示六：要意识到：助人即互利，尊重受助者。

（五）关于"学员作业"——密切联系学员实际

为引导学员联系实际，使自己的学生参与教室的布置，使教室的布置成为育人的过程，成为班级文化建设的组成部分。本专题设计了以下作业：

请在班上作一番调查，了解学生对目前教室布置的满意度，并说明理由。你准备如何改进教室的布置？

三、本书观点聚焦——育人是班主任的主业

班主任是教育者，尤其是实践性的教育者；班主任也是管理者，尤其是教育性的管理者。通过八个专题的学习，应当使班主任对自身角色、工作定位有进一步的理解，并促进自身教育理念的形成以及价值观的澄清。

对班主任来说，育人和教书同样都是主业。"育人"是在班级管理工作中浓缩出来的关键词。我们看到管理的目标是育人，育人的目标是使学生得到发展，发展的手段是学生自主。

（一）管理也是为了育人

育人是管理的出发点，也是管理的归宿。班主任的管理手段，不应是从管人出发，而应是从育人出发。

——无论是目标管理，还是制度管理，其目的都是为了育人。

——无论是加强家校联系，还是家社联系，其目的都是为了形成教育合力，共同育人。

——无论是协调好任课教师和学生的关系，还是协调好班主任与任课教师的关系，其目的都是为了营造好育人的环境。

——无论是对学生表扬或批评，还是让学生评价教师，都是为了提高育人的质量和效果。

（二）自主是育人的手段

学生是有潜力的、独特的、能动的主体，每个学生都有自己的智能特点，有自己的强项。学生的“主体性觉醒”，即要求自主和独立是少年期学生的年龄特征，也是当今时代学生的特点。

——自主有助于提高积极性、参与性和创造性（如专题：布置教室）。

——自主有助于自律、自育（如专题：学年开始、制定班规）。

——自主离不开教师的指导、监督和控制（如专题：学年开始、制定班规、选班委会、编排座位）。

（三）发展是育人的目标

——为了每个学生的发展：班主任不仅要在面上关照学生，也要对个别学生给予特殊的关注（如专题：布置教室、家校联系）。

——为了学生的全面发展：班主任工作不仅要着力于学生的外在表现，更要深入学生的情绪、需要和心理；不仅要着眼解决学生的眼前问题，更要着眼学生的生涯发展（如专题：学年开始、布置教室）。

四、看法的碰撞——学会复杂性思维

在“对话班主任”和“对话专家”中，我们发现对同一个问题人们会提出不同的甚至是对立的观点与对策。了解这些差异有助于我们克服思维简单化、思路单一化、行为模式化等弊端。例如：

＊ 对制定班级目标和制定个体目标的关系存在如下不同看法。

一种观点认为，应当先制定个体目标，在个体目标的基础上确定班级目标。另一观点认为，先建立班级目标，再制定个体目标，并使个体目标与班级目标相结合。

＊ 对班级规则有如下不同的看法。

一种观点认为，班级还不是严格意义上的组织，只是一个初级群体，班规不一定要很严格，班级应侧重教育，强调自律。另一种观点认为，强制性的社会要求，有的是必须的，要体现管理者的意志，班规要体现其强制性，班规一旦确定，执行就没商量。

＊ 对未能兑现承诺的学生处理方法上有如下不同的看法。

一种观点同意案例中班主任的做法，即当众要求该学生阅读自定的目标，以形成一种压力，接受集体监督，促其规范。也有班主任不认同这种做法，认为私下谈话更好，当众教育应以激励为主。

＊ 对处理选举作弊学生做法的不同看法如下。

一种观点同意案例中班主任的做法：作弊生暂不进入班委，但要保护其积极性和自尊心。不同的观点是：班主任通常对不遵守纪律、不完成作业、不认真学习等行为颇为重视，教育力度大；但对不诚信行为，如说谎、作弊等常不以为然，教育力度不够，其实作弊是腐败行为，应当加大惩戒力度。

＊ 对处理拉票学生做法的不同看法如下。

一种观点认为，拉票是不正当行为，应当批评。另一种观点认为，拉票是选民的一种权利，无可非议。还有一种观点认为，拉票虽然有过，但比起作弊要轻得多。

＊ 对班主任临时把班会改为自由排座位的不同看法如下。

观点一，从管理上讲是失败的，计划得不到实施，说明预见性差。预设策划是管理工作的要素之一。缺乏预设的活动是被动的、盲目的活动，也是导致活动失败、后患诸多的重要原因之一。对自由编排座位也不先做策划，这是导致后来问题产生的原因。

观点二，说明班主任很关注学生的情绪和需求，以学生为本，有灵活性。

还有一些不同看法，这里不一一枚举。这些不同看法，有助于我们从多视角考虑问题，学会复杂性思考，使我们面对问题时变得更富于理性和智慧。

教育实践的情境是复杂的，班主任遇到的实际问题大都是开放的，没有唯一现成的标准答案。我们一方面要使自己的思维复杂起来，考虑到多种可能性，同时要明确自己的价值取向，根据实际情境，进行选择和决策。

陈爱苾

专题 1 学年开始

自我教育从自定目标开始

核心问题

- 要求学生自定目标有什么意义？
- 班主任如何指导学生制定目标？
- 什么样的个人目标有利于促进每个学生的发展？

拓展案例

- "好好生活，天天向上"——我的带班理念和目标

案例故事

48份目标的故事

相关资源

- 如何在班级目标管理中提高学生的主体性道德素质

对话班主任

主持人：肖北方
班主任：梁秀丽
　　　　胡　颖

对话专家

主持人：肖北方
专　家：蓝　维
　　　　高洪源
　　　　陶礼光

综合评析

评析人：陈爱苾

学员作业

- 你在新学年开始之际，曾经有过什么举措，它产生了什么样的影响及效果？请叙述并分析原因。

核心问题

1. 要求学生自定目标有什么意义？
2. 班主任如何指导学生制定目标？
3. 什么样的个人目标有利于促进每个学生的发展？

案例故事

48 份目标的故事

一、制定目标书，埋下希望的种子

又是一个新学年的开始，每个学生脸上都写满了信心与希望。

面对五年级的学生，我在黑板上写下了："胸中没有目标，一根稻草压断腰；胸中有了目标，泰山压顶不弯腰！"

"同学们，在新的学年里，你们将为自己定下一个怎样的目标？"

静静地思考片刻之后，教室里一句句充满信心的话激起了一阵又一阵的掌声：

"我还想继续当一名全优生，我有信心！"

"虽然上个学期，我什么奖状也没有得到，但我想，我要从做好每一次作业，写好每一个字开始，争取使自己能在期末得到一张奖状。"

……

最后，我把设计好的空白目标书郑重其事地发给了学生。我告诉他们，不需要长篇大论、言辞华丽，制定目标要切实可行，而且它将成为你这个学期努力的方向。

学生们慎重地写着：

"做一个诚实、踏实的孩子。每一次考试都争取 90 分以上。每周家校联系单中批评栏里都没有自己的名字，而表扬栏里都要有自己的名字。”

“我的学习不能落后了，落后就会让大家嘲笑，还要向奖状进攻。字要写端正，写得大一些。”

……

学生们写好后纷纷交了上来，我又特意在教室的后墙上开辟了一个目标栏，把学生的个人目标与班级的集体目标都挂在了上面。

此后的很长一段时间，这个地方成了孩子们下课经常聚集的地方。

我看到，48 颗希望的种子已经悄然埋下。

二、重读目标书，纠正偏离的航线

一段时间过去了，曾经的雄心壮志渐渐地在消退，有的学生也渐渐淡忘了自己立下的目标——这是意料之中的，也是必然的，毕竟他们还是孩子。但是，我知道，在必要的时候，目标书还是能发挥它独特的作用的。

果然，那一次，一向被我们班学生称为“班中一霸”的小明又一次对同学无理至极，被欺负的同学甚至敢怒不敢言。有学生向我报告了，我一时非常气愤。每个学期，他的这类事总是层出不穷，而且，他还会公然向老师挑衅，绝对是个“刺头”学生。但我依稀记得他曾在新学期的目标中写下了“要学会宽容别人，要学会忍耐”之类的话。好，就这样——

我把他叫到讲台前，请他找出自己写的目标书，然后告诉他：“在新学年开始的时候，你发自内心地在目标书上写下了什么？你就当着全班同学的面读一读吧。”

他手拿着目标书，不肯读。毕竟，他还在气头上，不过，他的面部表情已不再写着“愤怒”了，而是夹杂了几丝“尴尬”。性格暴躁的他同时也是一个很爱面子的男孩子。此时，他怎么好意思读呢？

我请了一位同学帮他读。当读到最后一句“我希望能用我的大度重新换得同学们的信任，争取能评上‘全优生’”时，同学们都把目光投向他，而此时他开始了低声的抽泣。

我趁机给他找了个台阶下：“我知道，当小明在写下这些话的时候是诚恳的，是真心想改变自己‘霸道’的臭脾气的。只不过，当他面对今天所发生的事时，他忘了自己立下的誓言，一时没有控制好自己。对吗，小明？”

他的眼泪告诉我，今天的一番谈话比以前的任何一次急风暴雨般的责问都更有效果。事后，当他在路上碰到我，果然没有像以前挨批评后所表现得那样冷淡，并且有意回避，而是很真诚地问了声：“老师好！”

三、回顾目标书，重扬前行的风帆

一个学期很快就过去了。本学期的“全优生”评选，我想改变以往的做法，我让每个学生都写一份“竞选‘全优生’的发言稿”，在班里进行竞选。

在学生们动笔写竞选发言稿前，我把他们曾经满怀希望、饱含激情写下的目标书发给了他们。果然，学生们的表情一个个都变得有些异样。“这真是自我教育的最好时机。”我心里暗暗地想。

向来做事只有“三分钟热度”的小诣，在看了自己的目标书后，马上抓起笔写到：

“……回顾这个学期，我十分沮丧，因为我没有努力向目标前进。我在新学期的第一天，信心十足，就想着拿不到‘全优生’的奖状誓不罢休。我记得当时我还举起拳头，心里发誓，我非要让家人对我刮目相看不可。可到了学期快结束的今天，我忽然发现，自己的信心已消失得无影无踪了……”

而一贯努力却总带着点骄傲的小涵是这样写的：

“我在新学期给自己立下的目标是‘全优生’，我一直在朝着这个目标努力。这个学期，我觉得变化最大的是我的性格。最典型的是那一回——下课时，后面一个同学拿了一个装光盘的盒子来夹我的头发，我没有生气。同学一时开玩笑，虽然有些疼，但何必计较呢？可当他去夹另外的同学时，那位同学立刻‘火冒三丈’，结果一场‘世界大战’即刻爆发了。当时，我就觉得，同学之间还是多一些忍耐和宽容更好……”

同学们的笔还在不停地写着，而我的思绪却飞远了。

在竞选结束后，我将对他们说：要成功，首先必须设定目标，然后集中精神向目标迈进。而那些中途迷失方向的鸟儿，总是在突然醒悟的时候才发现，自己又错失了一个美好的季节！但是，及时地调整自己的方向，还是能找到一片属于成功者的芳草地的。

自定目标对学生的触动这么大，“全优生”成为班上人人的期待。不过“全优生”是一个有名额限制的奖项，毕竟永远只是极少数学生能够获得的奖项。如果多数人的努力都没有能够如愿以偿，这种努力还会持续吗？为什么总有些学生努力一阵之后信心就消失得无影无踪了？我的思考回到了现实……

在下个学期的第一天，我还将在黑板上写下：“胸中没有目标，一根稻草压断腰……”接着该写些什么呢？我继续思考着……

对话班主任

主持人：肖北方
班主任：梁秀丽、胡　颖

主持人：梁老师，我想问问您，案例中班主任对于小明和小诣的做法，您怎么看？如果是您，您会怎么对待这两位学生？

梁秀丽：案例中提到对小明的处理意见，我觉得班主任做得还是值得肯定的。但是对于小诣的处理，我觉得里边有两个明显的失误，第一个失误就是学生的目标应该是多元化的，而不是一元化的。全班学生一个目标都是争“全优生”，而“全优生”的名额又非常有限，所以我觉得这个不太适合小诣，这个目标定得可能比较空泛，比较大了，不切合实际。如果小诣以及其他学生都能制定符合他自己实际的目标，全班的目标就比较多元了。第二个失误，我觉得班主任对小诣的指导过程是不够的。因为让学生定目标只是起始的第一步，目标的达成更重要的还是在具体的落实上。所以班主任要及时地纠正和调整学生的目标和做法，这样就会避免一个学期下来，学生产生沮丧心理。

胡　颖：我想补充一点，刚才您说这个教师对小明的做法是值得肯定的，但是我有一点不同的意见。因为小明性格比较暴躁，他制定目标说我要学会宽容，要改掉这个毛病，但实际上当他又一次欺负人时，教师采取的方法是请他当着全班同学的面把他开学初定的那个目标读给大家听，他很霸道，但又很顾面子，当然不想去读了。然而教师又让其他同学替他读。我觉得这个环节处理得不太恰当，因为毕竟孩子是有自尊心的。其实教师可以在私下结合目标去跟他谈，让他在认识上有了一定的提升以后，再去逐渐地改变现状，我觉得会更好。

主持人：在制定目标方面，从多年的工作经验上看，您二位一般会怎么做？

梁秀丽：班主任教师在每个学期开学的时候，首先要提出班级的建设目标当然这个目标不是由教师一个人来完成的，应该是让全班同学参与，一般是由班干部重点负责的。在这个基础上提出班级的总目标，然后还要把它分解为学期的长远目标、中期目标和短期目标。有了班级的目标以后，才能提学生的个人目标。我觉得这个案例中，教师让48个学生写个人目标，这是值得肯定的，但是没有提到班级的总目标，就有些不妥了。

主持人：应该先有一个总目标，然后再考虑个人目标。

梁秀丽：是的，在学生个人目标制定方面，我觉得也应该按照班级总目标设定个人长期目标、中期目标和短期目标。因为我做班主任时间比较长，我现在在思考，高中三年应该可以把它分为六个阶段，这六个阶段中每个阶段的目标实际上是不太一致的，比如对于高一新生，从初中到高中我们可以把这个阶段叫做过渡期，在过渡期定的目标和高三学年结束或高考前的冲刺期定的目标是完全不一样的，所以我们教师定目标一定要针对学生的实际。每个学生都在这种情况下定自己的目标，定出目标只是起始的第一步，很重要，但实际上真正地落实目标，才是最最重要的。举例说，高三最后一个学期是冲刺期，那么从"一模"开始到"二模"直到最后的高考，我们每个学生都要有高考目标，奔哪个大学去这是最重要的。同时我们还要有具体的目标，比如说我的"一模"目标是什么，我的"二模"目标是什么。定完目标以后，我们还要指导学生怎么去实现这个目标。对每一个学生而言，目标的落实都是很细化的。尤其到后期，我们会细化到每一天的目标是什么，怎么做，落实后让学生在记事本上一项一项勾划掉。这样的话才能确保在短期目标实现的基础上，去实现中期目标，中期目标实现了才能实现长期目标。

主持人：将目标分解，而且非常具体细致，写在本上监督或指导学生一步步达成总目标。

梁秀丽：是的，这是我们说的构建整个目标体系。

主持人：非常细致，这样才能保证达到制定目标的作用，要不然就是一个总目标，虚的。胡老师，您在小学做了多年班主任，小学的班主任工作可能会辛苦一些，教师需要投入更多精力，看了这个案例以后，您觉得案例中班主任在整个目标实施过程中的三步走做法与您一贯的做法吻合吗，您一般是怎么做的？

胡　颖：这位教师的目标实施三步走，步步都能不失时机地把握学生的发展方向，我觉得这是非常好的。我在平常制定目标、实施目标的过程中，习惯于把目标制定分成四个阶段。第一阶段是制定目标，制定目标当中也是分三个环节。第一个环节是确定方向，我说的确定方向是确定班级总目标的方向。我很同意梁老师所说的，一定要构建一个很好的目标体系。这个班级总目标是如何确定的，不是凭空而来的，也不是我脑袋一热就想出来的，而是我根据上学期学校各部门给我们这个班级的综合评价，包括我们班级的自我评价，结合他评和自评的结果进行这学期目标的规划。也就是说我们要找准班级自身存在的一些问题，从问题入手，确定本学期新的目标。还可以做一个目标树，就是树形图，我可以在这个树干上写清我们班本学期要达成什么样的总目标。

主持人：也就是说这个目标还不能孤立地就一学期或者一学年来制定，得有一个整体的系统的考虑，这也跟梁老师的思路是一致的。

胡　颖：是这样的。因为要发展地看待孩子，发展地看待班集体成长。在确定了总目标以后，第二个环节就是开始制定学生的分目标。这个环节也是从上学期期末评语着手，根据学生的自评，家长、同学的他评，让学生找出自己上学期所存在的问题，然后把这些问题罗列出来，在班级目标树形图上增加自己的枝杈。这样就能保证自己和班级的发展方向是相同的，同时还有自己个性化的发展。对小学生来讲，他的发展在树形图上很直观。他觉得自己的添枝加叶，可以为班级作贡献，他就会有一定的兴趣。

主持人：也就是说要把个人发展和班集体的成长联系起来。

胡　颖：对，这是相辅相成的一个过程。第三个环节是在措施细化上下工夫。在案例中那两位学生目标定得都是很远大的，但是最后达成目标的效果并不是很理想。教师确实费了一些脑筋，孩子也确实付出了一些努力，但到最后还是比较失落。那么怎样才能弥补这样的缺憾呢？我认为最重要的是把我要达成某个分目标的措施细化出来，这个措施定得越具体、越细致、越可操作就越好。所以在树形图上、在每个分目标的旁边都要列出想实现这个目标需要做哪些努力。有了总目标、分目标和具体的措施以后，班级目标的制定也就基本上完成了。

第二阶段，我想主要谈谈目标实现。实现目标，这是非常重要的一环，应该是有步骤、有计划地进行，而不是一蹴而就。比如，每个月都应有每个月的目标达成点，然后根据自己的枝形图设计本月个人自评表、评价表，这个评价表里包括学生对自己目标达成的评价，同学（小组）、家长、教师对其这个月目标达成的评价。

主持人：制定目标，不但要整体考虑目标如何制定，还要有一个配套的评价指标体系与之匹配，这样有利于目标的达成。

胡　颖：我们不是习惯说一级指标、二级指标、三级指标嘛，对于学生来讲用树形图的形式更直观一些。

主持人：对小学生来说更具体，而且您刚才提到一点，针对学生上学期存在的问题或者他已经取得的成绩再来制定目标，这样针对性更强，也更适合小学生。

胡 颖：对，是要考虑学生的年龄特点。第三个阶段是完善目标。目标实现与否还有一个很关键的环节就是完善目标，因为目标不是一个死的东西，学生的发展是在不断变化的。在每个月、每个阶段目标的实施过程中都可能会有新问题出现。发现了新问题，也就找准了新的目标，我会把新问题、新目标都增加到每个学生的枝形图中，这样学生的目标也就会越来越趋于完善了。当然有的学生可能在本学期能够实现所确定的新目标，但有的学生实现不了，那就可以把它作为下学期有待完成的一个新目标。

主持人：也就是说这个目标达成的过程其实也是目标不断完善的过程。所以我们讲制定目标应该是一个开放的系统，班主任可能还要引导学生保持一种开放的心态，在实施中不断地完善目标。

胡 颖：是这样的。

梁秀丽：刚才胡老师说得非常好，尤其对年龄小的学生来说就更适用了。在这里，我还想补充的一点就是在目标实现的过程中，教师很重要的作用就是帮助学生在调整目标的过程中体验成功。如果目标定得再好，实施步骤再细致，但是学生体验到的总是一次次的失败，那我觉得这个目标也不利于学生的成长，这个目标也就不算成功了。

主持人：也就是说在目标实施过程中我们要真正本着一种以人为本、尊重学生主体性的原则，让学生获得满足感、成就感，这样就会更自主地实现后续的目标。

梁秀丽：是这样的。

胡 颖：还有第四个阶段，就是盘点目标。当目标实施之后，最后一点应该是盘点目标。“盘点”这个词在超市、商业上经常用，但是在我们一个学期的终了，应该对目标的达成有一个大的盘点。每个月都有自评表，每一个分目标都有不同程度的实现，所以最后引领着学生进行一个总的盘点，我觉得是十分重要的。学生在一学期里哪些目标实现了，实现得很好，那就可以给他单项的奖励。

主持人：您这一块与梁老师的做法是吻合的，也是增强学生的成就感。

胡 颖：对。这样有了单项奖励以后，再设综合的奖励，如果哪个学生目标完成得比较好，那他就为整个班级这棵大树添枝加叶了，那是不是就可以发喜报或者跟三好生的评价结合起来。这样进行多元评价，学生就可以从多方面去体会到成功的快乐，就可避免到学期终了，制定的目标以失败告终。

主持人：在案例中最后班主任教师在考虑下学期目标语时心情非常复

杂，我想二位应该能理解这种复杂的心情，对于他下学期要写什么，你们有什么建议吗？

胡　颖：他前半句写的是“胸中没有目标，一根稻草压断腰”，后半句我想能不能写“胸中空有目标，遇到困难竞折腰”。因为目标是不能太空泛的，应该引导学生在指定分目标的过程中，不断地把自己的措施加进去，把这个措施细化出来，一步步达成，最后就不会有“压断腰”的感觉了。

对话专家

主持人：肖北方

专　家：蓝　维、高洪源、陶礼光

主持人：我想先请教一下蓝维老师，您是做教育学科研究的，那么您怎么看案例中这位班主任教师的做法，您觉得他对于个别学生问题拿目标书作为凭据来处理，利弊何在？

蓝　维：其实看到这个案例，首先使我想到的是目标管理或者目标激励。目标对于学生的行为或者对于员工的行为，应当说有极好的激励作用。这个激励作用的原因其实很简单，就是因为目标实际上和学生的现有水平是有差距的，这个差距不可能由目标的降低来解决，而一定是由学生来改善自我，达到目标水平。所以它一定会带有激励作用。管理学、管理心理学、教育学上会比较多地使用目标激励的方式来改变学生的行为，或者改变员工的行为，其实道理就在这儿。这个案例中学生的年龄还是比较小的，教师组织他们制定自己这一学期的目标，而且把目标张榜贴在教室里。当学生出现问题的时候，他使用重读目标的方式，让学生自己去感悟自己的差距，然后振奋起来。应当说这是符合目标激励的基本操作程序。但是在这个过程中，我不了解学生的状态，我想如果这个学生是一个自尊心比较强的学生，那其实我们可以选择不是在公众面前，而是在下边，通过让他重温目标书这样一个方式，来认识自己现有状态的不足。

但是当目标制定完了以后，确实是不能束之高阁的，也就是说这个目标一定要成为一个时时刻刻鞭策、检查、推动学生进步的持续性的力量。这个过程就包括非常多的需要组织的部分。所以我希望这个老师在这个案例之后，能够很好地去思考和确定一个目标管理的程序。也就是说当学生制定完目标之后，我们应当怎么做，在整个管理过程中，并不是等学生出了问题，再去重温目标。因为我们的孩子很小，所以他们很快就会忘记他们说了什么或者承诺了什么。那么就应当让他们对自己的目标有一个持续性的关注，甚至可以把一个大的目标更细化，细化到学习生活的不同时刻。在这种状况下，目标书的作用就会发挥得更好。

其实我自己在目标管理这个问题上也多少有一点忧虑，这个忧虑是什么呢？就是学生的成长应当是一种非常自然的，而且也是一种发自内心的愉快的成长。如果我们在目标管理当中过多地去强调这个目标，是不是会引导学生有特别急功近利的一种追求？所以，我想，目标管理或者目标教育要和其他教育结合起来，这样才能使学生既了解自己的目标，要为之努力、克服困难，同时也能够使他们的情感、个性等方面都得到全面的成长。

主持人：要考虑学生全面发展的需要。就是不能就目标管理来论目标管理。

蓝　维：对，目标其实是管理的方式之一，这个东西使用的时候不能太单一，应该结合其他方式共同来完成，这样会更好一些。

还有一个关键点就是目标定的是什么，如果你只是定在分数上，那就有可能出现我刚才担心的事情；如果目标是整体发展的目标，那就问题不大了。

主持人：高老师是做管理研究的，从管理学科的角度来看，您觉得案例中班主任的“三步走”是否符合目标管理的基本要求，一般来讲在目标管理过程中，班主任教师应该怎样把握管理过程与目标达成之间的关系？

高洪源：在这个案例中目标达成分三步走，应该说它符合我们一般所说的对目标管理的要求，但是它还不是严格意义上的目标管理。工业管理中所说的目标管理是一个团队管理的一种模式。也就是说一个组织有总目标，然后下边员工参与目标的制定，参与目标的分解，把目标根据实际情况分解到每一个部门，每一个个人身上，然后由组织向下边授权，下边根据自己的实际水平、能力和条件自主地实现目标，在这个过程中组织给予咨询、指导、协助、检查，最后帮助实现目标。

主持人：也就是说整体目标应该在先。

高洪源：整体目标在先，然后再层层分解。在教育管理中不一定非常严格地这样来做，完全可以实现目标管理。像案例中所说的目标管理，目标的确定实际上是让学生根据自己的实际情况分散地确定目标，这也是一种形式，而且现在是一种比较普遍的形式。这学期想在哪方面有所改进，想达成什么目标，自己来定。

还有一种情况，实际上也可以这样来做：让学生根据自己的发展情况做一下全面的分析和总结，就像蓝老师刚才讲的，不是学习上的或者是某一个方面的问题，而是就全面发展方面来做一点分析，然后抓住重点。比如，这学期我想提高语文成绩，我想提高外语阅读和口语水平，我想多和别人交往，等等。那么就可以在全面分析的基础上抓住重点。这是关于个人目标。

另外，从班级层面来讲，把组织的发展和个人的发展有机地结合起来，这样来做就像我们刚才所说的那样是目标管理的经典模式。

所以可以在三个层面来做，案例中的模式比较像我说的第一个方面，所以我觉得可以继续提高，在这个基础上思考下一步怎么做。我认为可以把学生的个人发展和班级的发展需要结合起来，这样可以形成一个动力系统。

我还有一个建议：在目标管理过程中，从班级建设角度来看，如果要使学生喜欢这个班级，就一定要把学生个性化的要求融入班级组织的目标中间去。比如，学生有一些什么特殊的要求，想展示一下歌唱方面的才艺、想领导大家干一点什么事情，等等。把非常个性化的事情融入班级的目标之中，能帮助每一个学生实现他们的目标，这样班级整体发展的目标和个人的目标就能有机融合起来，形成一个集体目标，这样目标管理就更有人情味。把集体和个人有机融合在一起，也就更能促进每一个学生的发展，真正实现个性化全面发展。

所以在这个问题上，我觉得怎么样来看待学生教育过程的管理和整个目标，就是根据教育的特点来制定我们的目标。刚才蓝老师说了，这中间不仅仅限于一种管理，不仅仅限于一个集体目标，在目标制定过程中一定要使它符合学生的实际，符合班级的实际，符合学生的要求。然后在这个过程中，把目标管理的过程落实下去，帮助学生实现他们的目标，同时还要注意了解学生的心理状况。我同意刚才蓝老师讲的要以激励为主，从策略上讲，尽可能地照顾到学生的某种实际需要，适应他的心理特点，这样，在落实目标的时候，才更能为学生所接受。

另外，结合这个案例我想再提两点。第一点，能不能把目标的落实放在学生中间去，不必教师来出面。因为学生的目标已经向全班说明了，怎么借助集体的力量来帮助学生，来实现他的目标，来解决出现的问题，这样更能体现学生的自主管理，因为目标管理就有自主管理的因素。另外，在这个过程中，中期监督的任务是提醒学生关注自己的目标承诺，可以利用一些活动或采用某种形式来实现。另外，中间过程可以多做一些工作，不要等过了一个阶段，发现了问题，然后才把它做一次性处理。

主持人：陶老师您是做心理研究的，我想请教您，在这个案例中，在整个定目标、考评目标的过程中，您觉得班主任和学生在这期间的心路历程是什么样的，您能不能给一个解读？

陶礼光：班主任教师抓住了一个非常适宜的时机，即开学初让学生制定发展目标，学生都写得很好。你看，学生说，“我还想继续当一名全优生”“我从做好每一次作业、写好每一个字开始”“我争取得到一张奖状”……每个学生都从自己的起点出发，然后设计一个高于自己现有起点的要求，这就是目标了。目标应该很具体，不要过大，不要实现不了，这是班主任非常成功的一点。应该说班主任为学生在新学期的发展找到了一个行为的动力支持，有了一个目标来指引。然后把这个目标贴在教室的墙上，让全体学生都能知道，新学期要有一个新面貌，这个目标就起到一个启动的作用，而且把目标的启动和教学教育活动结合起来了。目标还有一个引领方向的作用。每个学生定的目标，对于他们来说都是一个努力的方向。目标在实践过程中还有调整的作用，学生在目标制定中，可能有的目标定高了，也有的定低了，还有些定得不够全面，这都是学生自定目标中经常会出现的一些疏漏，需要调整完善。此外实现目标还应该有一个时间的期限，比如说以一个学期为单位，开学到期末要达到预定目标。教师应该根据学生的起点，对学生的自定目标有一个提示性的修改意见，以免出现把目标定的低了、高了或不全面的问题，要给出一个比较好的行为支持系统。

然后，教师应该把学生定的目标转化为一种期待，期待他在这一个时间段内，实现自定目标。这种期待本身对学生来说是一种导向和激励作用，也是一个对行为不断调整和优化的过程。教师有了这样一种期待，还要再往下做一步，就是把每一个学生定的目标，都细解为几个行为化的指标。比如，一个学生说“我还想继续当一名全优生”，那就说明他已经是全优了，那么教师就要指导他，告诉他哪里是他的薄弱环节，怎么来完善，总之，要有一个行为化的指标。比如有一个学生说“每一次考试都争取 90 分以上”，那么，你现有的成绩是多少，学期的起点分是多少，你怎样才能取得 90 分以上的目标，这种行为化的指标就是教师具体期待的要求，这样学生在完成目标任务时就可以不断地修正自己的行为，就会越做越好，这是师生共同的心路历程。

主持人：教师在目标达成过程中要发挥主导作用。

陶礼光：我觉得班主任还有一项非常重要的工作，就是把全班学生的目标进行梳理，然后统一合并，再确定全班的目标，把班级目标和个人目标结合起来。正如高教授所说，这样，这个动力的维持系统就更加坚强了。

主持人：有一个系统的观念，使个体的发展和整个班集体的成长能够联系起来。

陶礼光：实际上也还可以和学生个人成长手册或者是数值评估结合起来，这会防止学生发展不全面的问题。

主持人：不能忘了大前提：素质教育，要让每一个学生全面发展。最后请三位专家用一句话概括一下您的观点。

蓝　维：其实目标是一个非常有力的激励和教育的手段，教师要学会用目标来管理学生，当然我们这个案例当中是自主确立目标，那就更具有它的优势。

高洪源：在班级管理中，目标设定的集体化和个性化，系统化和阶段化要有机地结合起来。

陶礼光：行为动力是复杂而又有价值的工作。

◆ 综合评析

一、回放案例

1. 不失时机地激励动机

新学年一开学是确定目标的最好时机。对于学生来说，无论曾经是成功还是失败，都已经成为过去，一个新的未来正在等待着他们，因而“每个学生脸上都写满了信心与希望”。班主任迎合了大家内心的期待和需要，要求每一个人都确定自己新学年的目标，于是48个学生就有了48份目标，每个目标都是一份激励的强化物，都促使学生产生“新学年有新表现”的行为动机。

2. 不失时机地把舵加油

目标虽然是学生自己定的，满腔热情确立的目标，对于这些尚未成熟的学生来说，其实现并非易事。况且有的目标涉及改变自己长期已经养成的习惯，甚至已经形成的性格特征，它要求学生有很强的自控力，包括抗干扰力、抗诱惑力和耐力等。因此不是每个学生都能始终如一地朝着自己确定的方向迈步。个别学生出现了背离自己目标的行为，有的淡忘了自己原定的目标。对于这些学生，班主任要求他们回忆自己的目标，促使他们在愧疚中自行调整偏离的方向，重新起航。

3. 不失时机地总结反思

学期末是目标取得阶段性成果的季节。班主任通过“竞选全优生”的方式，让大家反思对照自己的目标。有的学生达到了预期的目标，进步了；有的则在自责，由于自己的不坚持而沮丧。班主任则一方面在考虑如何奖励成功者，激励失败者；另一方面在反思中筹划着下一步该如何引导学生更加科学地、有效地制定目标。

二、深入案例

当我们将该班主任让学生自定目标等做法放到教育基本层面上考察时，可以看到它的许多可取之处。

1. 有助于“好的开端”

班主任把制定个人目标作为新学年开始的“开场戏”，可谓是趁热打铁。在学生情绪饱满、信心十足之时，保证人人确定积极向上的新目标：“我还想继续当一名全优生”“我争取使自己能在期末得到一张奖状”……目标促使优秀的学生不松劲，落伍的学生不甘落后，确保人人都有一个好的行为开端，为日后的发展打下良好的基础。

2. 有助于“人人参与”

48 个学生，48 份目标，目标栏“成了孩子们下课经常聚集的地方”。可见，“目标”无意之中能把学生们凝聚起来。班级成为人人有份的班级，班级工作变成班上每个学生都参与的工作，班上的事成为人人都关心的热点，这有利于班集体的形成。班主任也可把全班每一个学生都毫无例外地纳入自己的视野，了解他们的需求和发展方向，看到他们的进步和不足，便于有针对性地提供指导。

3. 有助于“集体监督”

把每个人的目标都贴在墙上公示，就意味着每个人都把自己的承诺置于全班同学的监督之下，它能起到督促、控制、规范、改进每位学生行为表现的作用。

4. 有助于“促进自律”

自定的目标容易转化成为学生心中的“道德律”，使外在的要求成为内心的期待。因为要求学生自定目标意味着让学生成为实现目标的主动的承诺者与责任人，实现目标的行为成为内控式的行为，变为“我要做”的事。

学生对“全优生”“奖状”这些诱因的追求和向往，使得目标成为一种拉力，成为未来成功的愿景。这样，无需教师的外在鞭策和强制，学生也会走进自律的境界。

5. 有助于“持续发展”

班主任在学期末开展总结反思，这很有必要。它不仅能促使学生检验自己目标的达成度，更能促使学生学会从一个独特的视角审视自己，“超越自己看自己”，认识自己的优势，发现自己的问题，这对学生的持续发展有重要的意义。

三、超越案例

目标具有激励、导向、调控行为的功能，更具有促进学生发展的功能。无论是目标的制定还是实施，班主任都要发挥主导作用。班主任除了要修订学生的目标，监督、提醒学生实施目标，更要指导学生学会制定科学的、有效的、个性化的目标。通过对案例的深入探讨，我们对此获得了众多启示。

启示一：帮助学生系统地构建目标体系。

个体化和集体化目标相结合：如果班主任能够与学生共同设定班级的目标，然后围绕班级目标，要求每个人设定个体目标，这样就有利于把班级发展与个体发展紧密联系在一起；有利于发挥集体与个体的双方互动作用，既可促进班级目标的实现，又可为学生个体目标的达成营造积极的环境条件。

阶段化目标与长远性目标相结合：仅仅有个长远的大目标，而没有构成大目标必须达成的阶段性目标，大目标就容易落空。而仅仅有小目标，行为就容易盲目，也难以持续。因此要引导学生不仅要设有一个较大的努力方向，同时也要脚踏实地地去实践每一个阶段的小目标，完善自己的每一个细节，使每一个小小的努力都在为大目标的实现添砖加瓦。由于阶段小目标难度降低，容易实现，学生可以一步一个台阶，循序渐进，步步感受成功的快乐，天天体验成就的喜悦，从而可避免由于大目标难就，屡遭失败，认为“反正达不到”而放弃的结局。

具体目标与全面发展的成长目标相结合：每个学生都应当有全面发展的成长目标，但它与学生的现状有着一定的距离，在确定个体的具体目标时，要引导学生把它与自己的全面发展的成长目标联系起来。

启示二：帮助学生从个体实际出发确定目标。

根据个体发展的现有水平确定目标：如果目标轻而易举就可以达到，就没有激励作用；而那种即使努力也达不到的目标，同样会导致失望而放弃。

那位“想着拿不到‘全优生’的奖状誓不罢休”的学生，后来发现“自己的信心已消失得无影无踪了……”，其中的原因可能就是目标太高太难，一时达不到，于是放弃了事。因此，把握学生的实际水平，帮助学生确定“跳一跳够得着”的目标是非常必要的。

制定多元的个性化目标：案例中的学生们几乎都把“全优生”作为自己的目标。这里暂且不谈“全优”的含义，仅从学校限定的有限的名额就可以预料真正能够达标获奖的人寥寥无几。建议班主任换一种思路，要求每个人都制定有特色的，符合自己特点的，利于发挥自己潜能与强项的或利于克服自己缺点及弱项的多元化目标。班主任的奖项也相应的要多元化，不能仅仅就一个“全优生奖”。

启示三：帮助学生把目标细化为行为化指标。

目标确立之后，班主任可以要求学生提出达到目标的具体措施，确定解决问题的办法。如案例中的一位学生在确立目标时曾经发誓想改变自己“霸道”的臭脾气。然而当他面对具体情境时，却忘了自己立下的誓言，没有控制好自己。可见，特定情境中如何控制自己，是需要有具体措施的。比如说，自我暗示：“每当我控制不住自己时，我就数数，数到100……”“当我急了，我就想那句格言……” “当我欺负别人时，我就想假如我是他……”等都是让他改变“霸道”脾气的关键。如果仅仅定下目标，没有确定如何解决问题的具体办法，那么，即使“举起拳头，心里发誓”，目标也可能落空。

（评析人：陈爱苾）

拓展案例

“好好生活，天天向上”
——我的带班理念和目标

这学期，我接手了一个新班——初三（2）班。经过一番精心构思筹划，开学这天，我满怀信心地走进教室，开始了我的开学讲演，也是我的一个施政演说。

同学们：

早上好！

下面请大家欣赏电视剧《亮剑》的精彩片段。

电视剧《亮剑》中的主人公李云龙有句名言："兵熊熊一个，将熊熊一窝"，说明了一个将军对于提高整支部队作战能力的重要性。

大家明白今天"老班"的用意了吧！

我非常荣幸地向大家宣布：本人——"乔老爷"，从今天起我就和大家风雨同舟，乘坐初三（2）班这艘航船，驶向2008年中考的"港湾"。希望我们初三（2）班这个刚刚诞生的大家庭能够"好好生活，天天向上"！

怎样才能够做到"好好生活，天天向上"呢？我们要记住中国足球队前教练殷铁生的那句话"用脑子踢球"！

下面给大家讲一个古老的"小故事"新编，这是我近日在网上读到的一则笑话：

某日，老师在课堂上想搞一个脑筋急转弯，问学生："树上有十只鸟，开枪打死一只，还剩下几只？"一个学生反问道："是无声手枪吗？""不是。"老师答。"枪声有多大？"学生又问。"80～100分贝。""那就是说会震得耳朵疼？""是！"老师肯定地说。"在这个城市里打鸟犯不犯法？""不犯。""那你肯定那只鸟真的被打死了？""确定！"老师有些不耐烦了，"拜托，你告诉我还剩几只就行了，OK？""OK。树上的十只鸟里有没有聋子？"学生并未就此罢休。"没有。""有没有关在笼子里的？""没有。""有没有残疾的或者饿得飞不动的鸟？""没有。""算不算在蛋里还没有孵出来的小鸟？""不算。""打鸟的人有没有眼花？保证是十只？""没有花，就十只。"下课铃声已经响了，这个学生还在问个没完："有没有傻的、不怕死的鸟？""都怕死。""会不会一枪打死两只？""不会。""所有的鸟都可以自由活动吗？""完全可以。""如果你的回答没有骗人。"学生满怀信心地说，"打死的鸟要是挂在树上没有掉下来，那就剩一只；如果掉下来，就一只不剩了。"……

同学们，听了这个"逻辑如此严密的答案"之后，你的感想是什么呢？给大家5分钟的讨论时间。

大家的讨论可以说是热烈的、欢快的，但我也看到了少数同学无所顾忌，不是在讨论问题而是在嬉笑打闹，因此我向大家坦诚地宣布了我们初三

（2）班的班规。

纪律是集体的面貌，集体的声音，集体的活动，集体的姿态和集体的信念。

大家在思想品德课上已经学过了：没有绝对的自由！请每一位同学记住：纪律是做好一切事情的保证！

当然我也发现了不少一直在积极思考问题的同学，于是我接着说：

你们做得很对，请记住“老班”送给你们的“友情提示”：“我不是学习时间最长的学生，但我一定是学习的时候最专心的学生！”

暑假里，我也查阅了你们的不少材料，发现不少同学有各种各样的爱好和特长，也有这样那样的缺点，因此，我想向大家推荐下面三句话作为我们班级的班训：

一要接受自己——世间万物都有自己独特的价值，即使是流星也能划破夜空的寂静，即使是一滴水也能折射出太阳的光辉。无论怎样，先接受自己，试着去发现自己的优点，挖掘自身的潜力。

二要欣赏别人——欣赏别人是善待他人的一种方式，是以人之长补己之短的明智之举。在欣赏别人的同时，这个世界在你的眼中也会变得更加美丽。

三要为自己的行为负责任——负责任是一个人最基本的品质。只有当你懂得为自己的所作所为负责任，而不是逃避责任或在别人的目光中才勉强承担责任时，你才真正地长大了。

我们既然来到了这个班级，这就是我们的缘分。“老班”特地赋诗一首，作为送给大家的一份礼物，请看大屏幕：

秋高气爽艳阳照，朋友相聚在今朝。
经营班级你我巧，众人拾柴火焰高。
师生合作教学妙，优秀团队共创造。
德智体美携手劳，和谐双赢开怀笑！

为了把我们这个班集体的工作做好，我建议大家毛遂自荐，担当重任！

为了把我们这个班集体的工作做得更好，我建议同学们群策群力，进谏忠言！

最后，我请全体起立，伴随着多媒体优美的乐曲和画面，共同高唱《明天会更好》，我的开学第一节课在高昂的歌声中结束。

点评：

对于开学如何第一次亮相，该班主任作了一番策划。他是有备而来的，但不仅仅是准备好讲稿，设计好活动，更重要的是他的“备学生”“备思想”“备策略”“备心理”。他事先“查阅了不少材料”，一一了解班上学生的情况，每个人的强项和短处，对班级整体有了一个大致的认识。据此，他把带班思路定位在促进“集体意识”的形成上，并为此跟进一系列的保证策略：用“班规”制约错误行为；用“班训”教学生如何处理人际关系和强化责任意识；用诗歌表达建设班集体的途径和目标。

该班主任在发表开学讲话时，不拘泥于“讲话”这种单向的信息传递方式，而是把它变成一次丰富有趣味的“活动”。这个活动有学生的问题讨论，还有电影片段的欣赏，多媒体课件的运用，全班的齐声高歌。他还时时注意用笑话、比喻、幽默称谓等方式，营造一种宽松的心理氛围，拉近师生距离，为学生接受教师的引导创设心理前提。

该班主任把自己的讲话题目定为“好好生活”，这是他对自己“整体育人”教育理念的解读，体现了他所追求的班级文化和核心价值观。他不仅通过“德智体美携手劳，和谐双赢开怀笑”的诗句表达培养学生和谐身心、阳光心态的追求，而且通过他的师生平等、学生民主参与、毛遂自荐、群策群力、进谏忠言等过程与措施，试图营造自己理想中的育人环境。

但是，一个开学讲话，只有几十分钟，很难面面俱到。该班主任的第一节活动涉及面广，因此有些冲击了主题，可能会影响学生对主题的印象。班主任明确提出了“好好生活，天天向上”的理念，但是，他似乎还未来得及让学生理解这个理念，就来了一个“急转弯”把学生引入了强化“逻辑严密”“多视角”思考的讨论之中，这或许与“驶向2008年中考的‘港湾’”的目标有关。这种安排有可能客观上冲淡了学生对于“好好生活，天天向上”含义的理解，不利于使之成为全班的共同价值取向，不利于使其形成班级文化。但是，一开始就提供一个有趣的话题，引发讨论，对于动员大家投入开学活动，参与班级生活却可起积极的作用。

班主任要把“好好生活，天天向上”的价值观以及“班规”“班训”转化成全体学生认可的共同行为，就要先将它转化为具体的、可操作的行为要求，才容易落实并生效，并需调动全班学生民主参与、讨论协商，“班规”“班训”才会如同置于“心中的道德律”，培养起学生遵守纪律的“道德责任感”，让学生心悦诚服地而不是被动地接受班规的约束；才能促进学生由“他律”向“自律”转化，由“外强制”向“内强制”转化。可见，开学讲话之后，班主任还有很多事要做。

“开学讲话”是教师育人工程中的一个启动环节，对于接新班的班主任来说，第一次讲话有着综合的功能。有的班主任把开学讲话当做发表自己的“班级建设宣言”的机会，通过这第一次讲话明确班集体建设的目标、途径，传递班主任的带班理念、期望和信心等。第一次讲话同时也是班主任留下良好“第一印象”、促进师生相互了解、为建立良好师生关系打基础的契机。

其实，“开学讲话”也只是教师为了更好地带班育人所采用的一种形式。它有很强的个性特点，没有一定之规。有演讲才能的班主任，通过激情洋溢的讲话鼓舞士气；逻辑思维严密的教师，通过解读办班理念或班级建设计划，使之深入人心；擅长形象思维、情感丰富的教师，通过一个个动人的故事，传递寓意深刻的做人哲理；风趣诙谐的教师，以其特有的智慧，营造宽松愉快的班级氛围；善于组织活动的班主任则通过丰富有趣的活动凝聚人心，调动大家当家做主的积极性。总之开学讲话要因人、因班、因目的、任务而异。

（点评人：陈爱苾）

相关资源

如何在班级目标管理中提高学生的主体性道德素质①

主体性教育指的是教育要把受教育者看成能动的、独立的主体，承认受教育者的主体地位，尊重其独立人格意识，培养受教育者在自觉活动中的自主性、自为性、独立性和创造性。德育是学校教育的重要组成部分之一，在德育过程中，受教育者具有教育客体和教育主体的双重身份。当他们是接受教育影响的对象时为客体，当他们在自我教育可对其他教育对象发生影响时则为教育主体。学校德育工作如果要主动适应社会主义市场经济的发展和教育的要求，就必须对学生进行主体性教育，使作为道德实践活动的学生，能够通过对道德原则的积极、主动的理性的思考后自主、自觉、自愿地做出道德选择和道德行为。从而提高学生的主体性道德素质。

目前，在班级管理中，普遍存在着一种不良的现象，对教育对象的客体性质注重较多，而对教育对象的主体性质往往认识不够。道德教育主要通过灌输德育知识、树立典型榜样、借助集体舆论等方法来完成，没有充分发挥教育对象的主体作用，导致班级出现了班主任唱独角戏，吃力不讨好，效率低的局面，束缚了学生主体道德的提高。为了克服上面的毛病，最大限度地提高学生素质，实现班级目标管理的优化。从第三学期开始，我在班级管理中，用“全班参与、轮流执政”的“轮换”模式取代了过去的“个别参与、应付管理”的“固定”模式。尽量使教育对象成为教育主体，充分调动全班同学参与班级管理的积极性和主动性。一年来的实践证明，“轮流制”是提高班级管理和培养学生主体性道德的一条有效路线。“轮流制”的具体做法如下。

一、组建“自管小组”

“自管小组”是“自主管理小组”的简称。我将全班 49 位同学分成四个“自管小组”。分组时不能自由组合，而是先选拔人才，每种特长的人才只选四人。比如：组织能力最佳、普通话最佳、体育最佳、音乐美术毛笔字

① 作者不详．如何在班级管理中提高学生的主体性道德素质［EB/OL］．（2008－04－01）［2009－05－11］．http：//www. gxjs. com. cn/newsInfo. aspx？ pkId＝10209.

最佳等，名单不可重复。选好之后进行编排，然后，由组织能力最佳的四个学生从各类人才中抽签组合，组成“自管小组”。各小组再协议“执政”的顺序和时间，每组“执政”大约5周。

二、明确岗位职责

“自管小组”成立后，各组按常规班委安排好职务，然后把落实的结果上报班主任。班主任及时组织学生进行岗前培训，使学生明确各类职务的岗位职责，从而使他们能各司其职，各尽其责。

三、制订工作计划

针对性是德育工作的出发点，是提高自我教育效率的立足点。为了克服工作上的盲目性，明确班级管理的针对性，必须按时制订出切实可行的工作计划，这是使学生认同和参与目标实现的有效途径，也是班级目标管理的基本点。“自管小组”成员的职务落实后，面临的首要任务是制订工作计划。各组的班长必须及时组织本组成员制订任期内的工作计划，然后在班会上向全班同学宣读。由于各组的工作计划是班级学期计划的分解，所以各组的工作重点是不一样的。如果各组计划雷同太多的话，班主任必须督促各组加以协商调整，使之各有侧重，互相补充。工作计划落实后最后要张贴在教室里，以便互相监督，同时也能使各组的自我管理行之有规，验之有据。

四、反馈强化，指导管理

实施“自管轮换制”的目的在于面向全体学生，立足主体性道德素质的培养。因此，在各组自管期间，班主任就要放手让学生锻炼，创造条件让学生独立工作。但放手不等于放任自流，班主任必须做好幕后参谋，要对各组的管理工作进行有效的监督、协调和指导，及时召开班干会，让各任职同学及时反馈管理情况、工作成效以及面临的困难、存在的不足。然后有针对性地进行分析指导，对工作表现突出的同学要予以充分的肯定，以培养学生的成就意识；对工作方法有创新的学生不管成功与否均要给予鼓励，以保护学生的创新意识；对胆子小、没信心的学生要加以引导和激励；对个别失职的学生则要进行批评，让其承担管理工作失职的责任，增强学生的责任意识。

五、总结考评，奖励先进

没有总结就没有提高。为此，在“轮换制”的实施过程中，我还设立了两种考评制度。一是每任小组长结束工作时，组长都要在班会中做出工作总结，谈谈工作体会。别组的同学可以加以评议，班主任也要进行表态，肯定成绩，指出不足，为下任同学提供借鉴。二是学期结束时，每个小组都要对任期内的所有工作进行详细的总结，写成书面材料。全体同学参加考评，考评时要比照各组的工作计划，评出达标度，评选最佳小组和个人。评选优秀的依据是“五项文明”评比的成绩、组织参加校级和年级的各项活动的成绩以及班内各项活动的组织开展效果。凡被评为最佳小组和最佳个体的同学，可增加德育分5分，并给予适当的物质奖励，最佳个体还有机会竞选优秀学生干部。

面向全体学生是主体性道德素质的基本要求，把学生作为道德实践的主体，让其以“主人”的身份去参与道德实践，并在实践中做出“选择”，进行“判断”，才能真正培养学生的主体性道德素质。“自管小组轮换制”在真正意义上实现了让全班学生参与班级的管理，使每一个学生均成为自我教育或对其他教育对象发生影响的教育主体，参与到道德实践中来，重视了学生的主观能动性、个性差异和道德的内化过程。由于每个学生均要参与班级管理，促使了学生进行“心理位置互换”，减少了学生间的矛盾，增进了同学间的理解，形成了和谐的同学关系，增强了班集体的凝聚力和学生在纪律、学习、劳动、文体活动方面的自觉性，培养了学生与现代社会发展相适应的竞争意识、参与意识和协作创新精神，提高了学生自我教育、自我约束、自我服务和自我管理的能力。从而使学生的主体性道德素质在具体的道德实践中形成、提高和完善。

学员作业

你在新学年开始之际，曾经有过什么举措，它产生了什么样的影响及效果？请叙述并分析原因。

专题 2 编排座位

编排座位有学问

核心问题

- 为什么说编排座位是班主任的重要工作内容之一？
- 班主任在编排座位中应把握的基本原则有哪些？
- 在编排座位时，班主任应如何协调学生自主与教师主导的关系？

拓展案例

- 特殊座位

案例故事

自由找座位

对话班主任

主持人：肖北方

班主任：杨勇学
　　　　李梦莉

对话专家

主持人：肖北方

专　家：延建林
　　　　张东娇
　　　　李兰巧

相关资源

- 自由
- 如何第一次给学生安排座位
- 如何编排学生座位
- 编排学生座位的方式

综合评析

评析人：肖北方

学员作业

- 调查一下身边的同行常采用的学生座位编排方式有哪些？其中得到学生及家长和科任教师共同赞许的是哪种？为什么？

核心问题

1. 为什么说编排座位是班主任的重要工作内容之一?
2. 班主任在编排座位中应把握的基本原则有哪些?
3. 在编排座位时，班主任应如何协调学生自主与教师主导的关系?

案例故事

自由找座位

又到了新学期的第一次班会课了，按惯例是先排座位。当我走到教室门口时，同学们已在体育委员的指挥下，分男女生，按高矮顺序，在教室走廊里排成了两列。同学们看见我来了，便按照以往的惯例横向两个同学组成同桌很有序的一对对走进教室，走到自己的座位上。稍许的议论后教室里安静了下来。

“看来同学们过了一个寒假确实长大了不少！5 分钟就解决了座位的问题。老师对大家今天的表现感到十分高兴。现在我们进入今天的班会主题——快乐的假期。”我笑眯眯地说道，可是教室内却一片沉默。“难道大家的寒假不快乐?”我仍微笑着反问道。

“老师，我现在一点也不高兴！我和小爱坐在一起，互相学习，互相帮助，她帮我补习数学和物理，我帮她补习英语，为什么要把我们俩分开?”

“老师，您太不尊重我们了，您根本不了解我们，就随意调了我们的位置!”

“老师，我想和小刚坐!”“我要欣雨和我同座!”……一石激起千层浪。顿时，教室里仿佛炸开了锅，议论纷纷。

面对“群情激奋”的场面，我顿时灵机一动，不如成全孩子们的愿望吧。“那今天的班会就改为自由找座位，怎样?”我随机在黑板上郑重地写下“自由找座位”五个大字。

“嘢!”孩子们顿时一个个绽开了笑脸。性急的孩子立即准备拿起书包下座位找同桌。

“那也不能太自由!”班上的小思想家子祥站起来大声说道，“我们找的同桌应该是学伴而不是玩伴！我认为同桌应该能动静搭配，也就是不能两个都爱说话的人坐在一起，也不能都不爱说话的坐在一起。同桌要一强一弱搭配，让学习好的帮助学习差的。”此言甚合我意。

“同意子祥同学意见的请举手!”我说道，绝大多数同学都举手表示赞同。

“老师，自由找的同桌最好两个人都要愿意，不能强迫对方。”亮亮补充说，“对、对、对……”大家附和着说。

我说：“大家说得都很有道理。那么什么样的同桌才是你的学伴，而不是玩伴？请每个同学都好好思考，然后再选择你的同桌。现在同学们自由下位找伙伴商量，10 分钟后我们再来重新找座位。”我随机又在黑板上写下一句话：我做主，我快乐！

“嘢!”孩子们一个个像活泼快乐的小白兔一样，东跳跳，西蹦蹦，好不开心!

10 分钟后，果然孩子们一对对手拉手笑眯眯地坐到了一起，当然也有 3 个孩子孤零零地立在一旁，小 A 是想自己一个人单独坐，小 B 是自己的朋友被别人拉走了，小 C 是自己平时太调皮，大家都不愿意和他坐，正在一边愧疚地哭着。

……

虽然这次的主题班会没能如期举行，但这次自然生成的主题“自由找座位”却帮助我解决了历次排座位导致多数同学不满的问题。然而，这三位同学的问题该如何妥善解决呢？可让我为难了！而且，我深深地感受到同学们共有的内心独白：看您的喽！我心想：可不能让他们太失望！但一时间我又拿不出锦囊妙计，只能施缓兵之计了，于是说道：“先请三位同学暂时在后排三个空位入座，今天是座位大调整，以后我们再进行微调!”

……

第二天早上，我刚到校门口，学生 D 的家长就与我说，她的孩子视力不好，但为了与身材较高的好朋友同桌，就选择了后排座位。尽管遭到家长反对，但因为是自主选择，不好意思要求老师调换，同时也担心会伤害同学感情，宁愿选择忍受。然而，家长强烈表示：孩子不懂事，可以为了友情而不顾视力，但教师不可任其自然！

送走学生家长，班上一位同学对我说："老师，小旭和小丹都是学习成绩好的，她们不应该坐在一块儿，那样会资源浪费！"

过了几天，科任教师来找我说，你们班上课纪律不佳，同桌的孩子们有说不完的话……

我陷入了思考：如何才能让班中每一位同学都能从座位调整后，愉快地开始新学期的学习生活呢？

对话班主任

主持人：肖北方
班主任：杨勇学、李梦莉

主持人：杨老师，您会像这位老师一样，一开学就用心关注学生的情绪吗？如果遇到类似案例中的这种情况，您会怎么做？

杨勇学：中学生成长变化最快、最大的时间段是两个假期，暑假变化更大。因为他接触的人、社会，与在学校接触的不一样。因此，在开学初，我们与案例中教师一样，都会对学生的情绪状况进行全面的了解。我们常利用课上、课下时间，通过与学生谈话、和家长沟通，也利用学生的日记、日志等多渠道来了解。

对于案例中教师遇到的调座位问题，这确实是一个让人比较头痛的问题，尤其对于容量很大的班级来说，到了初三或者高三毕业的时候，这个问题难度更大。

我觉得案例中教师的做法能够发挥学生的主体作用，让学生根据自己的意愿选择同桌，以期同桌能优势互补，有利于班级学生更好地发展。但是，由于让学生自己去找座位，教师不介入，又缺少对其他方面的周全考虑，以致出现了案例中三个学生出列的尴尬结果。

如果是我的话，一般会让学生讨论讨论调座位的原则、目的，把这些问题考虑清楚了，再让学生回家跟家长沟通。然后，我会找学生干部把各个方面的意见收集上来，最后再制定一个相对比较成熟的方案，向全班公布。当然，我认为，要想把每个学生都照顾到，是不可能的。所以座位要经常调换，不能一学期换一次就固定下来，应让每个学生都能坐到好的座位，不好的座位每个学生也都能体会体会。

主持人：可见，对于编排学生座位问题，首先前期我们要把工作做得细致一些，可组织学生研讨，形成初步计划，然后多方征求意见，形成一个行动方案，最后再去行动。其次，学生就座后，我们还要考虑通过微调或多次调换作为弥补的过程，这样效果会更好。

那么，在座位编排、调换过程中，班主任应该把握的基本原则有哪些呢？

李梦莉：编排座位在班主任工作中，是很平常的一件事情。但是，对于学生来讲，关乎他的学习环境，所以我们不可小看。

我个人习惯把握的第一个原则是编排座位与班级整体工作计划结合在一起。当然，绝对的公平是没有的，但是，我努力做到座位安排公开、公正。我会告诉学生：我为什么这么安排座位。比如，上学期我班计划开展小组之间的学习竞赛活动，为了让各小组实力均衡，在安排座位的时候，考虑的主要是成绩因素，然后把各小组的成绩均衡，使大家在同一起跑线上，展开竞争；然后我再在组内根据学生身高安排座位顺序，同学们都知道我为什么这样安排，都很认同，不会有反对的意见。

主持人：已经达成了一种默契。

李梦莉：对。第二个原则，就是以集体为先。我会在第一次家长会的时候，与家长达成共识，即每个家长都会站在自己孩子的立场，从自己孩子的角度考虑，而我是从全班 50 个孩子的角度考虑，所以，考虑问题要按照集体利益为先的原则。但是，一旦出现了个别的困难，比如有的孩子视力急剧下降，那么，我也会照顾他。但是这些照顾不能乱来，都照顾那就都照顾不了了，所以我觉得班主任安排座位千万不要随意。

再比如说，这学期，我班里要组成学习“结帮对”，在安排座位时，我会有意识地把一些人的座位安排在一起，便于自愿结对。由于同学们都知道老师安排座位的目的，因此，也就自觉配合。

主持人：总之，我们不能孤立地应对编排座位的问题。应以系统的观点，从班主任工作整体来考虑。在同一个时间断面，需要与各项工作结合。诸如特定阶段的班级教育目标，或者说班级工作的重点内容等。另外，如果持续时间比较长地带班，在不同时间段也要有所侧重，通盘考虑。这样，教师工作就更主动，编排座位对学生的影响就更好一些。

李梦莉：对。

主持人：这确实是从一线总结出来的经验，比理论研究更生动一些。那么，对于案例中班主任由于事先准备不充分，但事后机智地应对，解决得多数同学比较满意、少数同学出列的结果，能给他什么建议呢？应如何解决已出现的问题？

李梦莉：对于没找着同桌的三个学生，我认为，首先，小A是自己提出来要单坐的，那班主任应该弄清，他为什么要提出单坐，单坐之后，对他今后发展的利弊如何？其次，小B是因为他的朋友被别人拉走了，他被孤立了，那么，对他就要考虑，编排座位可能会引发他和其他同学之间的关系问题。同时，也应该对小B进行进一步的剖析，一个朋友被拉走了，可以有第二个朋友，但他为什么只有一个朋友呢？这也可提醒班主任，以后更多关注这个学生与同学的交往，关注他和同学关系的建立。最后，小C是因为没有人愿意和他一起坐，我觉得这个学生是我们特别要注意的。一般来讲，大家都不愿意和他同桌的情况有两种：第一，就是他本人特别闹，破坏课堂纪律的情况时有发生，影响他人学习，所以同学不愿意和他坐在一起。这样的学生，一旦被孤立后，很可能会“破罐子破摔”，变无意为有意地破坏课堂纪律。第二，就是学生本身性格孤僻，不易和别人相处，所以没有人愿意和他同桌。那么，一旦出现这个情况，就会对这个学生造成更大的心理伤害。因此，我觉得，小C是我们作为班主任要特别关注的。

杨勇学：我看小A和小B两个的问题，都不是很严重，对于小A，像李老师所说，需要研究为什么他想一个人坐。然后教师或者当时或者第二天，可给小A重新安排一个座位，而不能再让这个学生自由找座位了。

我也觉得，最关键是小C的问题。他是不愿意一个人坐的，但没有人愿意跟他坐，所以他的心理伤害是最严重的。因此对这个学生，教师首先要安慰他，同时应该与班干部或班中部分通情达理的同学协商，先给他安排一个比较好的座位，希望他情绪能得到控制，然后再想别的办法来弥补。另外，班主任要意识到，不能纯粹让学生自己找座位，教师必须有所介入。

主持人：看来，你们俩已经达成了共识：对于单独出列的小C，要特别予以关注。再者，以后在编排座位的问题上，可能更需要我们来考虑的不仅只是座位本身如何编排，还涉及精神伦理层面，即如何发挥学生的作用和教师的作用，如何协调好二者之间的关系。这个案例之所以出现问题，关键是教师的作用在前期发挥得不够，所以，后期解决问题的基本思路就是侧重于发挥教师的主导作用。

李梦莉：我觉得自由找座位，还要看你面对的是什么样的学生。我曾经让学生自由编排过座位，因为我带的是全校很优秀的班级和很优秀的学生，这样的学生相对来讲，其自主意识非常强，学习成绩等各方面都比较优秀，思想也相对成熟。而且是高中的学生，要比初中的学生对同学关系的照顾更全面一些，所以他们可以把座位安排得很好。

当然，我觉得在班主任的工作中，灵机一动的想法会经常有，但是，最好的方法是拿出方案以后，再慢慢地去实施。所以，当初我要学生自由安排座位时，首先拿出方案，把座次表发给大家自己填写，若有特殊要求的，由班长负责调节，但也需拿出调节方案经我审核，并征得科任教师的认同，最后确定实施方案。

主持人：总的来说，编排座位是教师不可回避的一个问题，看似事小，其实不然，从中能反映出班主任的学生观、教育观。而且，对于学生来讲，在编排座位中，他们参与的方式和态度，以及其间的感受，都能反映他们的自我认识以及同学关系状况。所以，编排座位需要制定周密的方案，然后再行动。其间，要尊重学生的主体意识，还要基于师生关系、同学关系来选择恰当的编排座位的具体方式。

对话专家

主持人：肖北方
专　家：延建林、张东娇、李兰巧

主持人：在班主任工作中，编排座位，可谓常规工作内容之一。但从理论层面看，对于学生、对于教师来说，满意的座位编排意味着什么？对于案例中的教师，开学初将原本计划中的主题班会，临时改为“自由找座位”，我们怎么看？

延建林：编排座位，尽管看起来是班主任的普通的、常规性的工作，但是，从理论上看，它却是教育空间资源的分配。有关研究表明，座位的不同，对学生们的学习效果、学习效率、课堂纪律、健康人格等都会有一定的影响。一般来讲，坐在前排或者坐在中间的学生，他的学习因为处于老师监控的范围，他课堂上的学习效率，要比坐在后面和两侧的学生学习效率高一些。同时，坐在中间和坐在前排的学生，上课不容易分心；而坐在后排的以及两侧的孩子，因为他离教师视线控制范围比较远，容易出现课堂上分心的行为。再者，在座位编制上若能考虑学生找伙伴、找朋友的需要，将个性融洽的学生搭配到一起，这对他们整个的人际交往也有积极的促进作用。

怎样做好座位编排工作？我想每位教师都有自己的经验。但我觉得其中一个最基本的问题，就是制定一个游戏规则，即我们究竟按照什么样的标准来给每个学生找到特定的教育空间。这里需要每位班主任都通盘考虑，要从学生的生理角度，考虑学生的视力、身高、性别等；还要从心理角度，考虑学生的个性、性情、合群性等；同时，还要考虑一些社会因素，比如说学生的学习成绩、相互关系，等等。只有综合考虑各种因素，才能确定一个比较合适的编排规则。

那么规则定好之后，我们就要按照这个规则实施。当遇到特殊情况、特殊问题时，还要灵活变通。案例中出现的三个孩子出列的问题，我想就是规则实施中缺少变通的结果。

在定规则时，需要教师与学生的共同参与，这样有利于在整个班级管理中，创造一种民主的氛围，形成师生共同参与并做好班级工作的局面。

从案例中可以看到，班主任发现学生们对座位不满意，就随机应变把主题班会的内容改成了自由找座位，应当说这个老师有一定的教育智慧，他能够因地制宜、转换自己的主题。但是从另一个角度看，他对工作又缺乏预见性，也就是说，在整个班级管理中，他没有预先确定一个大家都认同的、一以贯之的编排座位的规则。同时，在安排找座位、制定规则的时候，虽然教师也做了引导，但是主要是让学生自己做，找自己的座位。加之，事先缺乏特定的准备，因此，导致的结果是，家长向他反映问题，学生向他反映问题，科任教师也在向他反映问题。显然，这是由于教师没有通盘考虑规则，才带来了诸多的麻烦。

主持人：对于案例中三位学生出列的尴尬局面，从管理学的角度看，这种尴尬是否可以避免？

张东娇：从管理学的角度来看，这是一个管理不成功的案例，表现在两个方面。第一，临时转换班会的主题，这是管理中非常忌讳的一件事，因为管理就是一种计划性实现目标的过程。第二，在临时转换主题之后，管理是有疏漏的。可以说，还是他无形之中，制造了三个学生的孤立感。所以这是一个管理上有疏漏的案例。

这个案例说明两点，第一点，说明了这三个出列的学生，属于没人选的学生，他们在班级中的人际位置存在问题。学生在班级中会有几个位置是很重要的，比如说分数的位置，标明学习成绩；座位的位置，看似只是空间的位置，但是，空间位置关系着学生的沟通效果、沟通方式、学习成绩、学生的心态形成，等等。由此可见，案例中出列的三个学生，在班级中是不受欢迎的，说明这三个学生在交往中，存在着不同的障碍，以及合作性问题。这种情况需要教师做到心中有数。

既然管理是有疏漏的，那么这种尴尬其实是可以避免的。如何去弥补这种管理的疏漏和修正这种不当的管理行为呢？这个案例可以概括为机智有余、准备不足。教师应事先系统地思考一个编排座位的方案，而且，方案的制订还有一个环节，就是方案中关于排座位的基本原则，要和学生事先沟通。教师还要考虑班中会有不受欢迎的学生。可以提前做一些准备，与有关学生沟通好，就可以避免这三个学生尴尬的情况。

最后，和案例中教师共勉：管理意味着程序民主，但是并不意味着放弃教师的决策权和引导权。凡事不能完全地交给学生，尤其是小学生，因为小学生是需要价值引导的一个团体。

主持人：两位专家从不同角度的谈论，表明了关于这个案例的一个共识，即班主任在每一个工作细节上，都需要协调的最基本的矛盾关系是学生的主体作用和教师的主导作用。案例中出现问题的关键在于，教师在编排座位中，过多地依赖学生的主体作用，而自身的作用发挥得有限。

但是就案例中已发生的故事看，教师虽然事前缺少预计，但注意到学生情绪低落；事中虽然出于被动而机智地应对，但结果多数学生还是较为满意；事后陷入尴尬而被动沉思，仍然希望寻求弥补的办法，渴望赢得大家满意的结果。可见，整个过程中，教师都比较在意学生的情绪体验。从心理学的角度看，应怎样理解案例故事的这个过程？

李兰巧：这个班主任，非常关注学生的情绪，希望通过满足学生需要的方式去激励学生，也注意从中引导学生，强化学生的主导需要是学习。我觉得这些都是非常可取的。但是由于编排座位是出于他的临时主张，因而考虑得不够周全，出现了三个学生出列的问题。对此，我觉得，这个老师应该做一些弥补工作，否则，会给这三个学生带来一定的心理伤害。

做弥补工作可以有多种思路，比如，教师可以这样说：我们这三位同学太绅士了，让其他的同学抢先了，我们现在可不可以给这三位同学一个机会？或者教师为这三位同学现场征集一下同桌，提议让大家与现同桌商量一下，看有哪些同学愿意和这三位同学同桌？或者，让三位同学先说说，你们希望什么样的同学和你们做同桌？那么当你找到了同桌以后，你会怎样做？当三个同学表述完以后，教师可以说，这三位同学的要求还是蛮高的，我相信一定会有同学愿意站出来。然后，待有同学示意时，我们要向这三位同学表示祝贺，之后向能够站出来、愿意跟这三位同学同桌的同学，以及刚才和他们同桌的同学，都表示感谢。

我想，如果这样解决问题，对这三个学生来说，就会是一种心理缓冲，在一定程度上会减少因此遭受的心理伤害。

另外，案例中有一个学生说他不愿意跟别人同桌，我想，这里面可能有多种原因，需要教师私下跟该学生进一步沟通。因为，依常理，不愿意跟别人同桌，可能是个性比较独立，希望自己单坐；也有可能他从内心深处希望和别人同桌，但是担心没有人选择他，所以由于不自信，就故意说，我不愿意跟别人同桌。

对此，教师可以问：如果有同学愿意跟你同桌，你愿意吗？如果愿意，让我们就为他征集；如果不愿意，条件也允许他单独坐，那我们就可以尊重他的这一选择，暂时让他单独坐。

另外，我觉得这个老师，还应该引导学生去接纳不同类型的同学。比如，可以在班中每个月调换一次座位，每次都由学生自己来选择，但是，教师必须提出要求：每次都不要选择同一个人。然后引导学生去发现不同类型同学身上的优点，与此同时，可以组织征文活动、主题班会活动等，让大家去互相认识、了解，不断把学生身上的优点发掘出来。由此，帮助学生从中形成一种良好的认知方式，促进学生积极地建立良好的人际关系。

主持人：非常好，李老师是从心理学的角度，着重为摆脱三位同学的尴尬局面，提供了寻求弥补措施的多种思路。而且对一些细节问题，如对真心想单坐的学生，也给出了很好的建议。再者，认为教师应该以此为教育契机，及时教育学生从中反思自己，同时，帮助学生借机协调同学关系，我觉得这个想法非常好。

我还想问问二位专家，对于案例故事的结尾中提到的有家长来反映的问题，还有科任教师反映的问题，我们如何从理论的角度给出建议？

张东娇：我觉得关于课堂秩序问题，可以让学生自己来讨论：应该建立什么样的规则。比如说先让每个同桌都定一个规则，再组织全班讨论，订立一个全班的规则；然后让学生和教师共同来监督。可以对遵守纪律方面表现比较好的同学，给予一些奖励。比如说用强化法，我们刚才提到了每个月轮换一次，每次都选择不同的同桌，那么，如果有两个人都共同进步了，对于这样的同桌，就可以奖励：在下一个周期，他们两个人可以继续坐在一起。当然，我认为，这种奖励最多不要超过两次，应给大家有更多选择同桌的机会。

我想，这样就把解决问题的方法或者说权力交给了学生，让学生自己解决，问题会解决得更好一些。

延建林：对此我要做点补充，我觉得编排座位不能完全由学生们来考虑，因为学生们是一个相对来说松散的群体，他们每个人都有不同的利益诉求和思考规则。因此，在让学生民主决策之前，教师应先拿出一个方案，然后可以和学生讨论，最后形成一个大家约定的规则。

李兰巧：我同意，我觉得就是要规则在前。规则制定好后，一定要和学生说明白：我们编排座位是不是定期轮换，具体是前后调换还是左右调换，等等。

我去过北京市朝阳区樱花园实验学校，那个学校的班级管理就很有特色，实行了一周一个小干部的轮换制。班级管理制度在前，无论对哪位同学，制度执行都是一样的。

其次，案例中学生家长来反映问题，这说明家长很关心孩子。班主任面临如何和家长解释、沟通的问题，我觉得可以通过召开家长会，在会上坦然地承认问题的存在。也可以主动而坦诚地和家长交换关于后续补救的想法。总之，我觉得要沟通在先，规则在前。

主持人：刚才三位专家，从不同的专业视角，不仅对案例里出现的问题，给出了很好的建议，而且，对于编排座位这个问题，应如何解决得更好，也从根本上达成了共识：要有计划地组织安排，有师生共同认同的规则，做到制度在先，然后针对具体问题，做好深入细致的思想工作，包括与学生、与家长的思想沟通。这样，编排座位就不只是一个编排座位的问题了！成功地编排座位，对于学生形成良好的同学关系，对于班级管理目标的达成和良好班风的形成，以及对于每个学生利用特定空间资源更好地生存发展，都会有一个不可低估的作用。

最后请三位专家对这次探讨，各用一句话作为结语。

李兰巧：对于管理来说，无论是班级，还是任何一个组织，都应该是沟通常在，制度保障，才能收到管理实效。

延建林：凡事预则立，不预则废。对于像编排座位这样一些班级日常性管理工作，我们同样需要系统的、周密的、全盘的考虑。

张东娇：让学生成为班级的主人。

◆ 综合评析

一、回放案例

开学初，教师准备按计划主持“快乐的假期”主题班会。可走进教室时却发现班里学生情绪低落，教师推断出主要原因是：学生们刚在班干部组织下，依照惯例仅凭身高排序编排了新座位。通过简短的交流、证实后，教师调整了班会主题：“自由找座位”。并组织学生研讨了找同桌应注意的基本要求，即找学伴，而不是找玩伴。随后，让学生重新找了座位。结果，多数学生如愿以偿，而有三位学生出列。一时间教师陷入被动，仅对三位学生做了简单的处理，告知学生以后再微调。次日，有一学生家长专程来反映：他的孩子因为重友谊而不顾视力选择了后排座位，希望老师调整。数日后，有科任教师反映：课上同桌说话增多，影响了课堂秩序。由此，教师陷入了沉思。

二、深入案例

案例中班主任教师的做法值得肯定的是：其一，新学期走进教室就关注学生的情绪状态，表现出班主任良好的职业素养，即对学生心存一份关爱而善于观察。在了解学生情绪低落的原因后，迅速做了原定班会主题的调整，透露出了班主任平素积累而成的教育机智。其二，当有学生表明“找座位不能‘太自由’”时，班主任没有直接说教，而能因势利导，组织学生进行研讨，使学生在交流中思考、在参与中感悟。自然地总结出了找同桌应本着自愿结合、有利于优势互补的原则。其三，对自由找座位后的三位出列学生简单处理时，能告知全班学生以后再作微调，缓解了紧张的氛围，变被动为主动，为寻求更为妥帖的调整办法赢得了时间。此后，能悉听学生、家长及科任教师的相关反馈，没有急于行事而陷入沉思。这表明班主任具有遇事沉着冷静的心理素质，也从侧面反映出他平素能维持畅通的信息渠道。

当然，如果将案例中教师的做法做些调整，编排座位的教育价值实现得会更充分。比如首先，增加座位调整的计划性，可事先制定预案，而非仅依教育机智被动应对，即可减少如同三位学生出列后师生共有的尴尬。其次，对于学生经讨论而达成共识的找同桌之原则，教师不可简单认同而支持，应考虑到座位排序上必有特殊情况，予以特殊地应对。最后，可着手与学生及其家长、科任教师共同商议，建立座位编排定期调换制度，而非开学初大调整，往后仅做微调。在一学期里，力求保证增加每个学生与更多同学同桌、可坐在教室不同位置的机会。

三、**超越案例**

案例“自由找座位”经过多层面、多视角的分析讨论，给了我们超越案例的多方位的启示。

启示一：“编排座位”事小，但不可小视。

编排座位是班主任工作的常规内容，但是，对于班级学生而言，排座位涉及教育空间资源的分配，影响学生的情绪状态和人格发展，也影响学生的学习效率和班级组织纪律，因此，是值得班主任重视和研究的工作内容。

启示二：编排座位的过程是一个教育过程，必须协调好教师主导作用与学生自主参与的关系。

在选择编排座位的方式上，要体现对学生主体性的尊重，要讲求民主，尊重学生意愿结成同桌，但是，教师不能放弃引导权和决策权，要事先制定“游戏规则”，事中灵活调整。

启示三：对于编排座位中出现的问题，教师应视为教育契机，及时反思，机智解决。

对于案例中有的学生“出列”的问题，应把它作为教育的契机。由此，关注学生群体的人际关系状况，关注个别学生的人际交往障碍，机智地解决问题，设法减轻出列学生的心理伤害。

启示四：如何成功地编排座位，需要班主任系统地分析思考，整体部署。

编排座位不可孤立进行，需要教师根据班主任工作的整体计划协调统筹。既要考虑不同阶段工作安排的侧重点和相互衔接，又要考虑同一时段班级各项活动内容的结构关系。要兼顾班集体与学生个体发展的需要。具体编排座位的方式选择，要根据学生年龄特点、现实特点以及班级学生人际关系状况，不可简单地偏执一端，仅由学生商定，或教师指定，而应争取科任教师和学生家长的支持与建议。而且，时间安排上，不可仅限于学期初进行，可多次调整，增加每位同学与更多同学同桌、享有更多不同空间的机会。

启示五：编排座位应建立有效机制，增强计划性，减少随机性。

班主任要有专业研究意识，在繁杂琐碎的班主任工作中，要不断探索总结，与同伴共享成功的经验，建立包括编排座位等班主任常规工作的有效机制，提升班级管理的有序性、规范性，减少因预设不足而导致的被动，甚至尴尬。

启示六：班主任工作应注重细节，遇事沉着冷静。

班主任教师平素要维持畅通的信息渠道，还要善于观察，包括学生情绪变化、学生人际关系、学习状况等，遇事沉着冷静，不可贸然决断与行事，努力使每位学生在班主任的工作细节中都受益最大化。

（评析人：肖北方）

拓展案例

特殊座位

我们班的女同学小辉是一个非常调皮的学生。她很聪明，但成绩一般。是什么原因使得她的学习成绩总是停滞不前呢？我分别了解了各位科任教师，他们一致认为小辉科任课上太爱说话了。班干部们也说："老师，除了你的课，科任课她没有不说话的。"我心想：坏了，问题严重了！是不是她的同桌也不能很好地约束自己？从而导致她们互相影响？于是我在争得小辉同意后，让她和一位比较老实的男同学小龙一桌。

刚调座没几天，就又有老师和同学反映说："小辉实在是太能说了，就连不爱说话的小龙也和她说起话来了！她和谁一桌谁就遭殃！"面对这种情况，只有两个办法：一是将小辉调到最后一排；二是让她坐在讲桌边，单独一座。调到最后一排的结果可能导致原本聪明的小辉对学习的最后放弃，但不会影响其他同学；而若要调到讲桌边单独一座，对她的自我控制和学习成绩无疑是非常有益的，只是不知道对她的心理是否会造成影响？会不会让她觉得自卑？因为我一直把特爱说话但又没有放弃学习的男生放在讲桌边单独一桌。

思前想后，我还是决定把小辉放在讲桌边上。因为我觉得对她这样的孩子绝对不能放弃。在放学后我就找到了小辉，我说："老师想给你调个座位，主要是为你的成绩考虑的。你很聪明，就是上课时太能说话了，不但你自己的成绩没有提高，而且也影响大家共同进步呀！老师想把你调到讲桌边，先和你商量一下，你同意之后，我再与小力商量。人家小力自从坐在讲桌边，成绩直线上升，我还不知道小力愿不愿意和你换呢？讲桌边的座位可是好座位啊！小力可是我同事的外甥！很多人想坐在那里，我还舍不得呢?”小辉听到这里爽朗地笑了，说：“老师，我也知道我自己的毛病，就是管不住自己的嘴。我愿意换座。您和小力好好说说吧。我要是坐在这里，也一定不再说话了，我的成绩一定能提高的!”“好的，那老师明天就找小力谈。”

做通了小辉的工作，小力的工作就相当容易做了。因为谁不愿意换到正常的座位呢？我这样和小力说：“小力，你最近的表现不错，成绩进步也很快，现在你和小辉换一下座位吧，老师相信你坐到同学中间也一定会遵守纪律的!”小力满心欢喜憨声憨气地说：“谢谢老师，老师放心!”

这次的座位调完之后，小辉的课堂纪律果然大见起色，成绩也有明显的进步。她和她的家长都很满意。这次特殊的调座位，让我意识到特殊座位还需特殊地对待，只要工作做细致，没人要的座位也可能变成人人争的座位。事实也证明确实如此，我们班现在有很多淘孩子都要求到讲桌边来坐呢!

点评：

案例中的班主任能细心发现小辉同学虽然生性聪明，但学习成绩一般的情况，针对她有好说话的特点，选择了从调换座位入手，以促其开掘潜能、提升成绩。这表现了班主任有较强的责任心，能关注班中个别学生。尤其，调换座位后，班主任能持续关注，发现收效甚微时，经思考、分析，选择了二度座位调换的应对策略，此间显现出了班主任的自信与执著。而且，为了稳妥起见，能辅之以个别思想教育工作，他还对小辉、小力分别进行了真诚、友善且不乏智慧的沟通，使两个学生在感受尊重与信任中、在领受激励与期待中，欣然应允了座位调换的提议。事实表明：特殊座位的调换使小辉最终取得了教师期望的效应，不但没有因此造成不良的心理影响，反而使特殊座位从此成为更多学生的向往。

可见，座位调换也能成为班主任教育个别学生的有效路径，当然，其间还需要班主任积极关注并研究个别学生，能与学生进行心理置换，维护学生的自尊，并讲求教育艺术，这样，能使原本不言而喻带有几分贬义的特殊座位，自然地增添几分荣誉感。

（点评人：肖北方）

相关资源

1. 自由[1]

学生的自由绝不是无限制的、无条件的。其理由主要有以下几个方面。

第一，将学生置于自然状态意味着学生将会受制于群体压力。

太多的自由将导致太少的自由。因为如果一切限制都被取消，就没有任何东西能够阻止恃强凌弱。在教育中“实际的选择永远不是仅仅在做喜欢做的事和被限制两者之间，而是在遭受不同种类的限制之间”。

第二，基于学生的不成熟性。

他们既缺乏对自己所做事情的结果准确的判断和预见能力，又缺乏承担责任的能力……对他们某些方面的自由做一定程度的限制，无疑不仅是可能的而且也是必要的。

第三，一定的秩序是保障学习正常进行的必不可少的条件。

教学环境在本质上是人为设计的、可控制的。尽管我们鼓励学生根据自己的兴趣、爱好自主选择，充分发挥自己的自主性，但这样的自主选择仍旧是在被学校、教师认为有价值的范围内做出的。

当然，我们绝对不能说，学校教育的一切都可以听凭每个教师的自由。

2. 如何第一次给学生安排座位[2]

多年的班主任实践，使我对给学生编排座位有一套比较成熟的做法。我编排座位的原则是：尊重学生，利于学习，小组固定，每周轮换。所谓尊重学生，就是尽可能满足学生的愿望，甚至让学生在一定条件下自己确定座位，当然也不是任意想坐哪里就坐哪里。所谓利于学习，就是排座位要考虑

---

① 周建平．追寻教学道德［M］．北京：教育科学出版社，2006：103.

② 李镇西．做最好的班主任［M］．桂林：漓江出版社，2008：65.

成绩搭配，让不同基础的学生坐在一起。所谓小组固定，意思是前后四人或六人就是一个整体，小组内部可以互相调整。所谓每周轮换，是说每个星期全班都要以小组为单位变化一次座位，让每个学生在一学期之内几乎都能把教室的每个方位坐遍。

具体分两个步骤，开学第一天排一次。开学第一天排座位，主要让学生自己安排，教师只和他们讨论安排座位的原则。

一个月以后，师生之间、学生之间比较熟悉了，同时，第一次安排的座位是否合适，大家也比较清楚了，于是这时便进行调整。这次的调整，不但是根据科任教师的意见和学生们的反映，将不合适的同桌分开，而且还要确立学习小组。学习小组一旦编定，三年不变，这便于组与组之间竞争。

我相信，只要班主任肯动脑筋，多琢磨，多研究，一定还会有更好的编排座位的方法。

3. 如何编排学生座位

对学生而言，学校班级就是一个小社会，学生的性格形成往往与之有巨大的关系。安排好学生的座位，使之能与周围的同学关系融洽，能帮助学生养成良好的学习习惯和心理素质。每个学生的心理素质和心理承受力有着极大的差异。合理地编排座位可以起到心理调节的杠杆作用。例如对人际关系的态度上，有“热情开朗、好合群”的，有“孤芳自赏、不合群”的；在对前途的态度上，有“阳光型”的，有“无所谓”的，有“担忧焦虑”的；对挫折承受力、对环境的适应能力等有“强”有“弱”等。合理安排学生座位是教师的一个良好辅助手段。

在编排及调整学生座位之前，要全面了解学生的各科学习情况，把学科上有差异的学生尽可能编排在一起，形成“一帮一”对子。这样不仅对学习基础较差的学生大有帮助，同样对成绩较好的学生也是一种锻炼和提高。也可以将有同样学科专长的学生编排在一块，这样便于形成一股浓厚的学科氛围。另外，在教学实践中不难发现，一些成绩较好的学优生，性格上往往也有或多或少的缺点，同样需要有人来帮助。因此在座位编排上应安排一些能够带来性格互补的同学与他们同桌而坐。在每天的学习过程中，他们吸收同学性格中的优点，有利于自身个性的完善和发展，这样就能潜移默化地发挥学生之间的自然教育作用。

（刘　杰）

4. 编排学生座位的方式[①]

一、按身高排座

优点：省事。学生没有太大的异议。学生的视线不受阻碍。

缺点：很多家长通过各种关系要求孩子往前面坐，教师很为难，尤其是往后面调学生。

二、按期中、期末的考试成绩排座

这个方法也很简单。成绩出来了，你坐哪儿，你自己就清楚了。

优点：没有人情座，谁也不来找。学生靠本事竞争，能促进学生学习。

缺点：学习差的聚集在后面，课堂纪律差。有些人就放弃了。

三、男女生围坐式排座

每个男生、女生的四周都是异性。这个方法适合初二的年级。

优点：考虑到初二阶段学生青春期的心理需要。他们在这个年龄段，对异性有好奇心。让他们接触，能减轻他们的躁动心理。男女搭配，学习不累。

缺点：容易给学生提供恋爱的机会。有时还需适当地调整。

四、互助共进式排座

考试后，班级的前十名，和班级的后十名自愿结成互助对子。根据两个人成绩的名次决定座次。

优点：学生之间互相帮助，共同进步。每学期进行总结，对帮扶有成绩

---

① 楚艺．编排学生座位的方式，你用过几种？［EB/OL］．(2008－05－04)［2009－05－31］．http：//bbs. zhyww． cn/dispbbs_50_52281_1. html.

的学生进行表扬，增进了学生之间的友谊。

缺点：增加了学习成绩优异者的负担。

五、志愿组合式排座

按每个学生的意愿自由组合，然后按身高排座。

优点：尊重学生的个性，和自己喜欢的人在一起，心情舒畅。

缺点：有些喜欢说话的学生聚集在一起，影响课堂纪律。补充条款是：如果影响了纪律，自动拆开，自己找伙伴。

六、扇形式排座

以讲台为中心，画半圆，按照座位的间距画出纬线，再从圆心引出若干经线。座位就定在焦点上。每个学生的视线都集中在老师的讲台上，彼此不挡视线，学生不用侧身看老师。

优点：视线最佳，关爱学生的眼睛，可以尽量避免近视。

缺点：不美观，有些科任教师感到不舒服。

七、全动式排座

每个学生在每周一向右再向后退一位。这样的话。每个人在一个位置坐一周，如果班级有 40 名学生，用一年的时间就可以坐遍教室所有的地方。

优点：公平，可以调节视力。

缺点：科任教师不容易识记学生。有时学生随便串座，不容易被察觉。

学员作业

调查一下身边的同行常采用的学生座位编排方式有哪些？其中得到学生及家长和科任教师共同赞许的是哪种？为什么？

专题3 布置教室

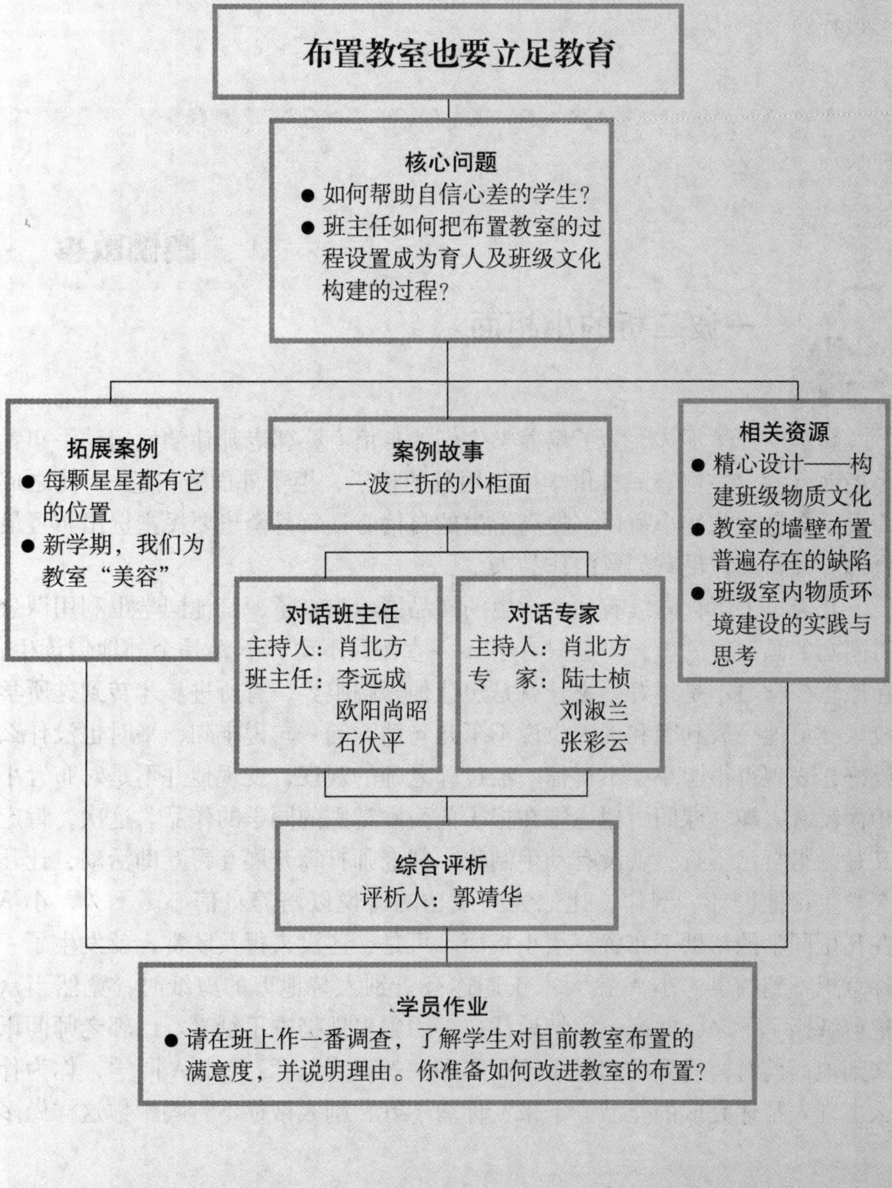
布置教室也要立足教育
核心问题
● 如何帮助自信心差的学生？
● 班主任如何把布置教室的过程设置成为育人及班级文化构建的过程？
拓展案例
● 每颗星星都有它的位置
● 新学期，我们为教室“美容”
案例故事
一波三折的小柜面
相关资源
● 精心设计——构建班级物质文化
● 教室的墙壁布置普遍存在的缺陷
● 班级室内物质环境建设的实践与思考
对话班主任
主持人：肖北方
班主任：李远成
欧阳尚昭
石伏平
对话专家
主持人：肖北方
专　家：陆士桢
刘淑兰
张彩云
综合评析
评析人：郭靖华
学员作业
● 请在班上作一番调查，了解学生对目前教室布置的满意度，并说明理由。你准备如何改进教室的布置？

核心问题

1. 如何帮助自信心差的学生？

2. 班主任如何把布置教室的过程设置成为育人及班级文化构建的过程？

案例故事

一波三折的小柜面

新学期开学不久，为了培养学生们的自信心，郭老师让学生们动手布置小柜面（教室左侧有一排供学生放用具的柜子，柜子外面为白色），使之成为展示自己才艺的小窗口，提高学生的自信心。每月全班要民主选出布置最合理、最新颖、最有创意的作品来。

几天过去了，陆续有几个学生的作品展示出来了，其他同学也利用课余时间画的画，剪的剪，班里只有小 A 一直按兵不动。小 A 是个外地借读生，在原学校学习不是很好，家长就是想让他开阔眼界，有所进步才转到这所学校来。可他一天到晚和别人也说不了几句话，问一句说半句，平时也没什么爱好，表现得很胆小、不自信。经过郭老师的观察，发现他并不是对布置小柜面没有兴趣，课间，他也围在柜子前面欣赏别的同学的作品。这次，肯定又是觉得自己不行，就没有动手制作。郭老师打算开展互帮互助活动，让几个学生帮他设计、制作，让他尝到成功的喜悦以培养自信心。不久，小 A 在几位同学的帮助下布置好了小柜面。可是，还没来得及欣赏，就发生了一件意想不到的事。小 A 在大家正连连夸赞别人替他剪的剪纸时，竟然当众把剪纸撕了下来，并毫不留情地揉成一团狠狠地扔进了纸篓。当郭老师闻讯来到他面前时，看到的却是满脸委屈和一丝理直气壮。“小 A 同学，你为什么把别人帮你完成的作品撕下来？你剪不好，别人帮你不行吗？你这样做多伤人家的心呀?”在郭老师一再地追问下，小A才慢吞吞地说：“谁用他们帮，我自己会。”

小A的话引起了郭老师的深思，为了更好地解决问题，他认真思考了小A的行为，认为他以及其他一些学生之所以在布置小柜面这件事上不积极、不主动甚至出现偏激，主要由于以下几点原因：首先，对于二年级的部分学生来说这样的动手操作布置柜面，有一定的难度。尤其是小A以前也没有实践经历，从未认识到自己有什么特长，也没有机会去尝试，对这样的事没有任何经验，不知怎样去做。当看到别的同学展示出的作品，又给他带来一定的压力，认为自己做得肯定不如人家做得好，展示出来怕别人笑话，因此迟迟不动手。其次，小A来自分校，而分校学生由于地域等差异，相对见识少，没有积累素材的训练，不会从生活中观察，即便观察也缺乏顺序，抓不住重点。他们写什么、贴什么、剪什么没有具体的指导和现成的榜样作参考，所以，即使想做也不知该怎样去做。另外，郭老师原打算通过其他同学帮助，让小A尝到成功的喜悦，树立自信心，却因考虑不周，无意中伤害了他的自尊心。小A因为误会了同学们善意的帮助，以为别人小看他，才不计方法粗暴地拒绝了别人的好意。

找到了问题的症结后，郭老师开始有意识地开展一些活动，帮助小A树立自信心，为下一期满意的作品做准备。

郭老师利用午休和自习时间安排学生们去多媒体教室观看“海底世界”“大自然风光”“动物乐园”“名胜古迹”等宣传片。努力开阔学生眼界，让他们感受美，认识美，并学着描述美，培养他们的审美观点，教会他们积累素材，使学生在学习生活中有的可写、有的可画、有的可模仿。郭老师注意到小A在活动中充满好奇、积极地参与着。

郭老师还组织全班学生对布置好的小柜面进行评选，选出自己认为好的设计并请设计者介绍制作过程，其他同学也可以谈谈自己的看法，或提出更好的建议供大家参考，让他们在评选赏析的过程中学习好的经验。在评选过程中，郭老师有意识地引导小A说出自己的想法，并给予肯定。

在自愿的前提下，郭老师号召全体学生组成制作小组，几个学生一起安排布局，一起动手制作，画得好的画画，手巧的做纸工，字好的写字，然后几个人一起商量，贴出作品。

为了正确引导小A，郭老师和帮助小A的那几个学生谈心，首先表扬他们主动帮助同学是对的，但一味地大包大揽，是不能使人进步的，要适时适度，还要考虑到不能伤害小A的自尊心。

另外，他还认真地与小A进行谈话，告诉他，有自尊心、有主见是值得称赞的，但遇到困难别人主动帮助你，你应该表示感谢。如果不需要别人帮助可以坦白地讲出来，并有礼貌地回绝，不能采用那种过激的方式。

对话班主任

主持人：肖北方

班主任：李远成、欧阳尚昭、石伏平

主持人：刚才大家听了“一波三折的小柜面”这个案例，我想先问问李老师，如果您处在郭老师的境地，对于小A这样的孩子，您会怎么做？

李远成：一个小柜面，反映了一个大问题。郭老师在这个活动当中，其实触及了一个问题，就是如何树立学生自信心的问题。面对同样的情境，我想我应该首先弄清楚小A出现偏激行为的原因是什么？在原因背后，有没有更深层次的因素，然后我会在此基础上，制订出帮扶小A的计划，把帮扶的措施真正地落到实处。

当然，不同的教师有不同的做法，如何树立小A的自信心，我想，我跟郭老师会有不同的地方。

第一，小A作为一个插班生，尤其是一个来自偏僻地方的插班生，对于眼前的环境，他在心理上会有意无意地回避。如何敞开他的心扉，让他能主动交流，这是一个首要的问题。所以说，我会首先拉近和他的距离。比如，和他聊聊他喜欢看的动画片，听他讲讲他过去的学校和同学。我想慢慢地他就会敞开心扉。有了好的交流之后，帮助他的措施就可以真正地落到实处。

第二，要帮助小A树立自信心。我想一次小小的柜面设计活动，未必能够将帮扶计划落到实处，还应该有一个长期的坚持。我想可以给小A专门制作一个成长记录袋，把他在成长过程中取得成功的一些点滴的小事记载下来，让他和老师、同学一起来分享他的成功之处。我想他的自信心就会在这些点滴小事中、在这些细节中慢慢地形成，慢慢地放大，他就会成长为一个有自信的孩子。

主持人：我也想问问欧阳老师，在您的班主任工作中，尤其在布置教室时，是否也遇到过类似小A这样不自信的孩子，您会采取什么样的方法来帮助他改变？

欧阳尚昭：在我的班里也遇见过小 A 这样的学生。首先我们要分析，小 A 这个学生，他不自信的原因是怎样产生的？作为一个班主任，一定要细心地呵护不自信学生的自尊，了解这个学生真正需求什么。比如说小 A，实质上他并非不愿与人交往，而是特别愿意与人交往的。他在别人的柜子面前欣赏其他同学的布置，实质上他对布置小柜面是有兴趣的。因此，我们要深入地了解学生内心的需求，这是第一。

第二，要尽量找出他产生不自信的原因，比如小 A 从外地转来，要布置小柜面，需要剪剪贴贴这些技术活，对他可能有难度。因此，我们可以先减小任务的难度，让他先找一些画来填，这样可以增加孩子的成功体验。

第三，帮助他人要得到受助者的同意，否则，他会认为你是在对他施舍。

主持人：我想问问石老师，您对于在布置教室中发生的问题，有什么样的看法？您的成功经验是什么？

石伏平：从刚才这个案例当中我们看出来了，郭老师很注重班级文化建设对学生的熏陶和影响，因此，他发动学生们以布置小柜面的形式来创设班级的文化氛围。我觉得这个想法非常好，但是遇到了小 A 这样的学生，我想如果是我的话，我会让学生们组成互助小组，或者说协作小组，就是两三个学生一组，布置一个到两个柜面。这样的话，不仅使每一个学生都发挥了自主的精神，而且还培养了他们互助合作的团队意识。对如小 A 这样不自信的学生，心理上的打击可能会小一点。同时，做完以后，郭老师还可以让全班学生汇报一下在布置小柜面的过程中，自己有哪些收获和体会，有哪些提高？

我在看案例的过程中，发现一个细节，就是郭老师问小 A，你为什么把别人帮你完成的作品撕下来？你剪不好，别人帮你不行吗？我觉得本来他内心可能就有一些自卑或者脆弱的东西存在，那么作为教师，如果要想走进孩子的内心世界，也应该是在私底下进行，晓之以理、动之以情地去跟他交流，而不应该以这样一种质问的口吻和小 A 交流，这可能会加大对小 A 心理的伤害。所以我想要是我的话，我会以协作的方式，也不一定要评比哪个协作组最后布置的小柜面漂亮，是否能争第一，而是重点评哪个小组协作精神好，这样的话，就把班级的教室布置及学生的思想教育结合起来了。因为孩子们总要长大，将来步入社会他要与人合作，并且要懂得帮助别人，不求回报。这种精神，应该从小培养。所以我们教师在工作当中，通过方方面面的教育，在思想上有一个引领，对学生的一生会很有帮助的。

主持人：在布置教室中，各位老师，你们还有什么经验交流一下?

石伏平：我觉得，教室的布置，一定要本着积极向上、人性化的原则，营造很温馨的、像大家庭一样的环境。有些教师，其实做得很好，他们把学生自己非常欣赏的一张自己的个性化照片贴在墙上，然后旁边附上他的座右铭或奋斗目标。这样学生们只要走进教室，就会有意无意地看到自己的座右铭，对自己起一种激励的作用。

欧阳尚昭：布置教室提倡互帮互助，对能力弱的学生，教师最好私下里找人先帮助他，然后再开始动手，这样对保护能力差些学生的自尊心要好一点。

李远成：布置教室要考虑通过什么样的过程和布置什么来体现班级文化氛围。

主持人：这个案例里面，涉及如何对待个别学生的问题，如何通过布置教室体现班主任班级文化建设的问题。

对话专家

主持人：肖北方
专　家：陆士桢、刘淑兰、张彩云

主持人：陆老师，您是做德育研究的，在这方面，您很有见解。就案例中郭老师的做法，您能不能从德育理论的角度做一个点评。

陆士桢：我觉得郭老师对事件的处理总体上应该说是成功的。从教育理念上讲，我觉得这里面最关键的，就是当我们转变一个我们认为相对比较弱势或者后进的学生的时候，我们往往会对他施以援手，但是这时候特别需要注意的就是，从伦理价值上来讲，就是要把每一个学生都看成是：第一是能动的，第二是有潜能的，第三是独特的，这三个观念非常重要。

第一，学生是能动的。学生是个活动的主体，我们不应被动地去改变他，而要把工夫下在调动他内在的潜能上。在这个案例中，教师帮助学生用的方式是让别的同学替他来做。结果反而遭到学生很强烈的抵抗，甚至产生了对立情绪。实际上这恰恰是因为忽略了把这个教育对象当成一个能动的主体对待。

第二，学生是有潜能的。事实上每个学生的智能结构都是不一样的，他发展的那个点是不一样的。小 A 这个学生不可能像城市里的学生一下子就布置好小柜面，但是他可能有自己独特的地方，就是所谓的有潜能。关键是要能发现他那个潜能，帮助他发展他的潜能，展示出他潜能当中的亮点。教师激发学生的上进心，是至关重要的。

第三，学生是独特的。如同案例中的小 A，即便是他成功了，也不会与所有的学生是同一个模式，他有自己独有的东西，我们做教师的往往会忽略学生独有的东西。我们说能力差的学生，往往是教师看不到他独特的那种闪光的东西，拿平均的标准来对待，认为这个学生太笨了，以为帮助他，把他的“笨劲”克服了，他就能够获得自我，其实恰恰不行。

这三点我觉得是非常重要的。

另外，我们采用同学互相帮助的方式，有一个词叫“互动”。曾经有个很典型的案例，我特别受感动。就是有一个学生有残疾，班里的同学组织了一个小组，常年背着他上学，到他小学毕业的时候，他的母亲说感谢全班同学对我的孩子这么好。有一个学生说，其实，我妈妈跟我说，让我感谢这个学生，感谢这个家长，我问她为什么？我妈妈说，正是由于他的存在，才让我懂得了什么叫做爱，什么叫做帮助别人。所以当我们单独去看学生之间的帮助关系的时候，往往认为甲帮助了乙，其实一定是互动的。所以我觉得郭老师刚开始的时候，把这种互动忽略了。我们让这个学生去帮助那个学生，恰恰就没有调动起那个学生的主动性，也打击了他参与的积极性。当今，学生的独立性，包括自主性都特别强，所以“互动”这样一个观念，一定要在教师的头脑中形成。在日常的班主任工作中，当涉及任何一个意在帮助落后学生的活动时，都不要忘了“互动”这样一个基本的概念。

还有，我觉得要充分注意到学生的年龄特征。这是个低年级的活动，我觉得开始可能郭老师想得比较高，任务对这些年龄的学生有些难度。这都是这个案例对我们的启示。

主持人：刘老师，您能不能从管理的角度说说对待这样的学生，教师们应该注意什么问题，能使问题解决得更好一些？

刘淑兰：开学初，这样一个小柜面的设计活动，其实涉及的问题挺多的。这个活动的初衷是改善教室的物理环境，让每一面墙说话，每一处环境说话，这是我们教育上的一个基本原则。这样一个活动，又是一个实实在在的教育活动。

这个活动涉及教室管理的三个层面。第一是物理环境的改善。第二是教室内部的人际关系，就是说在设计这样一个教育小 A 的过程当中，学生和学生之间的互动，就是一种交往活动。第三是在这个活动当中开展教育，目的是让小 A 树立起自信心。通过一个改变教室物理环境的活动，启发学生的互动，最终达到教育学生成长的目的。我觉得这一点是非常好的。

另外一点，在教育的过程当中，郭老师还发挥了她的教育智慧，不断观察教育活动的效果。前边她选择让一些有能力的、能独立创作的学生来帮助小 A，但是结果伤害了小 A 的自尊心和自信心，没有达到帮助的效果。她马上又设计了另外一个活动，让他拓展视野，我觉得这是教育智慧的体现，教师在教育活动中，发挥了主导的作用。应该说是不错的。

但是，如果从整个活动的过程来看，我认为，还是有些缺陷。就是整个活动的中心到底是要解决什么问题？为什么要布置小柜面？是为让学生彰显个性？或是为让学生体验成功感、自信感？还是别的？我觉得这是需要聚焦和提炼的关键问题。活动目的搞清楚了教育就会更到位一点。

主持人：小 A 的问题，不但是一个能力问题，而且可能涉及心理问题，请张老师从心理的角度，做一个点评。

张彩云：在这个案例里，教师一直觉得小 A 是个自信心不足的学生。自信心不足的学生一般会有这样一些表现：首先，他的自我评价会比较低。他觉得自己很多方面不如别人，因此他就不太愿意跟别人交往，怕别人发现他的缺点，看不起他。其次，他的情绪也容易低落，特别敏感，就像这个案例里面，同学表扬别人替小 A 做的那个小柜面做得好时，而他也许还会想到大家用表扬来挖苦我，所以把它撕掉，扔进了纸篓。

由于小 A 这个学生，是从外地转来的，他适应环境会有个过程。教师要给他创造非常平等的、宽松的、被接纳的这样一个安全的心理氛围，让他在新的环境、新的班集体里感觉到老师是喜欢他的，同学是愿意和他做朋友的。

对于这样的学生，要给他机会，但是也要给他合适的机会。怎么讲呢？我们很多教师都知道，要给自信心不足的学生以机会，但是在课堂上，他们往往会这样做：一看课上这个学生不发言，就想我得给他机会，然后突然叫他，“你来发言。”教师其实没有想到，抛出去的问题，对这个学生来说，有没有难度，是不是他能够回答的？以为反正我给他机会了，其实却给了他一个遭受挫败的机会，让他再一次感觉到，“老师叫我回答问题我不会，我当众出了丑”，会更影响其自信心。所以我们要给的机会一定是他能够做得到的，能够让他体验到成功的。

还有，教师要知道学生的特点。比如做小柜面这样一个活动，可能那些动手能力比较强的学生能很容易操作出来。但是有的学生，他可能不擅长做这些事情，那么他可能会感觉到不如别人。其实他可能其他能力很强，因此，可设计一些活动，让他能够全面来看待自己，让他在这个时候体验到成功。他动手不行，也许他很有创意，他可以给别人提供思路。因此了解学生的特点，然后再给他创造机会，让他不断地去体验到成功的感觉。这是提升学生自信心的一个很好的方法。

陆士桢：应该了解学生的心理需要。

主持人：刚才三位专家，就案例中问题的解决办法，都谈了自己的看法，而且对于一些细节都给出了很好的建议，我很希望三位专家，能用一句话概括一下自己的观点。

陆士桢：其实作为一个班主任，他每一项工作的细节都充满着教育的智慧。环境的建设、思想的建设、班集体的建设，都是一体的，我们也期望有更多的班主任能够充分运用手中的教育机会，做好每个细节，实现每个学生的健康成长。

刘淑兰：教室里的任何一个活动，都具有教育性。那么每一次教育活动，怎么样来突出它主要的目的，加强它的针对性，对获得教育活动的有效性是非常重要的。

张彩云：要无条件地接纳和尊重每一个学生，发现学生的潜能，让学生在自主活动中获得自信心。

◆ 综合评析

一、回放案例

开学初，郭老师让学生们自己动手布置小柜面。小 A 却迟迟不动手，郭老师观察发现他并不是对布置小柜面没有兴趣，因为课间他也围在柜子前面欣赏别的同学的作品。因此郭老师认为他一定是缺乏自信，怕做不好丢面子。于是，决定让同学们帮他做。谁知被他当众撕下扔进了纸篓。

对于这件事，郭老师的分析是：这个任务本来有难度，加上他没有经验，也不知道自己的特长，怕做不好丢面子；他来自分校，见识少，能力不足，但自尊心太强导致他不肯动手。于是郭老师采取四项措施来解决这个问题：

- 帮助他增加见识，提高观察力，积累素材；
- 让他参与评议别人的作品，融洽同学之间的关系；
- 以学生自愿组成的小组为单位，开展合作学习，共同策划、共同制作，淡化个人的作用；
- 与助人者谈话，告诉他们帮助不应一味地大包大揽；与小 A 谈话，告诉他，应当感谢别人的帮助。

二、深入案例

郭老师在事件中，值得肯定的是：她让学生自己动手布置教室，注意发挥学生的自主性，有利于提高学生当家做主的意识。她关注个别学生的“反常”行为，认真观察并分析原因。当看到小 A 不动手时，并没有无端地下结论，而是观察他的行为细节，分析出其不自信、害怕失败的原因。郭老师积极倡导互助精神。她试图通过同伴的互助来保证小 A 得以成功，愿望是好的。但是尽管郭老师用心良苦，效果并不佳，非但没有提高小 A 的自尊，反而伤了他的自尊。郭老师对此进行了认真的反思，并设法采取一系列措施：一是从提高他的能力上下工夫；二是强化合作行为，组成制作小组，弥补个人能力的不足；三是鼓励参与、提供机会，让小 A 参与评价他人的作品，不仅有助于提高他的审美能力和分析能力，也有助于改善他和伙伴们的关系，让他学会欣赏他人，学会与他人相处；四是做好协调双方的工作，使助人者懂得如何助人，被助者懂得如何感恩。这样，就使得布置教室的整个过程都立足于育人。

当然，如果郭老师能够在活动前与学生对话，了解学生的需求和特点，充分地预设，并在活动中指导好学生的互助活动，布置教室的活动就会更加顺利。

三、超越案例

案例“一波三折小柜面”经过多层面、多视角的分析讨论，给了我们超越案例的多方位的启示：

启示一：学生参与布置教室有利于提高主体意识。

学生参与教室的墙面设计与制作活动，有助于提升学生的主体性，有利于提高班级学生的主人翁意识，增强归属感。

启示二：布置教室的过程也是教育的过程。

布置教室的目的不能仅仅是为了改善或美化环境，为布置教室而布置教室。要克服布置教室仅仅是为了完成上级的检查要求，满足参观者的审美需求，满足学校开展竞赛争优求胜要求的倾向，而要明确目的、理好思路、澄清价值取向，并关注布置教室的过程，注意观察学生在布置教室中的问题和表现，提供促进学生发展的机会和平台。

启示三：布置教室也是构建班级文化的活动。

“教室”不只是一个物理空间的概念，而且是一个心理场的概念，它是由师生之间、生生之间的互动营造出来的心理空间。教室的墙面，只要经过师生有目的地加工，就成了班级文化的组成部分，它体现着教师的教育理念，映射着师生的共同价值观，构成了隐性课程，潜移默化地影响着学生的发展。

启示四：班级文化的核心是师生共同的价值观。

布置教室是班级文化构建的组成部分。教师首先要明确自己倡导的教育价值观（是竞赛？合作？争优？创新？突显个性?），然后努力使自己的价值观被全班所认同。为此教师可以通过沟通交流、加以引导（如：拓展案例1）、活动体验、形成氛围（如：拓展案例2）等方法与途径，促进学生对其价值观的接纳和认同。

启示五：弱势学生活动不积极要分析原因采取对策。

对于弱势学生活动不积极现象，切忌简单化处理，要搞清原因，有的放矢地采取对策。

- 不自信：学生因动手能力差，任务过难，无法胜任，会导致不自信。可以通过降低任务难度，促使其成功，提高自信。帮助不自信的“弱者”不能只凭满腔热情，因为这样并不能使学生找回自信；而只有让学生体验到自己的价值时，才能有效地建立自信。因此帮助不自信的学生，要注意营造平等、宽松、被接纳的安全氛围，了解他的个性特点、心理需求和能力基础，给学生“合适的”机会，使其体验成功。
- 压力大：以竞赛为取向，学生担心失败，会导致退缩行为。可以通过改变评价标准，不以优劣为标准，而以表现个性为标准，以创造性、独特性为标准则可以降低学生心理压力。
- 不适应：任务设计没有考虑到学生的经验与个性，会使学生感到不适应。对于活动方式与学生的强项不适应问题，可尽量提供多选择的方式，以便学生发挥自己的潜能，选择符合自己强项的方式完成任务。对任务感到陌生，无从下手，可允许学生先观察、模仿、尝试，再动手。

启示六：要意识到助人即互利，尊重受助者。

帮助是互利行为，不是恩赐行为；帮助要体现尊重，要征得被帮助者的同意；帮助前，要先搞清被帮助者的需要；了解被帮助者的个性特点。

（评析人：郭靖华）

拓展案例

1. 每颗星星都有它的位置

早晨，刚到教室里，就有几个孩子像小鸟似的唧唧喳喳地围拢过来。“庆庆的照片怎么贴在‘好学星’里?”“一定是老师不小心贴错了!”“庆庆考试只有一点点分!”

顺着他们的目光，我明白他们说的是教室后面墙壁上布置的班级文化主题板块“繁星点点”的内容。身为班主任的我，把主题画设计成一片浩渺的星空，点点繁星，闪烁其间，有“好学星”“守纪星”“文明星”“卫生星”，全班同学的照片分别粘贴在这些星星上。庆庆的照片被我贴在“好学星”上了，那里还有班上其他一些同学的照片。他们一定觉得：庆庆学习成绩不算好，怎么会贴在“好学星”上，而且是和班上那些成绩出色的同学在一起?

“那你们说该怎么办?”我试探性地问他们。

孩子们快人快语：“最多贴在‘卫生星’上面。”

“其实，他还不太讲卫生。”有孩子不同意。

“那怎么办呢?”

“只好就贴在‘卫生星’上面了。”最终，孩子们似乎很无奈地统一了看法，确定了庆庆的照片在主题板块上的位置。

听着孩子们的议论，我感受很深。尽管班级教室布置的本来目的是给孩子们一个展示自我的舞台，在这个舞台上，每个孩子都有属于他自己的一个位置。但是在我们的潜意识里，这些“星”的亮度是不等的，或亮或暗，透出了我们为师者的价值观，而且这种价值观已经在不知不觉当中渗透进了孩子们幼小的心灵里。

在孩子们看来，“好学星”无疑是最炫目的，而哪些学生可以名列其中，他们自有评价标准。该怎么引导他们?

我装作不解的样子，以神秘的语气对他们说："老师把庆庆的照片贴在这儿，一定有道理。大家猜猜看，老师当时是怎么想的？"

毕竟是孩子，见老师这么说，他们就挺认真地思考起来。

"老师希望他学习进步。"

"庆庆比上学期认真多了。"

"我看，暂时就贴在这儿，过一段时间，如果他还没有进步，就把照片拿下来。"

他们七嘴八舌地找出了一番理由，默许了庆庆的照片目前所在的位置。

"那么，我和庆庆一起谢谢大家。从今天开始，我们一起帮助他把学习搞上去，好吗？"

孩子们认真地点着头。

广袤的天空里群星闪烁，这些星星因为或远或近的缘故，给我们的感觉亮度不一样，但很明显的一个事实是，它们都在各自的位置上努力地放射出自己的光芒。

我们有什么理由阻挡它们的光芒？

点评：

教室的墙面，只要经过师生的加工，就成了班级文化的组成部分，它或体现着教师的理念或映射着师生的价值观。案例中的教师，在设计墙面的"繁星点点"时，想借此向孩子们传递"天生我材必有用"的理念，让每个学生都可以成为明星。然而他发现，他的理念并没有被学生所认同或理解，学生们认为学习差的孩子不能成为明星，或只能成为不太亮的星星。如何认识学生的这种不接纳？如何将自己的理念转化成为大家共同接受的价值观？这或许对于班级文化的形成是一个关键。班主任十分清晰自己的价值追求，也敏锐地看到孩子们的不接纳背后，是成人狭隘的、一元论标准下的人才观，是缺乏发展与平等意识的人才观。值得钦佩的是，教师巧妙的不露痕迹的引导。当然如果一开始设计时，师生就共同探讨星星的含义，在贴星星时，也让学生们参与商讨，情况就会更顺利。

（点评人：陈爱苾）

2. 新学期，我们为教室“美容”

一个新的学期又开始了，我和同学们都很高兴。

第一周星期五的班会上，我发出一个倡议：“同学们，新学期开始快一周了，我们来为教室做个‘美容’吧！”

这一号召，立刻引起了学生们的积极响应。大家纷纷建议：“我们在教室前面布置一面国旗吧。”“我们把班训制作成条幅贴在教室里。”“我们建立一个图书角！”……大家的建议被我一条一条地写在黑板上。在大家的“好点子”讲完以后，我组织大家对建议逐条举手表态，最后集中确定四项需要大家共同完成的任务。然后，合计怎么完成这些任务？

四项任务要求学生们在双休日完成，这一点大家都赞成。至于如何选择分工，我在班里采取“招标”的方式，让各个小组或学生自愿挑选任务。

我说：“制作一面国旗，哪个小组愿意承担这项任务呢？”组长晓婉立刻表示，她可以完成。我让她说说完成此项任务的办法，她说她妈妈会裁剪和制作衣服，她去商场买一些红布和黄布，让妈妈剪成旗帜和五角星，然后她自己缝制这面国旗。我把国旗的尺寸大小告诉了她，她便高兴地接受了任务。

“班训标语制作”被加力他们几个男生认领了，理由是他家旁边有几个店铺，都是搞工艺美术的，他们可以去联系制作。我问钱怎么来，他说他们几个先用自己的零花钱垫上。我应允了他们的想法和做法。

“板报布置”被“小蜜蜂”组接受了，她们向我提出一个建议，要求全班同学都做一张手抄报，内容是反映暑假生活的，规格都用A4纸制作。我答应了她们的建议，在班上统一了要求。然后让她们小组成员分工，进一步分配“标题制作”“版面设计”“图钉购买”等任务。

最难的要数“图书角”的建立，我深知它的难度，于是在全班合议。我问：“班上的图书角怎么建立呢？”有的学生说每人捐两本书，有的说捐书有数量没质量，有的提出图书如何管理的问题。其实在这之前的家长会上，我已经向全体家长提出了建班级图书角的事情和相应的做法，并得到了家长们的一致赞同。于是，我把我的想法和盘托出，学生们大多数表示赞同。

星期六下午，我接到很多电话，先是加力跟我说制作标语的价钱，我建议他们找理由、想办法降低价格，他们说已经在价格问题上联系了两家铺子了，最后搞定的是最便宜的一个，才向我汇报的。我高兴地称赞了他们。然后是晓婉问国旗的五角星是粘贴上去还是缝上去，我让她征求妈妈的意见。还有一些家长让我提供购书的书名。

到了星期一，全体学生都带着各自的作品和“贡献”来到学校，我为他们圆满地完成各项任务而欣慰，也为他们在完成任务的过程中得到了锻炼和进步而高兴。课外活动时间，我们全体师生齐动手，开始真正为我们的教室“美容”。

这一活动的开展，不仅增强了学生对班集体的热爱，而且增强了学生之间的合作意识，提高了班级凝聚力。

点评：

案例中的教师利用为教室“美容”的活动来增强学生间的合作意识，提高班级的凝聚力。活动开始之前，教师有较为合理的设计，从为教室“美容”的倡议，引发了学生的参与兴趣。随后，教师并没有直接布置活动内容，而是先让全体学生来一个无拘无束的“头脑风暴”，人人参与献计献策。然后又通过聚焦的办法，即通过民主评议表决把学生的好点子集中确定为“美容”教室的几项内容。这样的做法，充分体现了教师对学生的尊重，为良好班级氛围的形成奠定了基础。在任务布置完之后，教师并没有放手不管，而是及时询问，甚至自己参与进较难的任务之中。这样的活动，学生不但喜欢，而且可以在教师的指导下学会参与，加深对集体的热爱，学会合作，提高班级凝聚力。

活动中，教师还利用家长资源，充分调动家长的参与热情，积极发挥家校合作的巨大能量，与家长携手为学生的积极、健康成长创造美好的环境。

（点评人：郭靖华）

相关资源

1. 精心设计——构建班级物质文化[①]

班级物质文化是指通过对所在班级环境的设计、布置以及在此过程中的相关要求而形成的一种文化形态。它是班级文化建设的“硬件”，也是班级文化的表层。从某种程度上说，它是一个班级精神面貌的具体反映，也是衡量一个班的班级文化的最基本的尺度。杜威指出：“学校是一种特别的环境，它用专门的设备来教育孩子。”班级物质文化具有“桃李不言，下自成蹊”的特点，能使学生在不知不觉中自然而然地受到熏陶。

教室，不仅是学习，更是学生生活着的一片空间，对其进行布置和美化，使其成为无声的教育资源，能触动学生的心灵。苏联著名教育家苏霍姆林斯基说过：努力使学校的墙壁也会说话。这就要求我们改变那种有环境而无环境文化的状况，赋予班级环境一定色彩和教育意识，增强环境育人的功能。班级物质文化建设一般分三个阶段。

第一阶段：开学前夕，直接由班主任对教室进行布置，可以利用黑板报写上几句热情洋溢的班主任寄语，把课程表、作息时间表等张贴在布告栏中。同时还要把教室里的桌椅摆放整齐，窗子、地面打扫干净，创造一个舒适、整洁的学习环境。还可以在教室里系上一些彩带，给初来乍到的学生留下美好的第一印象，让学生一进教室就能体会到班级这个大家庭的温暖。

第二阶段：开学后，鼓励学生创造性地设计、布置、改善、保护教室环境，力争使一种温馨的班级环境呈现特色化，让班级环境成为学生表现创造力、体现个性化的舞台。由全班师生共同讨论“班级口号”，共同设计“雏鹰争章表”，共同开辟“班级兴趣角”，如图书角，把学生自己爱看、欣赏的书带来与大家分享，让每人头脑中的一份智慧，通过交流变成两份、十份，甚至更多。让孩子们充分体验奉献爱心的成功与满足，同时也学会自己汲取知识的本领。

第三阶段：把班、队干部名单公布于墙上，职责分明，每两周更换各类喜报，开辟“学习园地”“星星台”“作文世界”等，让教师、家长一进教

---

① 王方．精心设计——构建班级物质文化［EB/OL］．（2008－04－22）［2009－05－11］．http：//www. dlteacher. com/html/2008－4/200842294057. htm.

室就能看到孩子们的影子，同时让学生找到自我，享受成功。使班级环境成为学生获取新知、陶冶情操、表现才能的天地，成为建设勤学乐读、团结友爱班集体的无声力量，让我们的墙壁真正会“说话”。

班级文化具有间接而内隐的教育影响，是“潜在的教育”“隐形的教育”，班级文化不仅能为学生的素质发展创建良好的氛围，还能为形成一个勤奋向上充满活力的班集体起桥梁纽带作用。班级文化的舆论引导作用，更能使学生明辨是非，分清道理。因此，班级文化建设是优化班集体的有效途径。

2. 教室的墙壁布置普遍存在的缺陷

一、形式成人化

教室的墙壁布置多是班主任一手抄办。表现为形式单一、呆板、俗套，没有充分考虑学生的心理和年龄特点。教室墙壁上的作品形状几乎都是长方形或正方形的，一直线排开，内容陈旧，跟不上形势发展的需要，有的内容已经放置了若干年，孩子们都看厌了，因而熟视无睹。有的作品粘贴的位置偏高，只能给成人看，学生根本够不着、看不见。

二、内容空泛化

很多教室都写着标语口号式的条幅，如“落实科学发展观，推进素质教育”“努力打造教育品牌”“率先实现教育现代化”，这些标语口号对学生来说，既空又大，很难理解，针对性又不强，意义不大，不能有效地起到教育学生的作用。

三、语言说教化

很多班主任懂得教室墙壁是对学生进行教育的可利用手段，因此在墙上可以看到很多说教的语言：“课桌下不许扔纸屑”“不许抄袭作业”之类。从语言上看，刚性的、约束性的、过于理性的文字要求多于人性的、启发性的引导，不能真正体现以人为本，不能满足学生发展的需求。

四、功能单一化

由于我国中小学校的教室普遍空间小、学生多，很少能够有多余的空间安排各种“专业角”“兴趣角”，以发挥教室的多元功能，因此教室的墙面就成为教室布置的重点。墙面的布置，往往成为传递教师意愿的工具，或者成为优秀学生的专利、优秀作品的展板，很少有能使每个学生都可以发表自己作品的园地，由于缺少受众的参与，教室环境的布置会因没有归宿而变得意义不大。

五、展示固定化

墙壁上的布置一旦确定，就不能灵活更换，有的由于所用材料过于讲究、价格昂贵，具有长久性的寿命，轻易不能拆撤；有的只能等学期或学年末或更长的时间后才有机会更换，这样的布置其实际利用率很低。如在有些条件较好的学校，教室里的墙报，采用先进的彩印技术，非常美观，但是，这也就意味着，它不可能是动态的，一旦展示就要长期固定在那里。这点与教育实践的开放性、流动性、变化性、短暂性不相适应，其结果就会离学生越来越远。

（张玉杰）

3. 班级室内物质环境建设的实践与思考

心理学家认为：环境和教育在人的身心发展中起决定作用。随着“我与奥运同行，人人创造环境”主题教育活动的深入开展，我们越发认识到创设良好的育人环境，对提高教育质量的重要性。我们在班级室内物质环境建设方面进行了较深入的实践与思考。

一、班级室内物质环境建设的含义

班级物质文化属于班级文化的硬件，是看得见、摸得着的东西。班级物质文化包含教室内的环境布置及师生的仪表等，是班级文化的基础及其水平的外显标志，具有“桃李不言”的隐性教育功能与教育效果。

这里所说的班级室内物质环境建设泛指与教室有关的师生活动，是一种环境文化，通过师生的共同劳动，共同创设，使教室的环境达到“美、净、敬、静”的环境要求。美——指室内环境优美；净——指室内干净整齐；敬——指室内的环境令人肃然起敬；静——指室内布置使你安静温馨。环境的塑造可使师生在室内的言行有一定的规范性，形成一种环境育人的倾向性。心理学研究表明：良好的外部学习环境，能使学生具有良好的心境、情绪、积极的情感，对学生的发展有着积极的作用。

在班级物质环境建设中，我们要充分发挥学生的主体性。学生是班级的主人，班主任应带领全班同学，用自己的智慧和双手来布置教室环境，使学生在班级文化建设中得到锻炼和提高。在班级物质文化建设中，我们还要充分发挥班级文化的教育功能。班主任应注意把教育的意向、教育的目标等通过具体的物化的环境设计和布置充分表现出来，从而达到在班级文化建设中教育人、培养人和熏陶人的目的。

二、班级室内物质环境的构建

马克思曾经说过：人创造环境，同样，环境也创造人。

学生在校90%的时间是在教室内度过的，班级物质环境是教师和学生工作学习的主要场所，是实施素质教育的主阵地，是学生成长和发展的主要环境。整洁优美的室内环境，健康向上的班风，民主和谐的师生关系，丰富多彩的文化生活，对于陶冶学生的情操，美化学生的心灵，启迪学生的智慧，规范学生的行为有着至关重要的作用。同时，班级环境建设也是新课程实验的一个重要课题，应以新课程改革理念为指导，积极探索班级物质环境建设，努力做好“美、净、敬、静”四字方针及“六角一训两报”[①] 建设，为教育教学创造良好的外部环境，为课程改革的有效推进创造有利条件。

1. 抓好“四字”方针

（1）美：就是美化教室环境。桌椅摆放整齐有序，合乎视听的科学原理，有利于学生听讲。教室的布置有美感，要突出教室文化的韵味，令人赏心悦目，但不能干扰学生的注意力，通过外在美的追求促进学生心灵的美。

（2）净：这是班级室内的生活主题之一，应倍加重视。几十人在一个

① 六角：图书角、植物角、环保角、养殖角、荣誉角、展示角。
一训：班训。
两报：黑板报、手抄报。

教室内，搞好室内卫生是学习生活的前提。教育学生：下课铃声响，立刻弯腰捡一捡、立即整理学具，并且让学生懂得捡起一件废弃物就是捡起一份快乐。还可以开展无扫除日、无扫除周、我是环保志愿者等活动，使学生逐步养成保持环境卫生的好习惯。

(3) 敬：除在室内黑板上方中央位置悬挂国旗外，教室还可布置镜框化的祖国地图和世界地图以及伟人画像。使学生懂得胸怀祖国，放眼世界。令学生对伟人的精神，伟人的事迹肃然起敬。

(4) 静：是教室师生活动场所的重要特征。室内的布置要围绕一个“静”字，环境安静了，才有学习风气的形成，静下心来才能开始文化知识的学习。学生生活的主要场所是教室，上课、作业、阅读等是教室学习的主要形式，静下心来自己能学习，别人也能学习。

班级通过追求“美、净、敬、静”的目标，使学生养成良好的行为习惯和道德素质。

2. 建设“六角一训两报”

六角：

(1) 建立图书角。全世界平均每年每人读书最多的民族是犹太人，为64本；最多的国家是俄罗斯，为55本；美国现在正在开展平均每年每人读书50本的计划。我国上海市是全国读书指数较高的城市，《2004年上海城市读书指数报告》显示，全市平均每年每人读书为6至10本，令人吃惊的是我国国民中有读书习惯的只有5%左右。养成阅读习惯是提高国民人文素养的一条重要途径，应从小抓起。学校应提供思想支持，让学生感到自己应该读书；提供物质支持，让学生感到身边有好书可读；提供方法支持，让学生感到自己会读书；提供途径支持，让学生感到生活中可以去读书的地方很多；提供应用支持，让学生感到读书促进自我成长。各班根据学生的年龄特点，精选、优选图书，分类整理，达到每学期人均五册，供本班学生阅读，使学生博览群书，增长知识。教师引导和鼓励学生积攒零用钱和压岁钱，购买图书。学生把自己最喜爱看的书刊奉献出来，与他人分享，这样既培养了学生的奉献精神，又对他们进行了集体主义教育。各班广泛开展“我与好书交朋友”征文比赛；举办阅读摘抄笔记展览、日记展览；开设荐书栏，由班上学生轮流撰写，定期组织学生向报刊投稿，充分调动学生的读书积极性，使图书角发挥出其应有的“文化源”作用。图书柜上书写的“读万卷书，行万里路”“书山有路勤为径，学海无涯苦作舟”“黑发不知勤学早、白首方悔读书迟”“非学无以广才、非志无以成学”“立志读尽人间书、发愤识遍天下学”“读书破万卷，下笔如有神”等名言警句激励着学生畅游知识的海洋。

（2）建立植物角。全世界每年新造林520万公顷，但是森林砍伐的面积却达到了1460万公顷，2002年3月20日在北京发生了一场沙尘暴，给北京市区带来了3万吨降尘，人均3公斤尘土，大自然一次次为我们敲响了警钟。要让学生从小就有强烈的保护环境的意识。因此各班应根据学生自己的爱好，适量养一些好种易活的花草，摆放在窗台上，并将搜集到的花草的习性、特征做成卡片，贴挂在花盆上。这样既可以美化教室的环境，又可以使学生更亲近自然，学到养花的知识，培养学生爱护环境热爱生活的意识。

（3）设立环保角。我国是一个人均能源相对贫乏的国家，人均石油、天然气、煤炭可采储量分别占世界平均值的20.1%、5.1%和86.2%，培养学生的环保意识和节能意识迫在眉睫。一吨废纸可造0.75吨再生纸。学生用过的废纸、饮料瓶等，让他们自己收集起来，集中在环保角中，不定时地卖给收购站。既培养了学生的节约意识，又获得了班费收入。我们有个班一学期废品收集就获得班费收入63元。

在环保角中，学生能把笤帚摆放得整整齐齐，可以说这也培养了他们将所用物品摆放有序的一种好的生活习惯。

（4）设立养殖角。目前，所知的生物有175万种，科学家预言，30年后将有近五分之一的生物绝种，1997年最畅销的25种药品中，有10种的原材料取自大自然的生物，全世界75%的人通过服用这类大自然药物来治疗疾病。在养殖角中，学生在鱼缸里养殖小金鱼、小乌龟、小泥鳅等。这样既能使学生了解养殖方面的知识，也能培养他们的生活情趣，体会人与自然的和谐相处。

（5）建立荣誉角。班上的好人好事，可以得到及时的表扬；学生在各级比赛中取得的荣誉，可以及时地让本班学生知道，起到促进和激励的作用；班内小组间开展的各种常规比赛成绩记在其中，有效地培养了学生的合作竞争意识；每月一次的“希望之星”评选活动，让学生找到了自信，体验到了成功。

（6）建立展示角。每个学生的作业、作品都可以及时地在展示角展示，供大家学习欣赏、取长补短。在“自主学习的足迹”栏目中有他们精致的作品；在“品味艺术”栏目中有他们美好的憧憬，在“我爱班集体”栏目中有他们自己设计的班徽，在“月刊”上有他们大胆的设想。

一训，就是班训，即班级追求的目标。班训的布置，体现出班集体的奋斗目标与特色。班集体奋斗目标，是维系班级师生为之奋斗的纽带。各班的奋斗目标求实求新，张贴在教室后黑板的上方。如“从小处做起”“我运动、我快乐”“只有想不到的，没有做不到的”“永争第一”“我自信、我成功”“好习惯、早养成；习惯好、益终生”等。班训起到了时时刻刻提醒学生、教育学生和激励学生的作用。

两报，即黑板报和自办手抄报。这是学生施展才华、倾诉心声、掘取知识的“宝库”。内容丰富、各具特色、色彩斑斓的两报，文字编辑、新闻采写、版面设计全由学生们八仙过海，各显神通，为培养他们的想象力和创造力以及设计、选材、抄写、写作的能力提供了舞台。

建立“六角一训两报”的过程，是体验的过程，是观察的过程，是搜集运用知识的过程，是展示自我的过程，是互勉互励的过程……

在班级室内物质环境建设中，学校将此项工作纳入校园环境建设整体发展规划和学期工作计划之中，我们通过月常规评价、室内环境展评奖励、现场会、个案研究、课题研究、星级达标等活动，促进良好班级环境的形成。

3. 班级室内物质环境建设的主要特征

苏霍姆林斯基说，在孩子精神面貌形成的过程中，具有重要意义的是，他在自己周围——在学校走廊上，在教室里，在车间里——所见到的是什么。这里任何东西都不应当是偶然地出现的。孩子们所处的环境，应该召唤他们向往某种事物，教给他们某种东西。这也就是说，班级物质环境建设有着如下特征。

（1）整体性。教室是学生 、教师展开学习、教育活动的主要场所，是班级的载体。教室物质文化把个人的思想行为统一到班集体的整体目标上来，从而形成合力。

（2）主体性。班级物质环境建设的主体是学生，要充分发挥每个成员的积极性，积极采纳他们的意见和建议，并使每个人都找到自己的服务岗位，成为班级的建设者、参与者 、管理者。

（3）独特性。由于不同的班级师生构成不同，教室文化就有了鲜明的个性，而个性是创新的源泉，这是形成独特文化的要求，应鼓励百花齐放。

（4）可塑性。班级室内文化虽有一定的形式，但实质上有一种无形的力量，在学生的心理上产生一种紧迫感，柔性激励使每一个学生都能规范自己的行为。

（5）延续性。一个良好的班级室内氛围不是一朝一夕就能够形成的，在它的动态形成发展过程中，潜移默化地转变了学生思想意识和行为习惯，把好的思想道德行为延续到社会生活中去，同时对校风、社会风气产生深远的影响。

爱因斯坦说：当你把受过的教育都忘记了，剩下的就是教育。良好的班级物质环境是全班学生健康成长的文化土壤，是一种无声的教育，能陶冶学生的情操，铸就学生的灵魂。就像春雨，润物无声，将知识、智能、情操、审美、修养洒向学生干渴的心田，去熏陶、感染和教化学生。

（姚庆民）

学员作业

请在班上作一番调查，了解学生对目前教室布置的满意度，并说明理由。你准备如何改进教室的布置？

专题 4 选班委会

让学生体味公平公正的班级民主生活

核心问题

- 改选班委会的民主程序为什么也出现作弊？
- 班委会一定要通过民主选举产生吗？
- 怎样才能保证班委会的选举是公正公平的？
- 班主任教师在选举班委会中应该起什么作用？

拓展案例

- 罢免风波的平息与思考——兼谈班级民主化管理中班干部的培养与使用

案例故事

选举班委会的风波

相关资源

- “拍卖”班委职务
- 班主任工作的若干“第一次”（节选）
- 选择班干部的一点体会

对话班主任

主持人：肖北方

班主任：李京燕 徐立荣

对话专家

主持人：肖北方

专　家：刘翔平 郑新蓉 康永久

综合评析

评析人：吴安民

学员作业

- 写一篇关于自己所在班级班委会选举做法的分析。
- 对班主任老师处理小理同学选举舞弊的措施和想法提出分析意见。

核心问题

1. 改选班委会的民主程序为什么也出现作弊?
2. 班委会一定要通过民主选举产生吗?
3. 怎样才能保证班委会的选举是公正公平的?
4. 班主任教师在选举班委会中应该起什么作用?

案例故事

选举班委会的风波

开学不久，801 班的同学们向我请求：要重新选举班委。正好，思想品德课里涉及“公平公正”的内容。何不把这次选举作为一次实践操作呢?于是，我把选班委的权力交给了全班同学，只给他们定下了“公开、公平、公正”的原则，要让同学们自主推选自己信任的新一届班委。

是的，一些大道理只能靠实践才会有体味。这不，全班顺利地完成了先投票再按票数的高低选出 11 位候选人的程序。

班委的当场选举就放在一节班队课上，由原来的正、副班长雨诗和励远主持，我今天就“让贤”一回了。

选举会开始了。首先，由上一届班委对自己的工作进行了总结并表达了他们愿意继续为班级工作，为同学服务的心愿，同时也谈了对新班委的希望。接着又有同学毛遂自荐，表示愿意为班集体奉献自己的一份力量，也希望自己能在工作中得到锻炼，取得进步。然后，采用无记名投票的方式开始选举。一切都非常顺利：发选票、全票收回、唱票、监票、统计票数，班委的入选人员名单出来啦！选举工作将顺利结束，选票被我随手扔进了垃圾筒。

意外就在这时出现了，有几个同学冲到办公室找我，反映他们对最后的统计票数有怀疑，认为有些同学的票数统计可能出了差错。我狐疑地看着他们，觉得自己听错了，因为计票、唱票、监票都是我信得过的学生，而且一切活动都在老师和同学的眼皮底下进行，怎么可能?！然而，他们再次坚持自己的想法。

难道要重新计票？作为班主任，同时又担任他们思想品德课的我想到，我们平常经常教育学生要充分行使自己的权力，此时我若怕麻烦用强权解决问题，那么，课堂教学就一定没有实际意义了。既然他们对选票有疑义，我就应该有所交代，只有这样，同学们才能更好地理解“公开、公平、公正”原则的意义，才能行使每个同学管理班级的权力。于是我决定，那就再来一次吧！选票已丢入垃圾箱了，那也不能怕脏、嫌麻烦，我们从垃圾箱中将选票一张一张找出来，41 张，一张都不能少。

为了公正，就要考虑回避有关人员，于是换了几个普通的不担任任何职位的同学重新在班级里唱票、计票。

结果——真的发现前面的统计出了差错——小理的票数原来有 32 票，现在只有 25 票！班上所有同学的目光都转向小理，小理满脸通红。随即所有的目光又都转向了我，大家等着我公正的答复。怎么办？说实在的，当时我一下子也懵了，该怎么办？狠狠批评？轻描淡写？我知道全班都在等着我的处理，我决定对小理的事先“轻描淡写”，并力求做到公正。尽管按票数来算，25 票也能进入班委，但我想了想后，还是告诉全班同学，小理暂不安排进班委，其他事情，等老师问清楚后再说。

几名男生怎么算得如此准？这是我的一个疑惑，下课后我先把他们叫进办公室。原来他们几个，觉得小理以前担任副班长、科学课代表，发作业本时态度不是很好，老扔本子，对订正的人推推搡搡，于是十几个人就约好，都不要选他。当票数出来后，他们以为有人改变主意了，课后一碰头，谁都没有投他，于是就认定小理作弊。可是看到小理刚才的窘困相后，他们已经有一丝后悔了，觉得自己太过分了。尽管如此，我还是批评了他们，“搞小团体拉票，这可是很不好的，同学有错误可以当面指出，我相信他会接受的。”

这时，我再把小理叫到了办公室，他始终低着头。这时再追问他有没有作弊，我觉得已没有必要了，于是轻轻地对他说，“老师知道你一直干得很努力，但你细想一下，可能太忙了，是不是有些地方就做得比较粗心了？哪里跌倒就从哪里爬起来，放下‘包袱’，做个敢作敢当的真正的男子汉。”他没有多说什么，只是点了点头。“还是有这么多同学投票给你，同学们还是很相信你的，缺点每个人都有，改了，就可以了。老师相信你以后肯定能做好，到时候再竞选班干部，怎么样？”他又点了点头。我想，对此时的班级来说，“冷处理”应该是最好的方式。因为我清楚，学生的态度会随着老师走，如果我把小理“一棍子打死”，学生也会跟过来。我要帮小理重树威信。

学习生活又重新开始了，选上班委的同学工作也做得确实不错，不过，我还是希望小理能够有些显著的变化，为班上做些什么。我在思考着……

对话班主任

主持人：肖北方

班主任：李京燕、徐立荣

主持人：刚才我们看了这个案例故事，我想问问李老师，对这个案例中班主任教师重新选班委的做法，您怎么看呢？

李京燕：我觉得这个做法挺好的。第一，他信任学生。第二，我觉得这事也体现了他的一种严谨的工作作风。还有就是他给了学生一个修正的机会，确实是体现了教师在工作中的一种经验。

主持人：他以身示范，虽然选举出现错误，但是他及时改正错误、修正错误，比直接说服教育学生更好。

在您的班主任工作中，经常要涉及选班委会，是否遇到过类似的情况，您怎么处理的？

李京燕：我没有遇到过这种情况，但是在班委会选举这件事上，确实有和案例类似的情况。确实有一些孩子，是非常喜欢做干部工作的，出于各种原因而作假。

再有，做干部是本身价值的体现，不做干部，就觉得失落。我们的学生干部选举，一般都是先有一个竞选演说，竞选演说之后，大家再唱票，避免作弊。

主持人：你们认为案例中的这种情况，是可以避免的吗？

徐立荣：我觉得是可以避免的，班主任应该先给原班委开会，或者征集学生的意见。然后再确定重新选班委，选举中的计票员、唱票员和监票员，应该由学生选出来。

再有，应聘者应该写出竞选演说。由同学来提问，看他们的表现，然后再进行投票，在投票的时候，班主任也要强调对班级负责，对同学负责。

还有一个，我觉得可以用另一种方式，就是每个人都有当班干部的机会，比如值日班长，值周班长，或者一个学期，让每个同学都有表现自己的机会，以此锻炼能力。

主持人：就是轮流制。避免因为机会太少，而导致出现一些可能我们想象不到、不应该有的手法。

李京燕：另外，我觉得这个案例关键还有一点，教师选择的方式是民主选举，实际上暗含着教师对学生的教育想法，民主就自然要包含着诚信，所以，他应该做得力度更大一些。学生们会深深地感悟到民主在我们生活当中是多么地重要。

徐立荣：班主任应更注重一些细节，班主任的初衷是通过民主选举，让学生体会公平公正，也许这个体验公平公正还有其他的方式。像您说到的轮流制，它也可以让学生去感受到公平公正。

李京燕：在这个案例当中，恰恰是在公平公正这件事上出了问题，其实对于教师来说，也是有一种冲击的。他选择重来，其实也是给自己一个重新反思的时间和机会。

班主任教师首先要问这个选票的问题出在哪儿？怎么唱的票？然后再去问这个小理，当时你是怎么操作的？为什么会出现这个情况？随后再去问下面整个的班委等，这些情况，我觉得教师做得多么透彻，力度多大，都不过分，并且应该向全班同学有一个交代，体现出我们做人的准则。

主持人：在您看来，这位班主任出现了这样的问题，首先，是他在前期工作中，做得不够细；其次，他在修正的时候，应该做得更细；此外，班主任对小理同学验票可能有作弊嫌疑没有追究责任。

李京燕：当时班主任可能有这么一个考虑，他也想保护这个孩子的自尊心，然后他看看能不能绕道而行，能不能通过其他的方式，最后触动到学生内心的自责感。

主持人：给他留下一段时间，让他反思。教师再去寻求更好的解决问题的办法。

李京燕：在关系到体现做人的基本准则的地方，什么样的事情是可以做的，什么事情不可以做。班主任直接说透，效果更好。

主持人：不能淡化他的错误行为。

李京燕：我觉得这也是一种是非观。

主持人：看来二位班主任在这一点上是达成共识的。都觉得班主任教师对小理同学的处理可能力度还不够，要宽容有度，要严爱结合。这是一个很好的教育契机，要利用这样一个契机，让学生懂得如何公平公正。

徐立荣：学生要有为自己的行为付出代价的意识，我觉得现在成人——父母、家长、教师，经常会给犯错误的学生留有余地，原谅他，相信他会重新站起来，保护他的自尊心。但也应该明确告诉他，有些错误是要承担后果的。

主持人：要他学会承担责任。

徐立荣：比如告诉同学们，在这件事情上，小理就不能再做我们的班委，他必须要反思自己的诚信，必须要为自己这样的一个行为、这样一个结果承担责任，我觉得这个是挺重要的。

主持人：现在这位班主任到了很为难的境地，您二位对他有什么建议吗？

李京燕：首先，他在处理小理这件事情上，应该说民主不到位。老师应先征求一下全班同学的意见，可能同学的判断结果与班主任的判断结果是一样的——暂不任用小理，但是我觉得这样意义不一样。

徐立荣：对小理同学暂不任用，我非常赞同。我觉得首先应对那些不满意他的同学、对他有意见的同学要有一个交代，还有，对那些选上的十位同学也有一个交代。班主任还应该继续做好小理的思想工作，他应该承担自己作弊的后果。

再有，他做出这样一种不诚信的行为，对选他的25个同学，其实也是不公平的，他在这25位同学心目中的形象可能也改变了。

李京燕：我觉得处理小理的问题，班主任要果断。建议班主任教师们，遇到这类事情的时候，一定要斩钉截铁。

徐立荣：我觉得对小理也不能一棒子就打死了，还要让同学给他一个改过的机会，谁都有犯错误的时候，应该让他意识到自己犯的错误很严重，但是应该淡化影响。如果说改正非常好的话，也有可能会有希望来任用他。

主持人：您跟李老师看法有所不同。

徐立荣：也不是不同，只是想让孩子有一些希望。

李京燕：班主任教师也要反思自己的工作，你是不是经常去倾听班委给自己的反馈，你是不是了解到班委曾经对小理有过的一些什么意见。教师也应该向大家承认自己的不足，和学生共同努力把这件事情圆满解决了。

主持人：这个案例反映了一个问题，一个不太成功的班委会的选举过程，教师如果利用这个契机，对全班学生应该是一个很好的教育。另外，对于教师个人的专业成长来讲，不断地反思总结，可能也是一个很好的机会。

总之，选班委会是开学初的一个基本工作内容。似乎每个老师都很熟悉，但是如何在选班委会中，让学生体验公平公正，感受民主，可能还需要班主任更多地去用心，更多地思考，要投入一份情感，一份理智。这样，我们的工作才会做得更好，学生受到的教育才会更大。

对话专家

主持人：肖北方
专　家：刘翔平、郑新蓉、康永久

主持人：各位老师，大家好，今天我们探讨的话题是关于“班主任工作的每一学年”这一模块里的选举班委会的专题。

刘老师，您觉得这个过程和结果，对于小理同学以及班里涉及少数在事前拉票的那些同学，对于参与班委会的选举的全班同学，会造成什么样的心理影响？

刘翔平：我觉得对小理本身，这是一个教训。因为作弊被同学们和老师发现了，本身就是一个消极的事件，但是对小理来说，我觉得更重要的是一个成长的经历，是好事。因为当一个人第一次作弊，就被发现的时候，一定会对他有很大的震动和促进意义。我们在成长过程中，由于年轻、幼稚，会冲动，会犯一些错误。作弊被发现了，我觉得从小理同学本身来说，应该是一件值得庆幸的事。第一次作弊居然得到一个身败名裂的结果，那绝对是一个负强化，我认为他今后的这种行为概率会减少。

这个班主任老师我觉得有智慧。他既批评了小理，又没有当着全班的面羞辱他，而是个别地进行了提醒和教育。最重要的是，班主任老师很有原则，把他拿出了班委会，我觉得这个行为非常有力量、有震撼力。绝对不能让这种行为得到任何的机会，也不能让他带着这种错误去当班委，因为作弊是一个非常严重的错误。在我们这个社会应当从儿童抓起，要把作弊的行为作为一个非常大的恶行来惩罚。

现在我感觉，德育工作中，好像对作弊、说谎这些东西惩罚不够，好像别的方面如懒怠、不写作业、偷东西要惩罚，但是对说谎，我们感觉到还是有点宽容。

主持人：在您看来，教师的这个宽容有度的度应该把握在这儿。

刘翔平：我觉得老师给他面子是对的，可以防止他走极端。但是，班主任教师，德育教师，还应该要把说谎，尤其是把比说谎还恶劣的作弊行为上升一格，当做十恶不赦的首恶来对待。尤其是商品经济社会，不诚信，就保证不了公正。

主持人：在这个案例中，老师对此没有做过多的交代，只是一带而过，以后再说。

刘翔平：相对来说，那几个少数同学，我觉得他们的错误程度稍低一点，他们有积极的一面，就是他们主动地维护了公正，这是有积极意义的。他们要不维护这个公正，就会无意中奖励了不良的行为。但是这些学生的最大的问题，就是他们在揭露人家作弊不公正的同时，自己也不公正，拉帮结伙，搞小团体，拉票，这同样是需要批评的。教师在肯定他们揭露其他同学的不良行为的同时，对他们也进行了适当的惩罚和批评，这个事做得也是非常好的。

商品经济社会，强调竞争，那就必须得保证公平，没有公平的竞争，那就是恶性竞争。最重要的就是要通过制度，通过公正，通过公平，通过诚实、诚信这样一种人的品德和个人素质的机制，以这种品行、这种行为规范，来保证我们制度的运行。

我觉得选举是一个民主的过程，也是竞争的过程，人人平等，大家都在参与。但是如果没有正义、公正、诚信来保证，这个选举就会沦为不公平的一种行为。

主持人：也就是说，民主选举班委会可能更需要班主任教师用心去设计。融入我们基本的德育理念，让学生体验公平公正。

刘翔平：我觉得这个也涉及年龄段的问题。对低年级的学生，教师可以半民主，可以根据平时的调查先提一些名，让同学们来选，这也不失为一个好方法。

主持人：民主方式，不是只有一种做法。另外，采用哪种做法，咱们还要考虑学生的年龄段。郑老师，您是做社会教育学研究的，很想听听您的看法。您对于案例中的两次统计票数有差异，而且少数学生事前拉票这样一种现象，怎么看？

郑新蓉：我对这个案例很感兴趣。第一，从宏观方面说，孩子读书学习，其实是为了今后过一种有意义、有创造性的生活，其实很多人在今后的职业生活中，并没有太多的创造性。当然人的生命活力和创造性，尤其在社会生活当中，主要是通过他的政治生活体现出来的，他的智慧，他的生命力，包括和利益攸关的事情，都要通过其政治生活表现出来。让每一个儿童在他受教育的阶段，都学会适应公众生活，我觉得要有一些政治生活的训练，民主教育是一个重要的环节，这是世界的潮流。

民主选举和民主教育是两码事儿，民主教育要在人群当中形成规则，尊重规则，实施规则，还要惩罚，这些都是属于民主教育里面的一些内涵。选举是一个很重要的活动形式。孩子们尝试到的这个过程，比如说规则谁制定，请人吃顿饭叫不叫贿选？一定是有非常清晰的界限的。

我是非常地敬佩这位老师的，其一，他敢大胆尝试；其二，他基本上是很认真地走了选举过程，并赋予了这个过程很多教育意义。

另外，还有规则的变和不变。比如说我们要重新查票，是同学们说了重新查呢，还是我们班的老师说重新查？可能这是孩子们生平当中第一次尝试，他们正正经经地思考，这不是游戏。但是贿选问题，要不要再回头交给大家讨论，我们没有制定好规则，可能责任在教师，要做很清晰的分析。民主的过程是非常训练理性和思维的一个过程，也是训练大家遵守规则的一个过程，也是把自己的利益交付给别人的过程。你要慎重对待这个尝试，在我看到的各种民主教育案例中，这算做得是比较好的，我想，民主教育的方式是多样的，选举班委也是一种方式。

比如说选班委这件事情，大家都愿意出让权力给班委来负责自己的公共事务的时候，其实可以做。选举并不是民主教育的全部，民主教育的内涵其实是很广的，在不同的年龄阶段，可以用不同的方式来做。

主持人：也就是说，您看这个案例，班主任的做法其实是在做民主教育。

郑新蓉：他是在做民主选举，但是其中包含着民主教育的内容，民主教育是目的，选举是一个很重要的练习。

主持人：刚才刘老师讲了一个案例，所有的东西你都要体验经历过，我们教育学里面讲，在活动当中才能成长。民主教育对于中小学生来讲，具有终身成长的意义。

郑新蓉：什么叫做作弊、什么叫做腐败。不要说只有官员才腐败，中学生贿选在道德上对社会机体的腐蚀是什么样，这个事就可以讲清楚。不要自己没当官，你就恨腐败，自己当官，就做腐败的事。

刘翔平：小理这样行为的人当了大官，可能就会成为腐败分子。

郑新蓉：这个对我们建成更透明的社会生活是很有意义的。班主任能够到垃圾筒里把选票捡回来，已经是非常好了。老师对选票那么看重，去复查票，而且能够纠正早一阶段的错误，非常好。

主持人：以身示范。

郑新蓉：说明他是尊重大家的，其实班主任完全可以决定，这次我们当是练习，选出来的同学大致都还不错，大家鼓掌通过，他完全有这个权威。但是他并没有用班主任的权威来替代这个快要流产的民主过程，基本上是沿着民主程序走下去的。

主持人：康老师，这个案例中，班主任始终有一种比较强的意识，就是要尊重学生，要让学生去体验公平公正，那么从这个案例故事的过程和结果来看，您觉得班主任这个初衷达成了吗？

康永久：就我对这件事情的评价来说，这个目的没达成。可以说这个公平公正的意愿非常好，但我们在社会生活中，民主实践的经验不够，所以在班主任想组织一个很民主的班委会选举的时候，还是出了很多很多的问题。比如，有人监票，但在众目睽睽之下，就差了那么多票，这是不可思议的。怎么可能是这样的？哪个环节出问题了呢？这是需要反思的。事后别人来给老师讲，老师才知道，可老师当时也在场啊。

另外，这个票唱完了之后，怎么丢垃圾筒里了？从垃圾筒里捡回来，当然是件很好的事情，但是这个东西是有时效的，你没有保留就扔掉，说明一个问题，就是已经不能捡了。捡回来也已经不算数了，这中间谁知道谁又做什么手脚了？

另外一个，选举的程序、处理的原则都没有，班主任自己决定重选，可前面又说把这个权力交给学生，前后不一致。

拉票这件事情，有些时候是贿赂。但是民主选举当中，容不容许拉票呢？很值得思考，我们看到的西方的民主实践，是有拉票的，而且是合法的。他有亲友团，还代票，还唱歌，这是允许的。个人在集体生活中间，可以以个人的形式出现，也可以以集体的形式出现。团结才是力量。你怎么这件事就不容许别人搞团结了？

民主其实不是通过选举决定班委就行。班委怎么运作，能干什么，不能干什么，该干什么，不该干什么，不是简单的少数服从多数，它还有一整套的框架性的协议。

正因为我们没有经验，这种积累经验的过程，就尤其珍贵了。它不是老师简单地做的一个民主的选举，它是一堂思想品德课，它确实是像郑老师说的，是搞民主的教育，真正是一个民主实践。通过这样的民主教育，从中积累起民主的经验。

主持人：您觉得班主任对选班委会的工作，不能只视为一个一般的日常工作的环节而已。

郑新蓉：千万不要游戏化。不要随便做，也不要太严肃。做就是要认认真真地做。其实重要的是让孩子受教育，要把教育的价值放在前面。比如说让学生懂得作弊、违背公正，是很不耻的事情。

另外，程序过程中的公正也很重要，学生们掌握了这种如何做到公正的知识点，并在操作细节过程中演练，他们就会自动生成民主的意识和能力。

主持人：这个过程也是教师和学生共同在做中学的一个过程。不但让学生提高，去体验公平公正，体会民主。更重要的是，教师也要反思，怎样来维持公平公正，怎样在以后的工作中，采用更好的方式，对学生进行民主教育，让学生收益更大，可能这是这个案例需要我们共同思考和进一步研究的问题。最后我想请三位专家，用一句话概括一下我们今天的话题的探讨。

刘翔平：公平、公正、诚信，不仅是民主与竞争制度的保证，而且也应当成为我们当代教育的重要内容。

郑新蓉：我还是讲这句话，孩子们今后的生计生活很重要，但是在公共社会里的活力、他的创造力和智慧也很重要，也需要在学校中培养。

康永久：让我们有更多的、更丰富的民主实践的经验。

◆ 综合评析

一、回放案例

班委会选举开始了，采用无记名投票的方式：发选票、全票收回、唱票、监票、统计票数，班委的入选人员名单出来啦！选举工作将顺利结束。选票被老师随手扔进垃圾筒。意外出现了，有几个同学认为票数统计出了差错。选票被从垃圾箱中一张一张找出来，换了几个同学重新计票。结果小理的票数原来有32票，现在只有25票！作为验票的小理满脸通红。

老师采取了几项措施：

第一，小理暂不安排进班委，其他事情等老师问清楚再说。

第二，批评了私下拉票的同学，“搞小团体拉票，这可是很不好的，同学有错误可以当面指出，我相信他会接受的”。

第三，批评了小理同学，同时采取了冷处理的方式，给小理改正错误的机会。

二、深入案例

改选学生班委会采用民主的方法是学生行使民主权利和义务的必要实践，也是学校教育工作以学生为本的具体体现。当学生建议教师改选班委的时候，老师采取了按照“公开、公平、公正”的原则，让学生们自主推选自己信任的新一届班委会的做法。选举学生班委会的进程十分顺利，新的班委会产生了。但是，在老师眼皮底下发生的选举，出现了戏剧性的变化。虽然“计票、唱票、监票都是我信得过的学生”，但选举计票这个被认为最没有悬念的环节，却被学生公开质疑，公正性受到了挑战。在这种情况下，老师没有采取简单维护自己权威的做法，而是主动采取了重新计票的方式，终于使得票数错误的原因水落石出。然后，一方面，告诫了部分学生小团体拉票的错误做法的危害性。另一方面，通过确认新班委，暂停小理同学班委职务。在对小理同学批评的基础上，帮助他认清其选举班委会工作中的严重错误，鼓励其以后持续努力，争取同学的肯定和支持。使得戏剧性的情况峰回路转，有了个“双赢”的结局。

该班主任的做法值得肯定的地方如下。

第一，班主任老师对选举班委过程中发生的意外总体控制得当。教师的教育机智，使得结合思想品德课“公平公正”的内容而进行的学生实践不受到意外干扰。教师暂停小理班委资格，也符合学生们的预期，有利于缓解学生之间的矛盾冲突，为班级长期建设的顺利发展做了较好的铺垫。

第二，班主任老师处理问题的几个关键环节比较合理、得体，没有引起学生选举活动的混乱。班委会选举是学生学业中的大事，通过选举，学生行使了民主权力，决定了自己的领导者，也树立了班级发展的榜样和标杆。老师的选举处理决定，得到了全班学生的支持，避免了学生之间的直接冲突。反映了老师充分考虑了学生的发展性，体现了老师的责任感。

第三，“老师相信你以后肯定能做好，到时候再竞选班干部，怎么样?”话语中的“相信你”，给了学生一个改正错误的机会，给了学生以期待和动力。

第四，老师敏锐地发现了问题的根源，察觉了学生拉票的不当行为倾向，避免了学生以小集团利益代替全体同学利益的错误倾向扩大化。无论什么性质的拉票，都违背了公平、公开和公正的原则。这种“潜规则”会腐蚀掉我们正确的社会价值观和集体主义精神的根基，会毁掉学生对人和社会组织的关系的基本信任！

第五，班主任老师把教育引导和学生发展的实际相结合，不空讲大道理。在解决实际问题过程中促进学生成长的做法值得肯定。

该班主任还可以改进的地方如下。

(1) 班主任老师应该加强民主意识和民主施行程序知识的掌握，尽可能减少出现差错的可能性。应该对选举中可能出现的问题有预先的准备，不给不正之风以生存的机会。

(2) 上海市十三届人大一次会议上，上海市人大代表柏万青向大会提交了一份书面建议，希望重视中小学班干部产生过程中的“腐败”现象。随着社会发展的日益复杂化，各种利益关系不可避免地渗入学校生活和班级管理之中。学生的不成熟和发展性，恰恰需要教师给予更多的引导，帮助学生辨清各种利害关系，认清学生班干部的责任和义务。教师要和学生一起，用自身的行为，在复杂的社会情境中保持符合社会发展方向的一方“净土”。

(3) 怎么样支持新选班委工作的积极性，也保护落选学生的积极性，是一个需要认真研究的问题。“帮小理重树威信”，也许班主任老师用重树小理信心的方式更妥当，建议应慎思缓行。

(4) 老师在本次选举中的重大工作疏忽，是没有事先对全班同学做相应的情况说明。选举危及伤害最多的是全班同学的利益，老师确实有越俎代庖之嫌。“问清楚再说”后，缺少了“再说”这一关键环节，公平没有贯彻始终。老师没有做到真正地相信学生。班委选举环节中，老师有监察不力的责任。师生关系的民主应该是人格平等的民主，交往过程的民主。教师作为学生成长的领路人，应该身先士卒，承担起更多的责任！

(5) 班主任老师虽然在选举黑幕中采取了一系列措施转化学生的信任危机，选出了班委会。但班主任确实有对选举舞弊现象的失察与纵容。对小理同学的公平和尊重，绝不可以以牺牲全体同学的利益为代价，不可以仅仅将民主和公平保持在理念层面。没有制度调节和限制，教师感化学生的效果经常是不能够持久的，也是苍白无力的。

三、超越案例

“选举班委会的风波”案例经过多层面、多视角的分析讨论，给了我们超越案例多方位的启示。

启示一：民主选举也可能出现不民主的结果，民主的实现需要制度和程序的完备来保障。

在民主社会里进行民主教育，实际上是对学生的个人生活有意义、有理性，甚至有智慧的一个很重要的支撑点。学生选举班委会是其实际的政治生活，是激发学生创造性、激发学生智慧的一个重要的举措。

选举是一个民主的过程、竞争的过程，人人平等，大家都在参与。但是如果没有正义、公正、诚信来保证，这个选举就会沦为不公平。

启示二：选举的公正原则要求班主任老师必须主持公道。

实践教育公正，是教师从教的道德责任和道德义务，也是学生信任教师的重要心理基础。教师的不公，必然使学生公平感荡然无存，造成感情失衡和挫折感；影响学生对教师和学校教育的基本信任，将社会腐败现象和学校工作相联系，妨碍学生形成正确的人生观、价值观以及优秀品质，使得建设良好的班风和学风成为空谈。

启示三：对学生的作弊、说谎等非诚信行为要有更加严格的处置。

班主任出于对学生的爱护和从学生的长远发展出发，对学生在作假和说谎一般采取了宽容的处理方式。在德育工作中，对作弊、说谎惩罚不够，宽容过大，而对偷东西、打骂人等管理较严。班主任老师、德育老师，应该要把说谎，尤其是把比说谎还恶劣的作弊行为升一格，当做十恶不赦的首恶来对待。现在社会上作假太多了，受到的惩罚太轻了，社会诚信就是个问题，尤其是商品经济社会，不诚信，就保证不了公正。

启示四：民主教育的方式是多样的。

民主选举一定要到一定的年龄，不要把它太泛化。民主教育的内涵其实是很广的，在不同的年龄阶段，可以用不同的方式来做。有了民主选举的意外事件发生，学生也许就会理解什么叫做作弊和腐败。不要说只有官员才腐败，有些人自己没当官，就恨腐败，自己当了官，就做腐败的事。

启示五：选举班委会可不可以拉票是个值得讨论的问题。

民主选举当中，是否可以拉票值得思考。关键是这些做法是否合理。民主实践的经验积累的过程尤其珍贵。这不是简单的一次民主选举，它是一堂思想品德课的开端。民主是每个学生的一种生活方式，我们只有积累更多的、更丰富的民主实践的经验，才可以把民主落到实处，实现教育民主的最终目标。

启示六：应该格外重视学生的民主教育。

在学校环境中对学生进行社会主义民主教育，实际上是他未来个人生活有意义、有理性，甚至有智慧的一个很重要的支撑点。如果我们的学习生活和教学工作没有民主教育过程，缺少实际社会生活的体验，那么这个人的生命活力就会萎缩。学生民主政治生活是激发创造性、激发师生解决实际问题能力、拓展智慧的一个重要的场所。

（评析人：吴安民）

拓展案例

罢免风波的平息与思考①
——兼谈班级民主化管理中班干部的培养与使用

寒假前的一天，作为班主任的我突然收到一封签有19个男生姓名的信，内容是联名罢免现任班长小悦，随信罗列的“罪证”有两点：一是班长架子大，动不动就搬校规校纪训斥别人；二是她对男同学要求高，对和自己要好的女同学有时就网开一面。目的很明确，为了高一（7）班的光明前途，建议班主任安排下学期重新选举班长。

看到这封信，我很纳闷：小悦同学在初中有三年当班长的经验，平时工作热情高，脑筋活，不计较个人得失，她是在两个月前以绝对优势当选为班长的呀！但转念一想，她虽有当班长的经历，在同学中拥有很高的威望，但高中毕竟不是原来的初中，高中的班长举足轻重，班长的自身形象和管理能力将直接影响班级的发展趋向。以身作则、平等待人、赏罚分明是其立足的依据。她在当选前拥有扎实的群众基础，但当选后的地位改变了，同学对她各方面的期望值也随之提高了，而我发现其当选班长前后的工作情况并没有发生根本的变化，罢免事件的发生不足为奇。

班长本人获悉此事后，跑来见我时她的心里很不是滋味，但她说班级的民主化管理模式业已启动，她能顾全大局，也不会气馁，愿意辞职后再次参加竞选。罢免与辞职，今年的寒假真不平静。

罢免风波的平息，我并没有同意使用公开表决或重新竞选的办法，而是

---

① 改编自：张志群．罢免风波的平息与思考［J］．苏州德育研究，2002（4）．

恰到好处地运用了班主任“宏观调控”的手段。既积极稳妥地推进了班级民主化管理的进程，帮助班长重新塑造了自身形象；又满足了包括19名男生在内的广大同学的要求，使大家得到了一位“好班头”。我的“成功之处”主要体现在以下几个方面。

首先，强化班主任是班级管理后盾的意识，创造班级民主化管理的良好氛围。我对班长明确表示“班长要当，而且要立志当个好班长，班主任会做你坚强的后盾，你可以继续大胆地开展工作”，她心领神会地点了点头。班主任的正面引导和鼓励，也是对她两个月来工作的原则性肯定。

其次，引导班长正确认识自身角色，努力缩小“自我”与“他我”的差异。对于一个学生而言，出任班长前后的地位已发生了变化，同学们的期望值也随之提高，其矛盾产生于角色本人的所作所为与他人对角色期望值之间的差异。寻找到了罢免事件的症结，因此我在与班长面谈的过程中，在充分肯定其优点的同时，认真指出了其自身存在的缺点，要求她“要善于总结，将事实证明效果不好的工作方法作为教训，将行之有效的工作方法积累为经验，不断提高自己的工作能力并完善自身素质”。

再次，加强班干部队伍建设，充分发挥班委会整体功能。我在召开的班委会干部会议上，旗帜鲜明地要求“各位班干部既要各司其职，努力提高以身作则的形象和班级管理能力，以实际行动立足于班中；又要顾全大局、稳定团结，注意相互间的密切配合，班长工作尤其需要各位的鼎力相助”。加强班干部集体建设，必须在班委会内部造就一种和谐的心理氛围，培养他们相信自己的能力，坚信自己的努力都是在为班级作贡献。

最后，协调好“干群”关系，形成班级管理合力。民主选举产生班委干部是推行班级民主化管理的重要组成部分，有利于提高班级管理的效能和学生自我管理的能力。“同学们选出自己的班委，可当班委开展工作时，又有多少同学能理解和支持呢?”这是我在班会课上提出的问题。为了很好地解决这一疑问，我在新学期开学第一周特意安排以班长为首的班委会向全体同学述职，并认真听取了广大同学对班级自主管理的意见和要求。通过上述形式使同学们充分了解了班干部的工作实绩和存在的缺点，明确了班干部今后工作的努力方向。

点评：

此案例班主任充分运用了其“宏观调控”的手段，采取了四点有效措施，平息了罢免班长的风波。班主任老师调控罢免事件成功，有效地减轻了学生之间的矛盾冲突，是值得肯定的一方面。但也暴露出班主任老师以自己作为学生班级的化身，缺少对学生的真正尊重的作风。从这个意义上来说，班主任的暂时“成功”应该说不是班级管理方面真正意义上的成功。

第一，班主任充分利用了“宏观调控”的手段，有其合理基础。19个学生的联名罢免动议只是学生的建议，罢免案仅仅代表了部分男生的一种意愿、建议，还没有形成罢免决议事实。班主任老师的宏观和微观调控手段，都有其合理基础。班主任在合理基础上的管理导控措施，环环相扣，充分发挥了班主任的地位影响。手段实现与班级学生管理工作融为一体，保证了学生管理工作的连续性和秩序性，也激励和帮助了班长改进工作，提高了班长的实际工作水平。

第二，班主任可以采取其他方式来避免强行“宏观调控”手段。可以参考如下实施的方式。

(1) 召开19个联名罢免班长的同学的论座谈会。看是否可以通过其他方式解决罢免危机，并满足学生的合理需要和利益。

(2) 召开全体学生班会，讨论罢免案是否合理（在全体学生已实际了解罢免案内容和原因的情况下）。

(3) 采纳现班长建议，同意她辞职，重新参加班长竞选，重新阐明自己的观点，赢得全班同学的再次信任。在自然情境中，提高班长的威信，使得同学们更加珍惜民主权力，懂得班级工作和谐发展的道理。

(4) 班主任借班长罢免案时机认真检讨自己以前班级管理工作的不足，考虑班委轮换制等更加公平的班委任期制度。使得更多的同学加入班级管理工作，提高同学们对班级工作的关注和参与度，更好地代表同学利益，提高学生的社会实践能力。

(5) 请同学们召开讨论会，形成罢免班长或者班委的相关制度条款，选举有民主保障，也要有制度实现。通过这个过程教育学生们，了解学生民主管理的实质和道理。尊重学生民主意愿表达的合理性和解决实际问题的操作智慧，将同学们的情绪化冲突升华到理智思考班集体前途和发展的轨道上来。

罢免风波的处理方式还可以考虑很多，班主任老师的强行“宏观调控”既不是唯一的选择，也未必是成功的选择。表面上，班主任的四板斧确有效果，但选举风波下的深流，也许会导致未来某个时期的罢免后遗症，蝴蝶效应下的飓风已在慢慢孕育……

第三，班主任在案例中所做的“宏观调控”，从表面上看是对学生情绪化表达的引导。现象背后，也确实反映了班主任老师利用塑造班长新形象的四个手段，排除了学生的利益诉求，将班级管理视为班主任“自留地”来管理，就不可避免地将尊重学生、“以学生为本”变成嘴上说的事情。教师对学生的包装和强制改变经常是一种表面改变，家长式的维护性感化的效果也许值得进一步验证和思考。对其他学生的要求如果是以保障学生班长的地位和影响作为代价，这代价摊给大家，是不是对大家太不公平。而“宏观调控”的整体代价又是否太高了呢？

第四，班主任面对的不是仅有学生班干部，而是学生全体。强化班集体的管理工作，不是仅仅强调对学生的要求和纪律就可以解决的。加强管理是必要和应该的，但是，把对班级的管理绝对化就不必要了，这对学生个性的形成是非常不利的。班主任崇尚班级活动中的管理主义，片面强调学生“听话”和“遵守纪律”，不恰当地突出班主任的权威，限制了学生的多种选择性，实际上妨碍了班级活动的教育功能的发挥，实质上造成了每个学生发展的不公平。我们希望在班主任教师的实际管理中，更多地看到对所有学生的鼓励和支持，也希望看到班长对班委会其他同学工作的支持和关心，形成默契的工作集体，立下“集体一等功”。

（点评人：吴安民）

相关资源

1.“拍卖”班委职务

班干部对于一个班级来说，也算是核心人物，能否做到民主选举，对于班级的管理是十分必要的。班干部，在学生心中大多是一种能力和权威的象征，而对于教师来说，算是班级管理的帮手。好的干部可以带动全班形成积极向上的氛围；如果班干部选不好就会影响全班的学生。学生是否做班干部很多家长也非常重视，因为如果让孩子当上班干部，其组织领导能力就可以得到很好的锻炼。所以说，不可小瞧这个班干部，它对人的一生会有很大的影响。

不过，现在的评选班干部，有时还是很困难的。有很多地方是教师直接指定的，比如一个新的班集体，总不能一下子就判断出哪些学生适合当班干部，可以领导好班级，所以，一般会参考入学成绩和相关材料的第一印象，大致地指定班干部。绝大部分学校对此都是客观公正的，当然也有少数家长为了让孩子当班干部，提前和老师打招呼，或者有一些熟人的孩子，必然会受到一些照顾，这些我们做班主任的几乎都经历过。

我以前所带的班级，也是如上所说，由我指定一些班委，当然是临时的。对学生们说，一个月后我们将重新民主选举，到时候再确定正式班委。时间过得很快，一个月后的班会课上，我们进行了民主无记名投票选举，结果和原来的班委是一致的，没什么变化。是他们都很胜任吗？不是的。在学生的心里，他们认为这些人都是老师指定的，成绩又都那么好，我们不选他们选谁？接下来的三年，班委选举如仍用投票方式，也还是那些人，因为大家对选班委已经觉得没什么意思了。结果那届的班委中有部分不能很好地胜任，应该说那是一次失败的选举，导致接下来的班级工作很大程度上都由教师自己完成。

有了上一次的经验，在接新班级时，我尤其重视班干部的选举。只有选出好苗子，才有利于以后的培养，才能使其成为班主任的得力助手。我的做法是：先让学生上台自我介绍，包括毕业学校、兴趣特长、以前的班级工作经历等方面。然后和同学说：班级需要几个负责人先牵起一个头，有谁自愿起带头作用？胆大的举起了手，“就你们几个吧，你负责纪律，你负责传达，你负责卫生，你负责宣传……你们即刻上任，一星期后我们再重新选举。”这些人当然很卖命地工作，极度负责任。

新同学，大家都有很大的热情，一星期后的班会课上，开始了班委职务的公开“拍卖”和竞选。在“拍卖”前，我首先要告诉他们的是：第一，班委没大小，更不是什么官，相反是很辛苦的活，班长不是最大，组长不是最小，他们之间没什么差别，差别在于所担任的职务和工作的不同；第二，每一个职位都有哪些要做的事，要负责些什么；第三，担任班委也是有好处的，比如说评选三好生、优秀干部等，首先考虑的是班委，激发他们的热情，有付出总是要有回报；第四，要有高度的责任感，别争得了位置之后却不干事；第五，此次选出的班委均为临时班委，有一个月的试用期，一个月后会有再一次的选举。最后，“拍卖”正式开始，告诉学生，你们的资金就是你们身上的能力和责任感，请你们权衡好自己的实际，然后再来竞选。

有了这样的铺垫，选举进行得如火如荼，“拍卖”场面异常火热，甚至出现了十几个人争夺一个职位的情况，即使是劳动委员这样很辛苦的职位也被争夺，班长反倒没太多人争，敢于争班长的能力都是挺强的，所以不难确定。我确定了班委的每一个职位，班长还用了两个，因为实在难以舍弃。“拍卖”班干部职位暂且告一段落。而选出的人，自然是很积极地在做事。

在试用的这段时间中，班主任可以认真仔细地观察，看看他们的能力。还让学生在周记中反映班委的情况。学生可以根据这段时间更好地了解具体职务，一个月后的班会课上，让原有的临时班委上台说说他们的感受。班委再次重新“拍卖”，请学生一定要衡量好自己的能力和责任。竞争场面是激烈的，我们就再次进行无记名投票，当然可以“我选我”，如此一来“老好人”、拉选票的情况就可以尽力地避免了，只喊空话想占位的也不好意思了。经过如此的反复，就能确定一个很好的班委。当大大小小的班委都“拍卖”完之后，一个班级“领导班子”就确定了。有了一个好的班委群，班级日常工作的开展就顺利得多了。

这样一来，班主任基本上就能避免“民主选举”变成“随意选举”，让民主真正民主起来；也避免了班主任唱“独角戏”的尴尬局面；同时还避免了社会上不良拉选票之风在班级横行，让“老好人”当选；最后还可以避免单纯看重学习成绩，让许多学生望“位”兴叹的局面。

而如此反复选出的班委，学生自己也会比较心服口服，并且能很好地配合班委的工作，使得班委真正成为班主任的得力助手，起到很好的管理班级的作用。如果学生都没有私心，也不贿选，而真正地按自己的想法去评选，选出大家认可的干部，以后工作上自然也会全力支持，就如同是自己的代言人一样，经过方方面面的考虑才得以实现。所以，现在的中小学班干部问题，还真不可小看。

（陈智勇）

2. 班主任工作的若干“第一次”（节选）①

第一次确立班委：

我们过去确立班干部的时候，往往是教师指定。这儿谈我的观念：我希

① 李镇西. 班主任工作的若干“第一次”[EB/OL].（2007－12－08）[2009－05－11]. http://bbs.cersp.com/dispbbs.asp?boardID=159&ID=76677&page=1.

望每个学生都能成为管理者。

那么每个人都能成为管理者，这就有两个难题了。第一个难题就是，总不能让每个学生都当班干部吧。第二个难题是，第一次确立班委会干部，确定谁呢？我是这样做的，一般来讲，学生刚刚进校以后，第一天我就会确立班干部，但我同时这样和学生们讲，我们这个班委以后都由同学选，这是我一贯的惯例。班干部一律由学生选举产生，班主任不干预。我们先确立几个临时班干部。我跟临时班干部讲，任期只有一个月。一个月以后我们再正式选举。你们要以自己的行动赢得同学们的拥护。

一个月以后，学生们就根据这几个临时班委的表现进行选举。选举要经过一定的程序，先自荐或者推荐候选人，差额选举，然后上台演说。说一说你的优势是什么，你为什么要当班干部，还可以谈谈自己的弱势是什么，有什么缺点等，全方位地让同学们了解你自己，然后再进行选举。投完票当场唱票，然后以票数多少为依据，最后选出我们的班干部。

班干部选出来以后，我就要找班干部谈话。我一直要求我的班干部确立三个意识：

第一个是服务意识。也就是说你作为班干部，不是去管同学，而是首先为同学服务。

第二个是主人意识。就是说班干部不要仅仅把自己看做是老师的助手，而首先应该是同学的代表，工作要有主动性和独立性，不要老是依赖班主任的所谓的指导。

第三个是创新意识。我希望我们的同学，希望我们的班干部能够富有创造性地工作。

这三个意识我觉得对班干部非常重要。

新班委正式选出来以后，我一般还要进行一个宣布，就是说班干部的任期只有一学期，我是主张让每个学生都成为管理者的。一学期轮换一次，第二学期重新选。

但是我想说明的是，班委的确立还并不意味着这个班级管理就能够达到我们预期的效果，这还得有学生们的配合。因此，我同时还要在班上进行健康的舆论引导，要给大家讲这个道理，一个班搞得好不好，首先不是班干部，而是我们同学。每个同学都有自己的想法，怎么统一？一个班级，要有统一的步调，统一的意识才行。

班委成立以后，要制订一些班规，班级规章制度。我和学生们讲，以后每个班干部都要遵守班规。健康的舆论非常重要，没有健康的舆论也很难让我们的班委有效地开展工作，这是我第一次确立班委。

3. 选择班干部的一点体会①

现代教育理论告诉我们，要组织一个成功的班级，班主任首先要选择一些品学兼优、责任心强、乐意为同学服务的学生担任班干部，对他们进行培养和教育，使之成为同学的榜样，带动其他同学不断进取，形成正确的集体舆论和优良的班风。

在班干部的产生过程中，我认为教师的包办代替，必定会使班干部失去群众基础，给日后的工作带来不必要的困难，是不可取的！但是，单纯的所谓的“民主”，让学生完全“自觉”，一些学生往往会倾向选举自己的“好朋友”，以便在以后的班级管理中得到“照顾”，同样有不足。比较好的办法应该是先民主后集中，即先让学生进行投票选举，再由教师权衡。上学期初，我们高一（7）班刚组成时，先组成了班级的临时班委。我明确告诉全班同学在期中考试后进行重新选举，让每个同学都有选举权和被选举权。此时，我适时地对学生进行思想教育：“首先，我向当选的班干部表示祝贺。但是，我认为我们的班干部是为同学服务的，并不是来享受某种权力的，也不可能有任何的一点特权。最后，我请大家在工作上给予他们无私的帮助和支持，一起为我们高一（7）班这个大家庭的健康发展而拼搏。我希望全体班干部认真履行自己的职责，踏踏实实地工作，力争在期中后的改选中继续被大家推选”。同学们听了个个都很兴奋。

很快，两个多月过去了，该实现学期初的诺言了。此时，我开展了一项活动——“期中评议班干部”的活动。通过评选发现，大部分的班委受到了同学们较高的评价（我看到一些得分比较低的同学，在宣布统计结果的时候，羞愧地低下了头）。此时，我及时进行了部分班委的改选活动，让同学们自我推荐，或者推荐自己心中的最佳人选，最后发现学生选出的班干部与我原来的设想居然基本符合。当然，对落选的原班干部也要做好思想工

① 朱英杰．选择班干部的一点体会［EB/OL］．（2006－03－14）［2009－05－11］．http：//www.czyz.com.cn/dede/html/dytd/deyuanli/20061108/1141.html.

作，鼓励他们："改正错误，继续努力，力争在今后的班级改选中继续出马，为大家服务，让大家见识你的能力与实力。"会后，我再根据所选干部的气质、性格类型以及能力的差异进行分工，优化班委会组合。

班主任对班干部，不能只是使用，还应该进行教育和培养。我经常召开班干部座谈会，经常教育他们树立为集体服务的光荣感和责任感，组织他们学会制订计划及具体措施，检查落实情况，总结得失，并加以改进，教会他们如何分辨是非，及时阻止同学中的不良行为。而对于班干部在班级中的不良行为，决不姑息，鼓励他们以身作则并带动其他同学，促进整个班级的管理工作。

学员作业

1. 写一篇关于自己所在班级班委会选举做法的分析。

2. 对班主任老师处理小理同学选举舞弊的措施和想法提出分析意见。

专题5 制定班规

使班规建设的过程成为学生自管自育的过程

核心问题

- 班级管理制度的本质是什么？
- 制定班规与培养学生自管自育有什么关系？
- 班规仅仅是管学生的吗？

拓展案例

- 班规的执行力——李老师和班规的故事（续）

案例故事

李老师和班规的故事

相关资源

- "人性化"班级制度建设的探索与实践
- 班级的组织管理与制度建设

对话班主任

主持人：肖北方

班主任：李洪晶

唐　亮

对话专家

主持人：肖北方

专　家：陆士桢

乔志宏

苏尚锋

综合评析

评析人：张　红

学员作业

- 你的班级有班规吗？请从班规内容、制定过程以及执行等方面对现有班规做分析，并及时修订和改进。如果还没有建立班规，请认真思考后拿出一个建立班规的方案。

核心问题

1. 班级管理制度的本质是什么?
2. 制定班规与培养学生自管自育有什么关系?
3. 班规仅仅是管学生的吗?

案例故事

李老师和班规的故事

一、班规究竟谁说了算

俗话说:“国有国法,家有家规”,班规对一个班集体来说自然必不可少。刚被委任为班主任后,李老师头脑中马上想到的就是“没有规矩不成方圆”的古训,他决定从制度建设着手,来促进学生行为习惯和良好风气的形成。因为找到了班级管理的思路,对即将开展的班主任工作,李老师充满了信心。

经过几天的深思熟虑和明察暗访,考虑到班级生活所涉及的方方面面,李老师煞费苦心拟定的一份长达60条近3000多字的班规终于出炉了。它内容详尽——学习、纪律、劳动、卫生等无所不包,而且措辞严密,没有漏洞,这应该是一份不错的班规吧?李老师暗自想到。

为保证制度落实,李老师给每个同学都复印了一份班规,要求学生首先自学,又利用班会课的时间集中学习了两次。两三个星期过去了,按说学生应该接受得差不多了,班级面貌也该焕然一新了吧!可结果却令李老师大跌眼镜,不仅没有出现想象中的大好局面,就连常规的仪表检查都接连遭到扣分,其余的如自行车摆放、值日卫生、课堂纪律等就更不用提了,在年级都倒数了。

为什么有了规矩之后反倒还不如从前？究竟是哪里出了问题？李老师拿出班规反复琢磨，虽然都是“七不准、八禁止”之类的条条框框，但每一条都要求到位呀！再说了，学生的行为如果不被规范，课堂和学习的秩序如何保证？学生之所以不接纳，是因为他们还小，认识不到制度的重要性，应该加强教育。苦苦思索之后，李老师似乎找到了问题的答案。

定下基调之后，李老师开始了下一步的工作。利用晨会时间让学生拿出班规，李老师亲自做了解读，并再三强调其意义和重要性。进行了苦口婆心的劝导。但效果并不好，许多学生明显心不在焉，有的脸上写着无可奈何，还有的更是把抵触和厌烦明白无误地表达了出来。晨会结束后的当天，李老师就收到了一张匿名的纸条，上面写着几个疑问：

（1）谁的班规？谁说了算？教师在定规矩时，考虑过同学们的心愿吗？

（2）班规内容太多，谁能全部记得住？难道还要天天随身携带来对照自己的一言一行？

（3）班规全部是“不准”“不许”之类的条款，显得冷冰冰的不近人情。而且有些要求太高，普通同学难以做到，怎么办？

看到纸条，李老师陷入了沉思当中……

又一次班会课来临了。李老师走进班里，再次让大家拿出班规，教室里立刻发出不满的声音。李老师不慌不忙地说：“此次学习的主要目的是充分发挥大家的主人翁意识，看一看有哪些班规需要改进？不适合的，就予以删减。”

如同平静的水面投下了一枚石子一样，学生们将信将疑地看着李老师，李老师接受了大家疑虑的目光，肯定地点点头。学生们的兴趣一下子起来了。有人说第三款的第二条必须简化；有人说第四款的第一条已经过时，应该删掉……听着大家七嘴八舌互不相让，李老师趁机宣布两项任务：一是每人都要在规定时间内为班级设计一条班规，大家择日交流；二是每组挑一个同学组成“班规建设委员会”，由他们征集大家的意见，决定讨论修订日程。

自从那天开始，班里的气氛就变得十分活跃，设计什么样的班规成为同学们下课之后最热门的话题。两周后，“班规建设委员会”负责人通知李老师下周一利用班会课表决新班规。带着疑惑和一些担忧的复杂心情，李老师旁听了此次班规表决，令人意想不到的是新班规虽然条款减少了，却更为实际和有操作性了，例如其中的一条是针对值日生的：“拖把攥干净，以提起不滴水为宜”。原来，学生们听说最近其他班接连发生了湿地滑倒的现象，就进行了专门调查，调查结果是湿地滑倒主要原因在于值日学生怕弄脏手从而导致拖把攥不干净，于是，就针对这种现象做出了明确要求。有的规矩则充满了孩子们才有的灵气。如为了防止学生迟到，他们组织了“根据地”（根据居住地域结成小团体），利用电话、楼下叫喊等“招法”进行帮“困”。

新班规顺利通过了。因为是全班同学共同劳动的结晶，遵守新班规也成了每位同学的自觉行动。两个月下来，全班竟然没有发生一起违反新班规的行为，班级的各项工作也很快走在全年级十个平行班的前列。

二、班规应该管教师吗

日子在风平浪静中很快过去了，转眼到了第二学期。按照班规建设委员会的要求，新学期需要重新讨论班规修订问题，表示认可的同学就在承诺书上签名通过。承诺书收上来后，李老师发现一个问题：上面只有50名学生的签名，小强、小易两人没有签。这是为什么呢？

放学后，李老师把他们单独留了下来：“小强、小易，今天你们为什么不签名呀？是不是发现《班规》上有什么问题？”两人低头不语。为了减轻他俩心里的紧张，李老师给他们分别搬了一张凳子，让他们坐下来之后继续说：“我相信你们有自己的想法，你俩比其他同学更细心，更关心班级。有什么建议，尽管提出来。只要在理，对班级建设有利，我们可以再次修改《班规》！”

他俩见李老师颇有诚意，就放松了些，你推推我，我推推你，可还是谁也不肯先开口。李老师又开导说：“放心，就算是对我有意见也没有关系，可以直接提！”听到这句话，两人相互对视了一眼，小强吞吞吐吐地开口了：“老师，我们确实是对您有意见……”李老师愣住了，但马上平复了一下情绪：“什么意见？”“您平时总说老师和学生是平等的，老师也是班集体的一员，可《班规》全用来约束我们，没有一条约束老师的，我们觉得有点不公平。”小易补充道。

李老师一听，现在的学生真够胆大的，竟然想约束起老师了！可学生说得也不无道理，《班规》既应体现出学生之间的相互制约，也应体现出师生之间的相互制约，特别是学生对班主任的合理制约。因为任何人都是有弱点的，任何人都需要制约。于是李老师表扬了他们，答应把这个问题拿出来讨论，两个孩子满意地走了。

第二天的晨会课上，李老师将这个意见提了出来。班里分成了两派，有赞同小易和小强观点的，建议专门增加一项限制老师的内容，并且列举出若干条：第一，上课拖堂三分钟以上；第二，错误批评同学；第三，未经学生许可占用自习课；第四，在校内抽烟或中午喝酒（不含星期天）……也有嫌他俩多事的，更有的同学根本不相信这能够实行，质疑到："就算班主任同意，科任教师同意吗？再说了，学生违反制度可以惩罚、写检查，老师违反了制度怎么办？谁来监督或处罚老师？"

听到大家的议论，李老师也陷入了沉思之中：学生们说的不无道理，但怎么跟其他老师说这个问题？就算自己没意见，别的老师也会这么想吗？根据他的了解，学生们列出的这些条分明是有所指的，有的老师确实经常占用学生的自习课或大课间，有的老师习惯拖堂，也有的老师不太注意，在教室里抽烟，可自己仅仅是个班主任，并不是校长，能够跟科任教师提要求吗？班规究竟该不该管老师呢？

对话班主任

主持人：肖北方
班主任：李洪晶、唐　亮

主持人：各位老师大家好！常言说，没有规矩，不成方圆。那么如何制定班规，使班级管理有章可循，有法可依，可能是每一个班主任都必须面对的。不同的班主任会有不同的思路、做法。案例故事中的这位班主任老师，他首先经过自己的思考，为学生制定了班规，在他看来，这个班规非常严密，细致到位，结果实施了一段时间以后，从管理角度来看情况并不像他想象的那么好。后来经过反思，又调整了思路，让学生来研讨。通过让每一个学生提供一条班规建议，再到小组探讨，最后汇总成班规。我想问问李老师，您在制定班规中，是否也经历过这样一种转变过程？您的体会是什么？

李洪晶：确实经历过这个过程。刚开始的时候因为没有经验，就拿来一些老班主任的班规仔细研究，改造使用，最初一段时间实施得不错，因为学生刚进入高中，环境比较陌生，而且对老师也不是很熟悉。可是时间长了之后，学生就开始钻空子，比如说找理由，或者是讨民主，班规就有点形同虚设了。而且我自己的感受，也是特别累，我就属于那种监察式的。

主持人：拿着班规监察学生。

李洪晶：对。这种现象让我感觉教师跟学生之间的关系是一种猫和耗子之间的关系。我觉得这种形式确实存在问题，所以后来就有一些变化了。尤其是2008年我带了这个班之后，我们学校鼓励学生自主管理，我们班就实行了一种制度叫做学代会制度。

主持人：学代会？

李洪晶：相当于我国的人民代表大会制度。学代会主要根据学生的男女比例，就读生和走读生的比例，学习成绩的比例形成，比较具有代表性。由他们制定班规，一般方式就是他们观察班内的情况，再通过调查问卷的形式形成班规的草案，接着把这个班规公布到班级的宣传栏上，然后再吸取学生的一些意见进行修改，再公布。通过学代会成员去执行或者以个人承包的方式去执行这个班规，每个月都进行完善。在这个过程当中班主任就特别轻松了，有的时候是顾问，有的时候是协助执行者。而且在内容方面多是学生自己提出来的意见。

主持人：更切合他们的需要。

唐　亮：小学班规的制定方式也差不多，但是教师可能要辛苦一点。因为学生年龄比较小，比如说从一年级到六年级，教师参与程度就会不一样，教师的引导就会多一些，从每一条的制定来说，都是为了培养学生的好习惯，所以可操作性强，教师要帮助他们慢慢把一些班规落到实处。

主持人：定班规不是目的，只是一种手段，目的是着眼于学生习惯的养成。

唐　亮：对。

主持人：因为小学生的自控能力差一点，所以更需要班主任去引导，班主任工作量就更大一些，不可能完全解放出来。

唐　亮：确实和高中不一样。

主持人：唐老师，案例中的班主任老师，他最初的想法就是以规矩达成方圆，那么您怎么看这个问题，在班级管理中，以制度管人？

唐　亮：没有规矩不成方圆，我也特别欣赏这句话，包括我自己在制定班规的时候，也是觉得用制度管理更科学。

主持人：刚才李老师说到了，案例中的老师是让每个人提建议，制定班规。但是您是采用学代会的办法，那么您认为在制定班规的过程中，是否还有其他的方式？或者说班规的内容上是不是还应该考虑更多？您觉得从小学生的角度来说，要更多关注哪些细节？

唐　亮：我的学校是一所寄宿学校，班规内容可能涉及的比较广，一般就是学生的学习习惯，还有生活习惯，另外很重要的就是文明礼仪习惯。我们定班规的时候，最多三五条，这样学生也易于接受，学生接受了以后，我们再去调整补充，或者说更深一步地去引导学生，养成更好的习惯。

主持人：您这一点说得非常重要，每次定班规内容都不宜太多，但是都应是可行的。

唐　亮：对。

主持人：按学生的年龄，或者是按学校现实中的学生状况，可能还得考虑不同年级的衔接问题。

唐　亮：我们学校所有班规出台之后，各年级还有它的指导目标。我们都会了解各年级基本达成的目标是什么，对于各班的特点可以结合学段，或者是年级特点进行细致的制定。在这个范围内，可能这个班的学生学习上很好，行为习惯上不那么好，那么在这方面可以侧重一点，这样更符合各班级学生的实际情况。

主持人：这涉及一个更全面的问题，各班有各班的侧重点，但是各年龄段，还有各年龄段的特点，整个学校应该有一个整体协调的问题。

唐　亮：是这样。

主持人：案例里，在前期，班主任老师经过了这样两次转变，班上的管理确实比较顺利，或者比较平稳，到后来，案例结尾处有两个学生提出老师的问题是不是能纳入班规范围内，您二位是怎么看这个问题的？

唐　亮：如果我要遇到这样的学生，我会很高兴。因为他把老师放在集体当中，让老师和班里的同学成为一个整体，我觉得这一点是学生对于平等、互相尊重的一种理解。作为教师来说，一方面听取了学生意见，另一方面也可以听一听其他科任教师的意见，这样了解了情况之后，再跟学生进行沟通。也不妨尝试开一个班会，因为在中小学，班会是每周都有的。在这个过程中，可以设计一下，把班规制定后班级的转变，通过讲故事，或是拍一个小的录像片现场播放，让那些老师看到我们同学现在变得更加积极向上了。老师们都会希望自己的学生有进步。这时，就可以再提出新的想法和问题，让大家一起探讨，把想说的话都摆到桌面上。举一个简单的例子，以前我们学校一节课40分钟，后来调节成30或35分钟，我不太习惯，不由自主地会拖堂。学生对此就不太高兴，因为要上别的课，有时候要跑到不同的教室里，学生跟我说出来之后，我就聘请班里两个胆大、声音大的学生，到时间就提醒我，唐老师，该下课了。开始学生不是很勇敢，但后来看我没有什么不高兴，从开始的小声，到后来一举手，我就明白了，我会准时下课。

其实师生之间用一种积极的方式沟通了，就达到了目的，我想所有的教师，可能都会是这种想法。

主持人：在您看来，对于这两位学生提的问题，班主任教师可以以一种恰当的方式来协调其他科任教师参与到班规的制定和监督中来，这样有利于咱们建立一种更和谐的师生关系，也能让学生体会到师生是平等的。所以，班规看似是一个班的事，其实不然，可能涉及班主任教师与科任教师如何协调，共同教育这个班的学生；还涉及整个学校，不同年级、不同班级班规之间怎么形成一个共同的约定，共同促成整个学校形成一种良好的精神风貌。

唐　亮：班规体现着我们作为班主任教师教育的理念，对学生是一种引导，不能单纯说我代表校方制定一些班规。另外我觉得班规对学生起到一种人格调控的作用，有些班规是一种硬性的班规，有的时候则是针对学生采取的一种非常规的表现形式。比如说，以前，我们班教室里，为了让学生积极向上，孩子们特意画了一个很可爱的孩子的脸，说如果我们要是违反了这班规的话，三次，我们会在他脸上画一个小黑道。小孩儿不愿意这样做，可是一个班三四十人，总有管不住自己的孩子，当黑道被画上之后，全班同学，在心理上、情感上，受到的这种影响远比规章制度对他们的影响要大得多。所以，他们就会想方设法，要把那个黑道去掉，他们就会更自觉，班规从这种制度化到最后走入孩子的心灵，对于孩子的成长其实有更重要的作用。

主持人：从心理研究来看，人的发展过程有一个从他律到自律的过程，因为孩子自控能力比较差，首先需要外在的压力进行约束。在制定班规的过程中可能考虑多种方式，要适合小学生，让他们心中有班规，而不一定是写在纸上，贴在墙上，这样他们可能会更主动地去遵守这个班规，也能达到我们的目的。整个过程应该是促使学生提高自己自控能力的一个过程，是为了让学生在班规的制定和遵守的过程中学会自我管理，自我教育。

对话专家

主持人：肖北方
专　家：陆士桢、乔志宏、苏尚锋

主持人：各位老师，大家好。今天我们探讨的话题是关于班主任工作的每一学年模块里的制定班规专题。说到制定班规这一话题，刚才我们看了一段案例故事，跟班主任也做了一些探讨和交流，现在我想请教一下陆老师，您怎么看案例中这个转变过程？

陆士桢：学校一直讲育人为本，德育为先。实际上育人为本，对于班主任来说，他所有的教育手段，包括他的管理手段其核心都是培养人，而不是简单地把学生管住。从育人出发和从管人出发，必然在这个过程和内容上都会有不一样的表达，我觉得最核心的问题就是你强制性地限制行为，还是自觉地自制行为。因为我们通过制度对孩子进行行为的制约，核心就是希望规则能够内化成为自我的行为习惯。对今天的孩子来讲，那种被动的、受限制的教育模式，肯定会遭到反抗。他们更希望主动积极地去适应规则，反感外界对自己的约束，你越不让我怎么着，我越怎么着，反过来我自己愿意的事情，即便难我也愿意做。因而制定规则就一个出发点，即怎么样能够更好地实现自律，我想这个班主任工作的转变也是这样一个轨迹。

主持人：也就是说在您看来前期可能让学生感受的是老师的限制。让学生参与制定班规，也许内容一样，但是感觉不一样。所以学生后期做得会比较好一些。

陆士桢：是。

主持人：我想请教您，既然是这样，那班规在班级是否还有它应有的位置。

陆士桢：我常常跟我们的学生讲，我说你上我的学校，我就是行政主体，我有权对我所管辖的这个成员实施特别的要求、制度性的要求，我觉得教育本身也有管理的内容，行政行为是必然的。现代管理可能除了要求参与外，对条文也应该做一些规制建设，其中有一点就是梳理相应的规定，两个角度是最重要的，一个就是我们好多规矩画不成方圆，这个很麻烦，你得检查所有的规定，把这个方圆画好，一个人的行为，或者一个事件的发生，有客观的规律，你这个规定要符合这个规律才能画成方圆，这是第一点。第二点变单项的强制为双项的制约，这一点在教育过程中也应该体现。过去我们处置学生，就全是那种“不得怎么样”“不许怎么样”，对孩子来讲，鼓励他去做一件事，比限制他做一件事容易得多，但是长期以来，所有的规定都用这种禁止、限制的手段。另外，我们的规定当中没有对管理方提出要求，比如说要求学生不许作弊，学生要是作弊会受到什么处置，处置多长时间，何时通知家长，允许不允许学生进行申诉。所以我觉得现代规章制度，一定是一种努力地把这种单项制约变成一种正面鼓励和双向约定，包括我们现在政府的很多制度既约束公民，也约束执法者。我觉得学生后来提出的这个问题，就体现了这点，从某种意义上来讲，他的约定比那种单项制约可能更有效，更容易被接纳。

主持人：这个班主任前后的转变过程又涉及了一个需要我们进行思考的问题。从教师权威的制定，到尊重学生，让学生民主参与制定，但同时我们还要戒备这种绝对的、一味的民主，教师的这种权威作用还是不能放弃的。就像您说的，双方应该达成一种契约，这样可能效果更好一些。当然这里面，也是案例里面非常尖锐的一个问题，就是班规的制定，是不是只有限于对学生行为的一种约束，对于老师，班规是否也应该做一些要求。

陆士桢：实际上班级是由学生、教师共同组成的。教师也是班级的一员，所以教师本身要遵守班里的相关规定。另外，他到底不同于普通学生，对他需要有一些特殊的规定。我觉得这跟我刚才说的契约性实际是一致的，就是要把每一个人包括执法者，被管理者，都纳入到管理契约当中，这是一个时代的进步。

主持人：也就是说您会支持这两个学生的做法？会在日后把它更完善。

陆士桢：对。

主持人：我想请教一下乔老师，您是做心理研究的，在案例中的班主任老师看来，制定班规的方式和内容影响着班规的效果，您认同吗？

乔志宏：当然，从心理学的激励理论来讲，其中有一个目标管理，就是说如果要求完成某一个目标的这群人，他们能够参与目标的制定，他们能够从开始设立目标、设定规则的时候，就加入到讨论过程中来，他们会对这个结果有更高的承诺，有更多的认同，因此就更主动自觉地去贯彻它，去履行它。这也就是所谓目标激励理论。就是说我们在开始的时候，如果能够让学生参与到这个过程中来，他就会知道我为什么要定这个，大家为什么要上课，要准时，那是因为互相都不影响，我们才能保证基本的秩序。我们为什么要轮流做值日，那是因为如果没有这样一个秩序，我们的教室就会肮脏不堪。我们把所有的结果，每条班规的真实价值，让每个同学都通过讨论的方式，在制定过程中有所理解，他自然而然就不会对这个规则有本能的抗拒，因为这是他知道和愿意的，是有价值的，从内心里面愿意去维护的。我在这个问题上有另外一个想法，就是说班规的制定和班规的执行，某种程度上还取决于我们整体教育的定位。在国外，也有很多贵族学校有特别多的繁文缛节，学生到这儿来之后，他就必须接受这儿的规定，我最多告诉你，我为什么要这样要求你，但是你根本没有可能去参与讨论。但是在今天的社会，绝大部分的要求不会再是这样的，为什么？因为青少年特有的发展特点，要求平等，要求做主的意识变得越来越强。

主持人：主体性觉醒了。

乔志宏：对，主体性觉醒了。对于自己的权利和尊严都有很高的要求，很多时候会走向极端。所以在这个时候，就是要保护引导，而不是强制性地要求。从这样一个教育定位来讲，我们需要让学生更多地发挥他的自主性，让他参与到跟他有关的各种制度的制定中来，对他的发展会有好处。

陆士桢：乔老师说的这个我非常赞同。我不大同意现在光给孩子说，你挺棒，你什么都行，其实这个班规还有一个功能就是要让他知道，有些规则以后得遵守，有些事情不能做，有些强制性的社会要求，你必须遵守。再有就是你这个管理者的意志，还要和民主的要求统一起来，如果从一般管理上来讲，讲秩序必须这样。从教育这个角度来讲，除了让孩子知道，我要发挥自主精神之外，还要让孩子知道，作为一个独立的个人，在社会上有些制度你是不可以反对的，你必须执行，你必须无条件地执行。

主持人：这就是遵守。

陆士桢：对。这个很重要，强调开放民主，过了也不行。不能光是鼓励和尊重，还要有一定的制约和限制，既要接纳还得控制，所以这个制定班规的过程，过程的民主化，不能代替制度的强制性，这两种我觉得应该区分开来。

主持人：制度的价值是不可否认的。其实让学生参与班规制定的过程，也是一个让学生认同班规的过程。我想再请教乔老师，在促成学生自律的转化过程中，班主任教师除了注重班规的建设，还应该更多地把握哪些方面的因素？

乔志宏：由他律变成自律，用我们的话讲就是学生的行为由外在动机转化成内在动机。我们原本之所以每天都要准时到校，就是因为我迟到了，就要挨批评、受处罚。转化成内在动机，就是我要准时到校，我要做一个让自己感觉满意的人，我要守时，守时是保证学习的基本条件，也是对他人的尊重，我自己认同这样的规则，从他律变成自律。重点在于，不要让学生被动地去接纳你这个规定是什么，而是更多地让他理解，我为什么要这样做。如果每个学生都能够理解，都能够对所有的规定有发自内心的认同，那么，他就能够为自己负责任了。

主持人：也就是说咱们不能让学生感觉因为惧怕处罚，惧怕承担责任，而去守这个规，而是要让他觉得应该守这个规，所以我才这么做。

乔志宏：对。

主持人：苏老师，您做教育社会学研究，我想请教您，在学生的班级管理与教育中，您怎么看制度建设？

苏尚锋：刚才两位老师在讲的时候我也在思考这个问题，教育社会学里面对班级的认识，基本上有三个观点。第一个就是认为班级是一个组织，它跟学校一样，必须要有严密的自主性。作为组织有三个要素：目标、结构、制度。所以它非常强调制度的建设，但是，这一种观点很快就受到了批驳。学校是一个组织，但是班级不应该成为一个严格意义上的组织，那也就是说，这种制度建设，应该是有弹性的。甚至有些人认为，班级是一个初级群体，跟组织不一样，组织很多时候很难做到面对面地交流，但是班级绝对是面对面的，任何一个个体都是面对面地交流，因此它不需要非常严密的制度建设。这是第二种观点。第三种观点认为，班级是一个社会体系，它强调这种角色交互的重要性，强调了具有一定的共同的社会背景，同时也强调规则的重要性，但是这个规则是普遍意义上的规则，就像刚才陆老师所说的，有一些规定是必须要执行的。既然是教育，就是社会化的过程。班级里同样有社会化的一种机构，所以某一些规则是必须要遵守的，但是在这个普遍规则之上的，这种繁文缛节的班级上的规定，是不被赞成的。所以，不同的观点，对制度建设要求不一样。就像他们所说的没有规则不行，但是规则过多，在班级管理上也不一定都正确。

主持人：至少从目前来看，咱们中小学校校规、班规的制定可能还有它一定的价值空间。那么您觉得培养有个性的学生与班规的制定，这二者之间怎么协调？

苏尚锋：其实这个问题与刚才这个问题是衔接的。我个人觉得，我们在考虑班规制定的时候，一定要注意这不是一个程序性的工作，我们要把这种制度趋向转化成价值趋向。刚才制定班规的过程中一波三折，其实在它背后是学生作为个体价值需求的体现。教师超离于班规之上，那是站在教师的价值这个角度，所以为了保证学生这种个体价值的趋向，从制定班规的过程到内容上都应该充分考虑到学生各种各样的言行主张背后的价值意义。

主持人：所以实行民主参与制定班规，可能不能简单地停留于只是让学生在纸面上一人写一条班规的建议，需要老师深入研究每一个字面背后隐含的学生价值趋向。然后再来发挥老师的作用，形成一个大家能达成共识的班规才能起到它的作用，这就是我们所追求的：通过班规的制定，最终提升学生的自管自育的能力。我们今天这个话题探讨到这儿，最后我想请三位专家，用一两句话做一个小结。

陆士桢：使用班规是班主任日常工作的重要组成部分，怎么巧用班规，善用班规，能够科学地、合理地制定和实施班规，是班主任的基本功，希望大家能够非常慎重地对待这项工作。

乔志宏：在制定班规的过程中，既不能由班主任一手包办，也不应该放手全部让学生去讨论。班规对班主任和学生都意义重大，因此双方必须在制定过程中充分参与，形成最后的一致意见。

苏尚锋：班规制定不是一项功利性的管理程序，而是一项美好生命的培育过程。

◆ 综合评析

一、回放案例

李老师和班规的故事真可谓是一波三折：接班之初，李老师就敏感地意识到了制度的重要性，因而想到了通过班规建设来促进良好班风的形成，应该说抓住了问题的本质：是人管人还是制度管人。

但在接下来的实践中，李老师却忽略了一个重要的问题：什么样的制度才能管人？或者说，制度来自于谁？制度制定的过程是自上而下还是自下而上？由于对这一问题的疏忽，李老师精心制定出的、详尽而且规范的制度在执行之初就遭到了学生们的软抵抗。因为未能经过民主参与而制定的班规，表面上看起来是“法治”，骨子里却仍然是“人治”，可以说它只代表制定者本人一厢情愿的单方面要求，即使能够得到执行，也是标准的“他律”而并非“自律”。

所幸的是，学生们的抗议引起了李老师的思考，大家不仅提出了班规制定的权力归属问题，还提出了内容设定上的问题：繁文缛节还是简约实用？条目太多记不住怎么办？价值趋向的问题：重在约束还是重在激励？全是不许和不准，到底应该怎么做？

李老师开始改变策略，让学生们以主人翁的精神来参与班规制定，这个改变取得了令人欣喜的结果。学生们以极大的热情参与到班规的建设中，创造性地改进了班规，并且做到了真正意义上的自律。

新学期，李老师又遇到了新的挑战，这个挑战将“李老师和班规的故事”推到了戏剧化的高潮部分。有学生提出，班规不仅应该约束学生，同时也应该约束教师，因为师生之间不是民主平等的吗？教师凭什么可以超越规则之外呢？这不公平！建议修订班规，增加对包括班主任教师在内的所有教师的约束条文。李老师为难了，怎么办？

二、深入案例

回顾班规建设的历程，我们不难发现李老师做法的诸多可取之处。

第一，首先坚持制度管人，重视制度建设工作，接班之初即着手制定班规。

第二，在制度执行不力的时候，认真听取学生意见，改变了自己关于制度建设的理念，充分尊重了学生的主体地位，并且提供足够的机会和活动空间给学生。不仅让每个学生都为班级提一条切实可行的班规，为制度建设献计献策，而且成立了班规建设委员会，把制定和仲裁的权力都充分交给了学生，体现出民主、参与、平等等现代教育理念。

第三，尤其值得肯定的是，李老师在布置任务时是深思熟虑的，他并没有让学生当时提交，而是让大家先充分思考，再择日交流。他给了学生一个充分思考的机会，这样征集上来的班规，当然是比较成熟的，是理性的思考而不是感性的冲动，也更具有操作性和人文气息。

李老师的工作还有一些可以改进的地方。

案例中并没有详细描述这次由班规建设委员会组织的讨论到底是什么样的。值得注意的是，李老师在这次表决中是以一个旁听者的身份出席的，仿佛是被动等待自己制定的班规的最后命运。这个场景和一开始形成了强烈的反差，开始是老师说了算，此刻是学生说了算，究竟是谁说了算呢？

1. 李老师可以在这个过程中加强引导，使制度制定的过程更加民主和科学化

实行民主参与制定班规，不是简单地停留于只是让学生在纸面上一人写一条班规的建议，或者说小组拿出一个小组意见的汇总，还需要教师做深入的研究，了解学生制定的规则每一个字背后隐含着的学生的价值趋向，再来发挥教师的作用，形成一个大家能达成共识的班规。这样学生在遵守班规的时候，就会更自主，更自觉一些。这样班规才能起到它的作用，这就是我们所追求的：通过班规的制定，通过班规的遵守，最终提升学生自管自育的能力。

2. 注重沟通，请科任教师作为主体的身份参与到班规修订的讨论中

李老师可以精心设计一次关于班规的主题班会，邀请其他老师也参加，

同时让学生们充分准备。在班会上讨论关于制度制定的若干问题，比如谁来定？约束谁？内容多少合适？要求高低相宜，等等。无论是全体科任教师还是学生们，都可以发表自己的意见，并且陈述意见背后的理由。比如，拖堂问题，占用自习课问题，老师无非也是想抓紧时间让学生学习，只是用了错误的方式。有了这个过程，可以进一步增加师生之间的相互理解，再经过双方的协商，最终制定出合情合理的制度来。李老师在这个活动中，不仅避免了直接面对同事提要求的尴尬和为难，也真正体现了班主任桥梁纽带的地位和作用。

三、超越案例

案例“李老师和班规的故事”经过多视角、多层次和多角度的分析，经过理论和实践双方的聚焦碰撞，给我们提供了多方面的启示。

启示一：制度建设应能更好地引导学生发展。

制度的本质是契约，意味着双方的认可，不仅代表教师对学生的要求，也代表学生对自己的承诺。要努力把单项制约变成一种正面鼓励和双向约定契约。制度建设的出发点不是为了管住乃至管死学生，使得学生无所作为，丧失生命的灵动和自由，而是为了更好地引导学生发展。因而应该努力使制度建设的过程成为美好生命的培育过程。

启示二：制度制定的过程应该充满民主氛围。

无论老师还是学生，在制度建设过程中都应有自己的权力。从老师的角度看，他代表国家或学校提要求，这是职责赋予他的权利和义务；从学生的角度看，他要求规则以人为本，要求参与到规则制定中，表达自己的权力也值得支持。所以合理的规则制定过程应该是充满民主氛围的互动协商的过程，而不是彼此权力的让渡。

启示三：班主任发挥教育、引领作用的同时，也要遵守班级约定。

班主任是一个“教育型的管理者”。管理是教育的手段而不是教育的目的。育人为先是应该始终秉承的教育理念。所以制度管理的最终不是用他律来强行限制学生的行为，而是通过规范的强化和认同，通过民主管理的过程来唤醒学生的主体意识觉醒，将行为内化，形成自律。

班主任是班集体的一员，因而也是契约约定方之一，应该受到限制并同样遵守约定，但班主任作为教育者身份又应该发挥权威的教育和引领作用。这两者应相互补充。

启示四：要根据学生的年龄特征开展班级民主管理。

教育家杜威曾经说过：教育是生活，学校是社会。作为学生成长最重要的社会背景环境，民主参与和管理的班级生活实际上是民主社会公民生活的演练。所以班主任要根据学生的年龄特征开展民主管理，培养其民主意识与行为能力。

（评析人：张　红）

拓展案例

班规的执行力
——李老师和班规的故事（续）

班规只有制定而没有执行是不行的。为了保证执行，就需借助评价，加强监督。于是，李老师着手制定了班规的评分表格，班规量化工作正式开始。第一周的值日班长主要由班委会成员担任，接下去全班同学轮流任职。班规实行了一个月后，李老师和几名班委同时发现，轮流值日固然体现了民主和参与的精神，但是有些同学管理的能力和勇气不足，使得有些时候值日班长名存实亡。因此，在班委会成员的一致通过后，由全体同学共同选举出五位固定的值日班长，从周一到周五固定值日。并且班规中进一步明确了值日班长的职责和每日应该到位的时间。果然，在固定的值日班长的管理之下，每周五都会由学生干部对一周班规的情况和各位同学的得分作汇报，班规的效果发挥出来了。然而，一段时间过后，李老师又发现，单一的汇报和点评力度仍不够，尤其是不足以提醒个别行为规范和习惯较差的同学，班规的得分并不能够给予其应有的警示，而得分最高的同学也没有在班里产生带动作用。基于这一点李老师召开了班委会，并由班委会同学带头在全班讨论，如何奖励及提醒班规评分中最高和最低的同学。最终有同学建议，以班级的名义给每周总分前三名同学的家长写一封表扬信，以示鼓励。而得分最低的几名同学由班主任单独谈话，查找原因，必要时与家长取得联系。这样，每次当几封红彤彤的表扬信发到同学手中的时候，李老师总能够看到这些同学脸上欣喜的表情和其他同学羡慕的神情，而同时宣布最低分后鲜明的对比也使班规成绩不理想的同学受到了一定的触动。

下学期开学，又是一个新的开始。李老师抓住了学生们在开学之初努力上进的势头，对班规又做了改进。为了更好地发挥班级自我管理的作用并树立班委会的威信，每周班规得分最低的几名同学由班委会开会讨论指出其本周的优点和存在的问题，形成书面总结，署班委会的名发给学生本人，并且要求家长签字后再交上来。同时，受到其他老师的启发，学期班规的评分与期末学生的德育得分挂钩，以此来提高学生对班规的重视。

两个月后，李老师又发现了一个问题。好像不知不觉中，班规在同学们的眼里不如以前那样重要了，班里慢慢开始又有了一些学生打闹和上课违纪的现象。开始李老师的处理方式通常是把学生叫到无人处慢慢地询问；或会瞅他几眼，过去站一会儿以示提醒……但是，一段时间后，李老师渐渐地感觉这样的宽容常常只是让他们的自觉保持几分钟而已，并不能真正起到长期的效用。

在反思自己教育方式的同时，李老师想起了这样一句话：没有惩戒的教育是不完整的教育！对违反规矩的同学，必须让他意识到自己的错误，意识到这种行为对自己学习和成长的危害。要让他们知道，违反了班级纪律就必须接受班级的惩罚，他们必须对自己的违纪行为负责。但是，怎样的惩罚既能让学生们接受，又能起到真正的警示和鼓励作用呢?

思索良久，李老师还是让孩子们民主讨论决定。一周后和学生们共同协商制定了本班的“惩戒制度”，里面详细规定了各种违纪行为和落后表现应该受到的惩罚。这个制度实行后，班级纪律明显好转。但是不久，问题又出现了。

一天，班长跑到办公室找李老师，还没开口先委屈地流下了眼泪。李老师赶紧安慰道：“哭解决不了问题，有什么问题告诉老师。”从她的话中，李老师知道了事情的原因。原来，小帅同学上课看小说被科任教师当堂没收。课后，班长依据“班级惩戒制度”对其进行处罚。按照班级惩戒制度，上课看小说应该是“绕操场跑5圈，加深认识，促进反省”。但是小帅说，前几天刚扭了脚跑不动，“以写（心理说明书和学习倡议书）代跑”。班长认为不合规定，不同意，而小帅以脚病为由坚决不跑，两人就争执起来了。

李老师调查后得知，小帅没有撒谎，的确脚伤不久。强制执行确实不近人情，有些武断。怎么办？经过师生一番讨论后，新的惩戒制度终于诞生。它和原来细则不同的是，违纪行为所对应的惩罚措施不再只有一条，而是由并列的若干条构成。如果学生违纪，那么他可以根据自己的情况从相应的惩戒措施中进行选择后，再去执行。例如，某学生上晚自习时和同桌吵闹，扰乱课堂纪律。值日班长根据班规，很快就会开出“惩戒通知单”：

惩戒通知单

××同学：

今晚上自习课时，你和××大声吵闹，不仅耽误了自己的学习，而且严重影响了课堂秩序。你的行为已经违反了我们的班规第2条，为使你进一步认识自己的错误，养成良好的学习习惯，请从以下几条惩戒方式中选择一条，并在纪律检查委员会监督下认真接受惩戒。

(1) 说明情况，向大家公开道歉，争取同学们的原谅。

(2) 写一份呼吁同学们认真读书学习的倡议书，张贴宣传。

(3) 完成一份违纪心理剖析，并在班级中宣读。

(4) 为同学们唱首歌，活跃一下班级气氛。

(5) 到操场自我锻炼5圈，强化认识。

弹性惩戒单制度实施之后，得到了大家的一致认可。同学们纷纷夸李老师，说连这样的制度都体现出咱班的特色——以人为本，李老师，太棒了。

回顾一年来班规经历的风风雨雨，李老师欣慰地笑了，同时他也清楚，前面的路还很长，新情况还会不断出现的……

点评：

如果说制定制度是有法可依，执行制度则是有法必依和违法必究。制度得不到执行则形同虚设，制度执行过于严厉则不符合班级制度的特点。日本的教育社会学家片岗德雄说过，班级制度不同于组织制度，它是一种“体贴的纪律”。

李老师在执行班规的过程中体现出真正的人本管理。所谓人本管理并非人情超越制度，而是在执行制度的过程中体现出更多的人本关怀。是控制与接纳的结合。弹性惩戒单更是将这一点体现得淋漓尽致。给每个违规的孩子以选择接受不同形式惩戒的自由，使得学生难为情而不难堪，使得制度不仅是约束，也给了学生深刻的教育。

（点评人：张　红）

相关资源

1.“人性化”班级制度建设的探索与实践①

有些班主任信奉“严师出高徒”，坚持班级制度化管理，将班级工作的重点放在班级的稳定和良好秩序之上，并扮演着铁面无私的判官角色，进而实现对全体学生行为的操纵与控制；有些班主任则信奉“仁者无敌”，对学生的行为十分宽容，非常相信学生对个人行为的“自我矫正”能力，坚持以德治班，将班级工作的重点放在学生个性的张扬和创造性素养的培养之上。孰是孰非？我们在两者之间是否可以寻求一个“执中”的管理模式，扬两者之长，避两者之短？如果可以的话，那究竟该以何种方式来恰到好处地展现班级管理“冷若冰霜式的强制性”和“春风化雨似的宽容”两个不同的方面呢？为此，我在班级管理工作中，对“人性化”班级制度建设做了一些尝试性的探索。

一、“人性化”班级制度建设的理论基础

制度化管理是科学管理的产物，它基于X理论这一管理哲学：关于人是“物”的基本假设，把人当成“物”来加以管理和利用。从这一管理理念出发，人们把制度建设的科学化作为提高管理效率和效果的唯一途径，认为科学化的制度就是要实现对人的行为的有效控制和利用。对人的管理就是要将对人的行为进行有效监督、规范和强制地进行组织性干预来实现管理运作的程序化、秩序化并逐步实现管理目标。随着管理科学的发展，人们不断对制度化管理注入诸如：满足人的基本需求、关注制度自身的激励功能等新理念，使制度化管理本身不断发展。

以“人本”为核心的当代人性化管理理论的基本理念是：人不仅仅具有一般“物”和“有理性的动物”所具有的规律性，更具有自己特殊的规律性——人性。依照人性来管理，发挥人力的关键性作用。管理哲学观念的变化，正在于还“人”以本来的价值和尊严。显然，传统的制度化管理对“人性”的否定或关注不够是其致命的弱点，以人本为特征的现代管理并没

① 固守的灵魂.“人性化”班级制度建设的探索与实践［EB/OL］.（2007－10－08）［2009－05－31］. http：//hi. baidu. com/cq1973/blog/item/015614 of 7fce85296059f331. html.

有否定传统制度化管理在管理中的基本作用，而是在注入“人性化”这一管理哲学新理念之后而重新焕发着生机与活力。班级制度化管理也应该适时注入当代管理思想的新理念，从而建立以“人性化”为特征的新班级制度化管理模式。

二、“人性化”班级制度建设

1. 班级制度生成过程的“人性化”

“人性化”班级制度建设始于制度生成过程的“人性化”。一个“人性化”的班级制度必须充分考虑到学生在成长和发展过程中的基本需求，必须体现出对班级中每一个学生的充分的尊重，因此，班级制度中的每一个要素都应该在班主任的正确引导下由学生们自己来生成。这样的班级制度中每一个要素都是学生们通过充分考虑个人与班级、班级与学校、学校与社会等诸多方面的关系之后，通过班集体对以上各方面关系的处理所做出的被大多数学生认可的优化选择。这样生成的班级制度中的每一个要素都由于被同化成大多数学生的发展需求而充满着活力。

2. 班级制度中每一个要素的“人性化”

“人性化”班级制度就是要体现出制度对人所遵从的特殊规律——“人性”的尊重，按照“人性”来开展班级管理，并在各项班级制度中“还人以本来的价值与尊严”。因此，在班级制度的每一个要素中注入“人本”思想是“人性化”班级管理制度建设的关键。

（1）班级制度中每一个要素都必须充分考虑对人的本性的尊重。“人具有遗传而来的本性，如惰性、趋利避害等本性。本性难移，但可以顺其自然，引导利用。”依据这一假设，我们在班级制度或公约之中应尽量避免出现如“必须”“不准”“惩罚”等带强制性和命令式的语句，使制度本身成为学生规范其行为、养成良好道德素养的指路明灯。在其行为习惯偏离正确发展方向时有一个自我调节的坐标使教师在引导学生对其习惯行为进行调整时，有一个调整的标准。而这一行为坐标恰恰是我们的参与者——学生亲身参与制定出来的。

（2）班级制度中的每一个要素都必须考虑到制度对学生行为的塑造功能，利用习惯管理。“人能够适应环境，在塑造机制下形成行为习惯；习惯左右着人的许多行为。”依据这一假设，我们在制度中应充分考虑对学生进行良好习惯行为和道德品质的塑造，而不是像“令行禁止”的铁一样冷的条文。为了提高制度本身强大的行为习惯养成功能，我们通过在全班提出相应的行为倡导，使之成为一种轰轰烈烈的学生群体活动。

（3）班级制度中的每一个要素都必须考虑营造班级制度文化，利用文化规范行为。“人不仅依靠本性求生存，而且依靠人类群体共通的习俗、文化求生存；文化也左右着人的另一部分行为。”依据这一假设，当一个学生的某种行为通过反复的调整之后成为一种习惯，当大多数学生都按一个大致相同的标准而就某种行为形成同一习惯的时候，这种集体的习惯便会升华为一种制度文化。显而易见，成为一种班级文化的制度是一个集体自主内化的制度，它将会促使班级管理向高度的自主和自治的方向不断地正向迁移。班级管理中不断地引导学生，把已经养成的良好行为习惯转化为一种班级“习俗”，通过不断地将规范转化为班级“制度文化”要素，使班级制度文化的建设得到不断地丰富和发展，并推动了班级的良性化发展。

3. 班级制度实施过程的“人性化”

实现班级制度实施过程的“人性化”，是“人性化”班级制度建设的一个重要环节。它需要建立一个“人性化”的过程评价机制来确保最大限度地发挥班级制度中每一个要素的功效。

（1）集全班学生的智慧，形成一个科学合理、切实可行的过程评价机制。一个再好的班级制度也必须通过对其实施过程的动态性双向反馈与评价，才能充分发挥制度的作用。在此环节的实践中，我们通过多次召开班委扩大会议、学生代表座谈会、与科任教师交流等形式，通过广泛征求全体学生和科任教师的意见，最终确定了包括：卫生规范、寝室规范、自修课规范、出勤规范、作业规范及各种文明行为规范的评价标准，作为班委依据班级制度全面开展管理的行为指导和执行标准。

（2）班级制度实施过程中，坚持以学生的自主诊断性评价为主、班委成员集体诊断性评价为辅的评价形式。学生在学习生活过程中，适度偏离正常轨道是人性的正常表现。因此，在评价过程中我们将评价的重点置于对偏离状况的诊断之上，并倡导学生个人、班委及班主任对学生偏离正常规范的现象表现出极大的宽容。例如，开学初，我们班有一个男生寝室没有评上文明寝室，按规定本寝室全体学生将扣除0.05分，但我们的班委并没有这样做，而是要求寝室长召开该寝室全体学生会议，查找没有评上文明寝室的原因，发现是在我们的制度尚未出台之前由于两位同学没有“刷卡”的结果。事实上，在班级制度出台以后该寝室并没有扣分记录，班委将相关情况反馈上来后，我建议班干部利用班会课就此问题让同学展开讨论。通过讨论，同学们一致同意对该寝室同学作“不扣分”处理，但尽管班级制度没有出台，不“刷卡”的行为也是不正确的，所以也不给予“加分奖励”。这一弹性化的处理不仅让我们的寝室规范教育捕捉到一个难得的机会，同时也使该寝室的全体学生受到极大的鞭策，在此后的若干次文明寝室评比中，该寝室一直被评为文明寝室，且全班的文明寝室率较上学期也有了大幅度的提高。可见，制度化管理的“人性化”，对提高学生的自律和自主管理意识与能力是何等的重要。

（3）注重学生行为习惯的自我塑造和良好道德素养的自主养成。我们在实施“细则”的过程中，把工作的重点置于对“个体”行为习惯塑造之上，尽量弱化由于“扣分”而带来的负面影响，使每一次扣分都既能在学生偏离正常轨道后，给予他及时的提示，同时又能找到“行为矫正”的内在动力，进而达到行为塑造的功效。例如，有一次晚自修期间，有一位同学边做作业边听随身听，按“细则”该同学将受到扣除0.05分的处罚。可我们的值日班干部并没有立即执行扣分处罚，与班委其他成员讨论后一致认为，“很多学生都有‘听随身听’不仅不会影响学习效率反而有提高学习效率的感觉”，所以“听随身听”的行为能否被认定为违反“自修规范”需要讨论。于是，我建议班委以此为切入点开展一次大讨论。讨论是从两位同学表演一手画圆同时另一手画正方形开始的，结果没有一位同学能做到同时画好这两个图形。“一心能否二用”的讨论就此展开了，通过讨论，全体学生对自修期间“听随身听”对学习有影响形成一致看法。这样不仅对这位同学的行为调整有了积极的促进作用，同时也对其他学生相关的行为调节同样有了极大的促进作用。一段时间后，晚自修不听随身听就成为一种班级“习俗”，进而演变成“班级制度文化”中的一个要素。

2. 班级的组织管理与制度建设[①]

一个刚刚成立的班集体，首先应该注重进行的是班集体的建设，即班级的组织管理和制度的建设。这是因为不管是新建一个小小的班级，还是创建

① 王顺．班级的组织管理与制度建设［EB/OL］．（2006-11-01）［2009-05-15］．http：//www.qb58.com.

一个泱泱大国，头等大事都莫过于建立其管理的制度、体系及管理模式，而这又是开展其他一切工作的前提和基础。

班级当然不能和国家同日而语，但麻雀虽小，五脏俱全，再小的集体也一定有自己的管理方式，而且集体的成员不同，管理的形式和特点也一定不同。小学阶段，由于学生的自理、自制能力弱，感知能力低，班主任对班级的管理往往是事事操心、事事做主的“保姆式管理”。老师在学生中有崇高的威信和绝对的权威，老师的话即是圣旨，学生对老师的评价，也往往是以老师是否亲近自己、喜欢自己为标准。但随着学生年龄的增长，到了中学特别是高中阶段，由于学生的生理、心理的发育日趋成熟，学生的思维批判性、独立性得到了更高的发展，自我意识也日趋完善，其思维能力和判断能力已接近成人，这使得他们对外部世界有强烈的自主要求。因此，在高中阶段的班级管理必须有适合高中学生特点的管理模式。如果仍然沿用小学阶段的“保姆式管理”，则必然会引起学生的反感，也不利于学生世界观的形成和能力的发展。这就要求我们在对高中生进行班级管理时一定要充分发扬民主，要尊重学生的独立性和自主性，不能单纯以教师的权威主宰学生的意志。而要实施民主管理，首先就必须建立完善的管理制度和管理体系，使制度成为每个人的共识和自觉的行动，使管理不仅到位，而且更到心。实践证明：合理的管理制度和科学的管理体系，可以让每一个学生都成为管理者和教育者，成为制度的监督者和实施者。这样不仅可以避免班级工作过分依赖班主任的组织和管理，减轻班主任教师的工作负担，减少工作失误，而且还可以调动全体同学的积极性，增强班级的凝聚力，更有利于班级工作的开展。

好的制度可以让“坏人”变好，而不好的制度也可以让“好人”变坏。科学管理的基础，首先要建立起一套合理完善的管理制度。由于制度上的不合理而造成班级管理混乱的现象，在我们日常生活中也是经常存在的。譬如，有的班级卫生大扫除分工不合理，而管理制度中也无相应的检查、评比和奖惩措施。形成了干和不干一个样、干多干少一个样的局面。久而久之，大家就会都和不干的看齐，一到大扫除就一哄而散。有的班级缺少自习课的纪律管理制度，对如何上好自习课，既无学法上的指导又无行为上的规范要求，对自习课的违纪现象不能及时发现，及时制止，往往形成了班主任一人抓纪律的局面，教师在场时秩序良好，教师一走纪律就混乱。可以说，一个秩序混乱的班级，必然是一个组织管理混乱、制度不完善或不合理的班级。

而一个好的制度是不会从天上掉下来的，它需要在这个制度生活下的每一个成员全身心地参与，需要大家在实践中不断地寻找和磨合。一般说来，班级规章制度的制定要符合以下几个基本要求。

第一，要符合国家的教育法规和学校的规章制度。班级的管理制度，可以说是学校的管理制度的延伸，因此，班级管理制度不能违背国家的教育法规和学校的管理制度以及管理要求。特别在对违反班级纪律的学生的处罚问题上，一定要尊重学生的人格，切不可出现体罚、变相体罚学生的现象。

第二，要有科学性、严谨性和可操作性。班级的规章制度可以包括考勤、纪律、卫生、听讲、作业、学习规范、文明礼貌、仪容仪表、体育活动、宿舍管理、日常生活等各方面的内容。制度中不仅要明确学生在日常生活中具体的行为规范，告诉大家哪些应该做，具体怎样做，哪些不应该做，做了之后的后果是什么，还应该让大家明白制度的具体的操作和实施过程，即量化的标准、检查的办法和奖惩措施。这样形成的管理制度，实际上就是班级的量化管理制度。同时，在管理制度的具体实施过程中，还要建立与之相适应的管理体系，即成立以班级的分管委员为负责人的各个量化管理工作小组，从而对全班同学的各个方面，从不同的角度，进行量化考核。为了增强制度的可操作性，在进行量化计分时，应尽力地简化标准，如采取加减分制（即表现突出或为班级争得荣誉者按标准加分；违纪或因工作失误而使班级工作遭受损失者按标准扣分；余者为0分）等方法，以减轻各量化管理小组的工作压力。当然制度的制定和实施也不必非拘泥于某一种形式不可，只要科学合理、可操作性强就可以。

第三，要有全员参与性、公正性和透明度。制定班级管理制度，并不是班主任的需要，而是班级工作和全体同学的需要。同样制度的实施也绝不是班主任和班干部的事情，而是涉及每一个同学的切身利益。所以，班级规章制度的制定，一定要走群众路线，初稿可以由班主任和班委会、团支部一起研究审定，但最后的确定一定要经过全体同学充分地讨论，充分地发表意见。因为只有通过民主讨论制定的制度，才能成为大家的公约，才具有合法性，也才更具有科学性和公正性。只有这样的制度才能使强制和自觉较好地结合起来，增强大家执行制度的自觉性。

第四，要有相对的稳定性。制度的建立，使同学有了行为的准则。一味地朝令夕改，就会使大家无所适从，难以保证制度的贯彻执行。因为人的习惯不是一下就能改的，只能走一个渐进的过程。同时，量化管理的标准随意改动，也会使制度失去公正性。当然，制度的相对稳定性，不是绝对不变的，可以根据班级工作的实际情况做适当的调整，关键是这种调整一定要有利于班级工作的进一步开展，才能更好地确保制度的公正性。

学员作业

你的班级有班规吗？请从班规内容、制定过程以及执行等方面对现有班规做分析，并及时修订和改进。如果还没有建立班规，请认真思考后拿出一个建立班规的方案。

专题6 家校联系

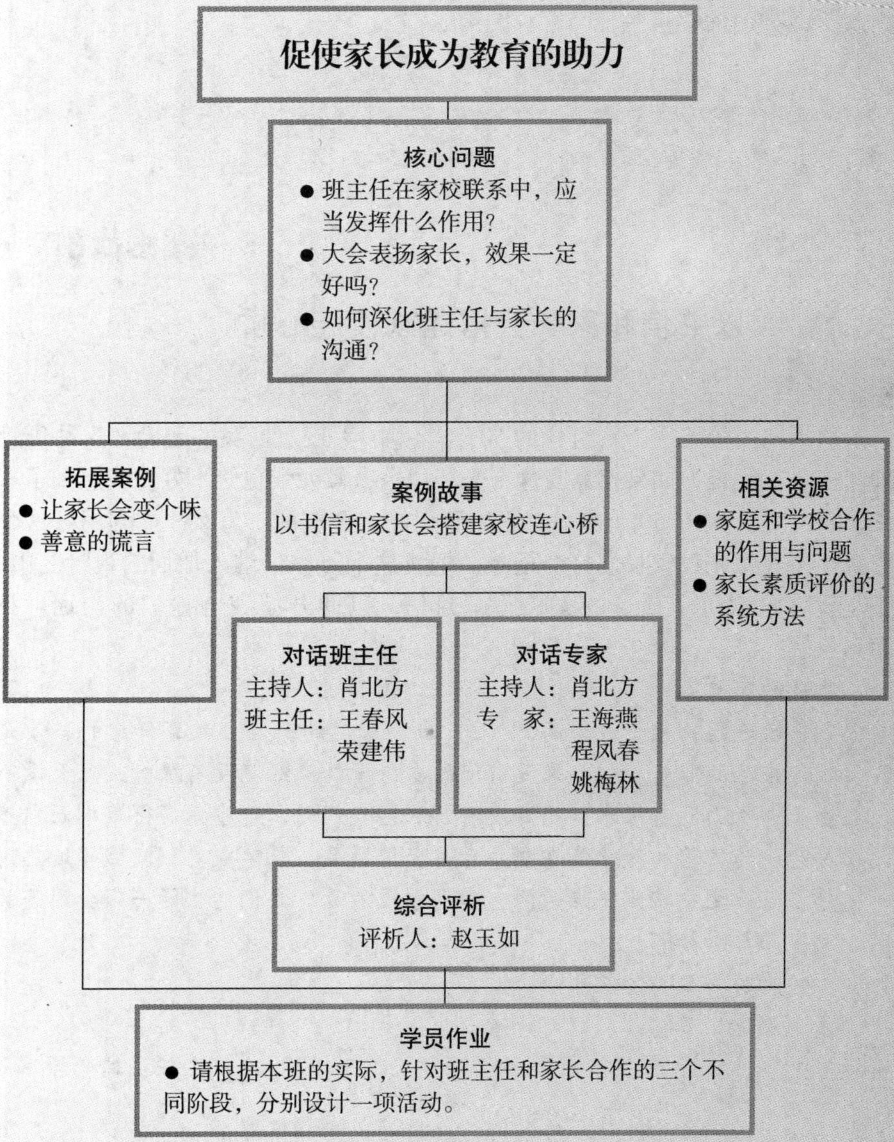

促使家长成为教育的助力
核心问题
● 班主任在家校联系中，应当发挥什么作用？
● 大会表扬家长，效果一定好吗？
● 如何深化班主任与家长的沟通？
拓展案例
● 让家长会变个味
● 善意的谎言
案例故事
以书信和家长会搭建家校连心桥
相关资源
● 家庭和学校合作的作用与问题
● 家长素质评价的系统方法
对话班主任
主持人：肖北方
班主任：王春风
荣建伟
对话专家
主持人：肖北方
专　家：王海燕
程凤春
姚梅林
综合评析
评析人：赵玉如
学员作业
● 请根据本班的实际，针对班主任和家长合作的三个不同阶段，分别设计一项活动。

核心问题

1. 班主任在家校联系中，应当发挥什么作用？
2. 大会表扬家长，效果一定好吗？
3. 如何深化班主任与家长的沟通？

案例故事

以书信和家长会搭建家校连心桥

这学期我接了一个新组建的50名学生的大班。据我的经验，这种班管理起来会很困难，如果仅靠我这个光杆司令，累死我也管不好。我想到了家长，50个学生就有50个家庭，必须利用好这个资源。怎么才能利用好这个资源呢？我想先跟家长们打个招呼，把我这个班主任纳入他们的视野之中，于是我决定给每个孩子的家长写一封信，以此开始我与他们的沟通。我写道：

尊敬的家长：

欢迎您的孩子成为高三（2）班大家庭的一员。教育好您的孩子是我们应尽的职责，但如果没有您的支持，就像红花没有绿叶，蓝天没有白云，青山没有绿水，燕舞没有莺歌，我们的工作难免显得单调而黯然失色。为了您的孩子能在明年六月金榜题名、美梦成真，我诚挚地恳请您在百忙之中挤出一点时间，常到学校看看！我们的生活一定会因您的到来而更加精彩！

期盼早日与您握手。

谢谢！

高三（2）班班主任：韩老师

经过一段时间的相处，我对班上的学生有了较全面的了解。于是，在第一次月考和模拟考试之后，就着手给家长写了第二封信。这封信的难度最大，要将每位学生的思想、学习和生活情况向家长作详细的汇报。因此，每一封信都要有针对性，不能千篇一律，需要一封一封地手写。我用了整整一周的时间，每天写到深夜12点。人消瘦了，眼压急剧升高，但我丝毫没有懈怠。当我把一大摞信发出之后，我感觉我就像播下了一颗颗希望的种子，不久的将来一定会尽享收获的喜悦，心里很踏实、很欣慰。果然，一位远在深圳打工的家长收到我的信后非常感动，他在回信中写道："我不识几个字，这封信是工友们帮我写的。我有三个孩子，老大、老二都已经毕业了。到今天为止，我还是第一次收到老师写的亲笔信。读了您的来信，我像吃了颗定心丸。孩子交给您，我放心！我给您鞠躬了，老师，恩人！"从此之后，这位家长与我频频联系，互通情报，他的孩子进步很大，从一个"不起眼"的学生变成了前三名的优秀生。

上学期期末到了，我想应该及时地把孩子们取得的成绩通报给家长，于是就着手写了第三封信——恭贺信。这封信主要向家长汇报他们的孩子一学期以来所取得的成绩，以此来激发家长的热情和学生的进取心。内容包括：期末测试成绩、各科竞赛成绩、书画和文体大型活动获奖情况、评优树模情况以及文章发表情况等。可以说，每一位学生都有自己的闪光点，都有引以为豪的亮点，我想让每位家长在春节临近之际，都能收到一份别致的喜报，让家长和学生都能"欢欢喜喜过个年"。

每次发了信，我都会有意无意地观察孩子们的变化。三封信出去后，我发现，尽管我的信很全，每个家长都发到了。但是，对我的信，家长们的反应却大不相同，有的家长反应强烈，有的冷淡，有的甚至没有任何反应，因此相应的，学生就有的进步明显，有的一般，有的依然如故。

对此，我想光靠写信还是不够的，对那些无动于衷的家长，需要刺激一下。于是，我策划了一个特别的家长会——家长颁奖会。会上，我一共为家长颁发了"博爱奖""以身作则奖""教子有方奖"和"培育新锐奖"等八个奖项。获奖家长一一走上领奖台领取了奖状，接受了孩子们颁发的礼物，并做了获奖感言。在发表获奖感言时，获奖家长都非常惊喜，异常地激动！每一个人都将自己管理孩子的经验说出来与大家共同分享……

会后，我发现几个学生发生了变化。我夸敏写作业有进步时，她说：现在我妈天天检查我的作业；我表扬嘉作文写得内容丰富、生动时，他说：我爸现在每个星期天都不睡懒觉了，一大早就带我出去上公园、博物馆，还带我去钓鱼呢！……

然而，我依然看到班上很另类的那几个同学，依然我行我素，“刀枪不入”……

对话班主任

主持人：肖北方
班主任：王春风、荣建伟

主持人：在上面这个案例中，教师采用了书信和家长会两种方式来搭建学校和家庭联系的桥梁。请问二位老师，在加强家校联系方面，你们也常用这两种方式吗？如果是，你们有什么体会呢？

王春风：我常用这两种方式。家长会一般是按照学校的统一要求提前做好准备，然后召开；而书信联系的方式却是比较自由一些。我比较注意通过书信了解学生的情况，加强家长和学生的联系。我曾有过这样一个经历，有一段时间，家长反映：我班的学生和家长沟通不是很好。一次家长会上，我要求每位家长回去后都给孩子写一封信，然后直接交给我。在新年联欢会上，我宣读了收到的每封信：有的家长叙述了对孩子培养的艰辛；有的向孩子道歉；有的叙述看到孩子成长的快乐……同学们听着，都非常地感动，我也很感动。当时，我看到很多同学都用一种期盼的目光期待着家长的寄语。由于各种原因，有的家长没有写信。会后，我和他们及时联系，我发现家长的态度有了很大的改变。

主持人：荣老师，案例中的教师非常用心，他分阶段来写信，不同阶段写信的内容不同，而且还特别用心设计了家长会。但是结果呢，个别学生还是“刀枪不入”，您怎么看这个结果，您觉得这种结果是不是可以避免？

荣建伟：首先，我觉得出现这种结果非常正常，因为书信是一种形式，它所面对的学生是各种性格的学生，而他们表现出来的优点和缺点也都各不相同。用一种方式对待不同的学生，我觉得，出现“刀枪不入”的现象是正常的。当然要说到避免，我觉得还是可以的。

就拿这个案例中教师用书信跟家长沟通的方式来说，首先，我们可以把它作为一个教育的过程，可以在开学初就布置给学生，并告诉学生：经过一个阶段的学习、纪律的管理之后，我们要把这个成果汇报给家长，那么学生就会把这当做一个促进自己进步的力量，可以促进自己的行为转化得更好，学习上更刻苦，纪律上更严格要求自己，使自己在一定阶段后达到很好的效果。这样，学生参与到教育过程之中，它就变成了积极的促进学生进步的力量，同时，学生也成了一个关心老师书信内容的教育的主体。而且学生也会陪着家长积极地去读信，并成为家长回信的积极力量。我想这样，学生就不会“刀枪不入”了。

其次，我觉得书信要满怀真情。我们可以转换一种形式，由教师向家长汇报情况转换成一种我们一起来欣赏孩子这一阶段的努力成果，或者取得的成绩。这样饱含深情的一封书信，我想家长爱看，学生也爱看，同时还会给家长一定的触动。

主持人：信的内容不一定仅限于我们学生情况信息的交流或者汇报，而应该是一个老师与家长和学生的情感交流和沟通的过程。我想问问二位老师，教师以书信和家长会的方式来加强家校联系，这里边是否还有问题？

王春风：我认为有一个弊病，案例中的教师给家长写了很多信，一是太浪费时间，二是从实际效果来看并没有起到太大的作用。因此，有两点建议：一要改变一下沟通方式，如可以用电话、短信联系以及家访等方式；二要和家长沟通感情，沟通完感情以后，你再把学生在学校的情况汇报给他，然后你也可以借此了解他在家里的一些情况，这样沟通起来就比较方便，书信才能起到真正的作用。

荣建伟：我认为家长会是一种很好的方式，但是它解决的是班级中共性的问题。对于个别学生或者个别问题，班主任应采取更适合他们的方式。再有，我认为家长会上这些形式如果没有刚才王老师说到的这种情感基础的话，那么很多家长就可能认为老师是在作秀，觉得自己只是来参与一下，看一下就行，而没有把自己当成其中一员。所以这个家长会的实效性还要建立在情感基础之上，解决实际问题。

王春风：还有教师要把所有学生的成绩都用书信形式给家长，我想能不能改成让学生自己在家长会上展示取得的成绩？也许，这对家长的触动会更大一些，尤其是对那些成绩不太好的学生的家长，对学生的进步也会有好处。

有些孩子学习成绩不好，但别的方面比较优秀。通过家长会，可以让他们在这个舞台上进行展示，他们的家长也会增强自信。家长会，相对来讲，在书信被发出去以前举办的话，效果会更好一点。

荣建伟：可以把书信和家长会结合在一起。我们班曾经搞过送喜报的活动，把孩子的进步和取得的成绩用喜报的形式汇报给家长。喜报的内容涉及各个方面，成绩优秀汇报成绩，体育突出汇报体育。以这种形式和家长面对面交流，教师、家长和孩子都处于同一时间来看这一份喜报，我想效果可能会更好。

主持人：请问对案例中这位老师接下来该怎么做，你们有什么建议吗？

王春风：我觉得这位老师还应当了解一下学生的实际情况，从学生入手，看看是不是能够从学生这里找到突破口，然后再和家长进行沟通。

在我的工作中，有的学生根本就没有把信交到家长手里，教师和家长的联系是中断的。你要是不了解这种情况，也许你会怪罪家长。再有，我认为学生的情况不同，联系方式也应有所不同。案例中，一位学生的父亲不会写信，如果你非让他写信，可能太为难他了。所以能不能改用其他的方式，如电话、短信联系，或者请家长到学校来直接面谈。在平时，我用电话和短信比较多。如果有些情况找不到家长，我就用联系本或把家长直接请来或采用家访的形式。教师在家访之前要调查，要向学生咨询一下，因为有的学生希望老师自己去，有的希望同学一起来。教师应根据学生的实际情况，从学生这儿找突破口，然后和家长联系，做到家校共同来教育学生。

主持人：关于家校联系，除了考虑多种方式以外，在其他方面我们该如何把握家校联系的关键点？

荣建伟：书信、家长会、短信、电话、邮件以及现在的博客平台和飞信，不论哪一种形式都要为我们的教育目的服务。要针对不同的学生、针对学生所制定的不同教育目标来选择最合适的教育方式去联系。无论哪一种形式，最主要、最关键的一点是要和家长达成共识，要让家长明白我不是去告状。要有一个什么共识呢？班主任和家长是用一样的心来对待孩子的，我们所做的任何一项教育措施都是为了促使孩子进步，我觉得这是很关键的。

王春风：要给家长灌输一种理念，即老师和家长的沟通是教育的一种手段。无论孩子有了成绩跟家长联系，还是犯了错误跟家长联系，这都是正常的，应该看成是一种正常的交流手段。

主持人：在你们的工作中，尤其在新课程背景下，你们有哪些更好的方式呢？

荣建伟：与家长沟通，最好的办法是把家长请进来，请他们走进我们的学校，走进我们的教室。我们学校每个学期都有一次家长开放日活动，活动当天，有不同的教师去上课。几年下来，家长就可以了解孩子在这个学校语、数、英、音、体、美等各个学科中的表现，对孩子的了解可能更深、更全面一些。再有，我们学校在搞主题活动的时候也把家长请进来。我们每年11月份有科技游园会，这个时候会给班里一半学生的家长发去邀请函，使他们了解学生在我校受到的科技教育。由低年级到中年级，再到高年级，每一年逐层加深。科技教育是我们学校的特色。

王春风：现在很多家长都说不知道怎样去教育孩子，因此，我们学校举行了有针对性的活动，把家长请进来。我们班是计算机班，很多学生特别喜欢玩电脑，所以存在的问题是：在学校赶快把作业写完，回家后基本上就不写作业。很长时间在家都是在上网。有时候家长问到的话，学生会说我们留的是网上作业，必须在网上完成，家长又不太知道。把家长请来后，我就针对学生的情况，让每位家长都谈谈学生在家的表现，学生是怎样进行学习的。有的学生的谎言在众目睽睽之下就被揭穿了，他也觉得不好意思。然后，针对每个人的情况，老师和学生都要探讨他回家应该怎么去做。其实，很多东西是有共性的，家长遇到了共性的问题，学生也遇到了共性的问题，这样我们就一起来解答。让学生知道我应当怎么做是正确的，并且当着学生和家长的面，让他们互相来监督。这样，我觉得效果会好一些。学校把家长请进来，解决每一个学生实际的问题，这是问题的关键所在。

荣建伟：除了把家长请进来，我们还可以走出去。比如教师、家长和几个学生，小范围地一同游公园。把家长和教师都请到一起，我们在外面这个环境中聊天，或许会发现孩子的问题可能跟学校里发现的又不一样。有一次，我们买了多米诺骨牌，摆的时候请家长来接孩子，有的家长在这儿转了一圈儿就发现，自己的孩子不会跟人交往，你看他摆完了往旁边一立，其他的孩子摆完了能在一块商量一下，合作特别好，而自己的小孩就会在那儿数牌，不会寻求帮助。可能在不同的场合，家长发现的问题也会不同，家长现在也算半个教育专家了，所以多请他们来观察学生的实际行为，相信对他们发现问题，更好地对自己的孩子实施教育也是很有好处的。

主持人：从方式上来说，既可以走出去，也可以把家长请到学校里来多参加学校组织的各种各样的活动。在这个过程中，更重要的一点是本着基本的教育理念，无论是对学生还是对家长，我们都既要考虑个别问题，有针对性地去解决，同时还要利用集体的力量，让个体在集体中受到一种良好的影响。这样才能达成我们的目的，使家校联系形成一种合力，既保证每一位学生都获得发展，又能让我们班集体更好地成长。

对话专家

主持人：肖北方

专　家：王海燕、程凤春、姚梅林

主持人：案例中提到教师用书信和家长会的方式来加强对毕业班学生的管理，请问：王老师，作为德育专家，您觉得这种思路怎么样？

王海燕：每个教师都有自己的工作思路。案例中的老师是一个很有心、也很有为的人。从整个设计过程来看，老师很重视毕业班学生的教育，而且不是仅仅靠自己一人去管理。他充分认识到了家长在影响毕业班学生成长过程中有着独特的作用，努力把家长拉进来，让家长成为一种不可或缺的教育力量。他考虑到时空的局限，就以书信的方式来取得家长的支持和合作。在与家长联系的过程中，他是分阶段、分目标来进行的。在开学初，他给家长非常用心地写了一封信，这是对整个一学年的期待，他以一个教师的目光和姿态向家长做了一次很坦诚的交流。在教学过程中，根据学生的初步表现，他又及时地和家长沟通，帮助家长分析孩子的具体情况。在期末，他又根据学生不同的收获，向家长报喜，更多的是要给孩子一种鼓励，也给家长一种鼓励。老师能够在不同的时段，根据学生的变化以及自己的教育设计，来赢得家长的支持，同时也让家长能在不同阶段了解学生。他不仅仅是通过书信这种非面对面的交流方式，而且还看到了教育本身也是一个对话交流，所以他在期末召开了一次特殊的家长会。在设计中，他看到家长也是需要鼓励的，家长的支持也是需要一种激励才能不断去延续的。在家长会的设计中，他实际上是让孩子来认可家长，也通过活动本身给家长一种鼓励。所以有时候班主任的工作不仅仅是在教育学生，也是在引导家长，或者通过影响家长，使得家长真正成为与学校合作的很有利的一股教育力量。我觉得他非常有心，也有志于带动学生家长一起让学生走好毕业年的最后一个阶段。

在这个持续的过程中，还有一点，在他完成这一系列的活动之后仍然保持给予孩子一些关注。他发现尽管做了这些活动，但有些学生仍然没有什么变化，这可能跟家长的不同反应有关。我觉得这是可能的。正因如此，他给予了学生们一个持续的关注。事实上，班主任带班的整个学年是一个持续影响的过程，所以一个学期之后教师一定还会想我下一个学期应该怎样去设计，怎样去关注学生。老师整个思路还是比较完整的，是在整体思考和研究该怎样去引领高三这最后一年，怎样去走好这一年。透过这个案例，我们看到其实班主任赢得家长的支持，建立家校的联系，并不是一件简单的事情，是很复杂的。在这个过程中，我们看到案例中的老师文笔不错，他比较善于用书信的方式来进行交流。但是，在交流过程中教师不仅要考虑到运用自己的这种特长，而且还要考虑到学生的差异。有些学生不太在乎家长，因为影响学生成长的因素很多，家长的影响是一个伴随人一生的持续的影响。有时候我们会发现学生也不太在意家长的话，他更相信老师或者同伴，因此在选择联系的过程中，我们也不能一味地觉得一切事情都要找家长，还要考虑到学生的差异。我们要根据不同学生的特点去做选择，我觉得案例中的老师在这方面有些欠缺。他是照顾到大面上的整体性了，但是却忽略了学生的个别差异。对每个学生而言，在教育他的过程中，比较容易发生作用的因素在哪儿，我们还得具体分析。因为缺乏分析就会导致有些学生后来没有变化，这种方式还不足以去激励学生、去影响学生。另外，要考虑家长，虽然他们永远负有教育的责任，但是家长与孩子之间毕竟更多的是一种以血缘、亲缘的关系建立的特殊的关系。家长能否利用这样一个契机，利用教师给予的各种信息来引领孩子也是有差别的。所以在建立良好的家校协作关系中，班主任要考虑到众多因素，在对众多因素的分析过程中，我们要了解这个班的学生需要怎样一种关怀，学生家长可能给孩子哪些帮助和支持，然后我们就充分去利用那些行之有效的因素。在这个利用过程中，你要想到有些可能是依靠不了家长的，还得靠我们自己。在协作过程中，教师不能丢的是我们的责任，同时力求争取到更多的支持。

其实方法并不重要，方式也不重要，关键是家长要和学生、班级能建立一个很好的联系。没有最好的方式，但是我们会努力去寻找更好的方式。

主持人：这个案例从写书信到设计家长会，出发点都非常好，但最终没有达成老师的初衷。程老师，您作为管理专家，怎么看待这个过程和结果？

程凤春：家校联系是学校管理工作中一个重要的方面。其实，几个层面都在做家校联系，学校层面在做，年级层面在做，班级层面也在做。这个案例说的主要是班级层面，班主任怎样和家长建立联系，主要目的还是要阐述怎么做好家庭教育，使家长能配合学校教育取得教育学生的更好效果。这位老师是很尽心尽力的，是一位尽职尽责的老师。他选择了一些很有效的方式来做这项工作。但是我觉得没有取得预期的效果，可能有这样一个问题：任何事情都不能是仅仅说说就行，一定要讲究落实。无论以书信的方式，还是以家长会的方式，我想一定要能触动家长的心。当然，心灵受到触动的家长能不能将思想变成真正的行动，这可能还有距离。从这个案例来讲，我觉得教师做的工作好像都是整体上我怎么去说服家长，给家长传达一些信息，希望家长做什么工作，甚至搞一些家长和学生的互动来让家长认识到家庭教育是很重要的。但是从这个案例中我没有看到：接下来怎么去督促或者强调落实家长怎么从认识变成一种行动，我觉得这可能是一个问题。此外，从我了解的情况来看，现在很多家长都很关注子女的教育问题，有些人很上心地去找一些资料来看、来学，甚至与其他家长进行经验交流，但是这并不能说明所有的家长都会进行家庭教育，都会教育子女。这其实是一个需要我们认真思考的问题。有些家长可能实施家庭教育，但是并没有很有效地实施，也没有取得好的效果，甚至起了反作用，这也是一个问题。因此从这个角度来讲，我觉得他还可以做一些工作，写信的方式还可以保留，而且不同阶段有不同的侧重点；家长会的设计也是很精心的，也可以保留。但我觉得除了做这些工作以外，可能还要做一些别的工作，如走访，真正到实际工作中了解家长做没做等。

并不是所有家长都会做子女的教育工作，因此需要给他们一些指导，然后督促他们去落实。我觉得甚至可以做一些程序化的工作，如家长和学校联系手册，就是每天规定家长应该做什么，做完了应该签字，然后让学生带回来，这样，教师就知道家长做了什么事情。当然，这个过程中我知道也有一些问题，有些学生可能作假，替家长签字，但这毕竟是一种方式。我得到的回馈家长已经落实了，或者说我知道他落实的效果怎么样，然后我再进一步地强化他去落实这件事情，我觉得这件事情是应该做的。从年级层面和学校层面，其实也应该做一些事情。我还有一个看法，就是家长应该主动去落实，而且家长也要主动去学会怎样教育自己的子女。

主持人：多种方式综合使用，可能效果会更好一些。姚老师，作为心理专家，我想问问您：在家长会的颁奖过程中对于得奖和没有得奖的家长与相关的学生来说，这个活动会对他们产生怎样的心理影响？

姚梅林：我觉得其实这个活动本身还是有一些匠心的，有一些思考的。因为有的时候开家长会确实可以有各种形式。比如，我们可以做一些经验交流，也可以让孩子们去展示他们的成果，还可以请别的专家来对家长进行一些亲子教育等多种形式。从家长会的设计来讲，或者从预先的理念来讲，应该说是比较好的。但问题是有的时候奖励是把双刃剑，对获奖者和未获奖者都可能有好处，也都可能有坏处。这个利弊我们可以分析一下，从利的角度来讲，榜样学习或者说社会学习，即通过观察、倾听别人，我们可以学到很多东西。案例中，通过给家长提供一个经验分享、反思的平台，我们说还是能够起到一种示范作用的，让其他的家长产生那种见贤思齐的上进心理。从弊的角度来说，有可能因为奖项的设置或者因为奖励而引发一些问题，有些未获奖者可能会觉得很自卑，或有可能产生一些嫉妒心理，还有一些孩子本来跟父母的关系不是很好，有可能会抱怨父母，或者会有其他一些推卸责任的表现等。当然，很多时候确实需要有一些奖励，关键看我们奖励的目的是什么，如何设置这些奖项。我觉得案例中的老师组织这次家长会，应该说动机是好的，但是有些目标、目的要更加明确，并不是说为奖励而奖励。因为有的时候家长未必很看重这个奖励，很多时候我们不是说就为了告知家长或者说让孩子能够认可家长、让老师能够更多地了解家长，其实这些只是我们短近的目标，更长远的目标应该着眼于孩子的成长发展、生涯规划。所以在设置奖项的时候，这个着眼点要明确化，当我们围绕这样一个大的成长发展、生涯规划来设置奖项的时候，可能效果会更好一些。针对这个案例，我觉得老师在设置奖项的时候，需要考虑几项原则。第一，有没有必要设奖项。第二，奖项的设置要有针对性，要具体。我们有的时候比较忌讳泛泛的一种奖励，因为没有太大的目标性，不知道下一次该怎样具体改善。如果奖项设置比较具体的话，可能家长就比较明确，而且也能为别的家长提供一些比较好的示范作用。尤其是高三阶段，到底什么样的奖项更具有激励作用，还有对家长设不设奖项，家长究竟应该在我们的教育里面扮演什么样的角色，起到什么样的作用，这些问题都需要去思考。第三，奖项的设置要有建设性。不能只是针对学生的学业学习，还有很多情绪、情感、人格和更高级的创造性等比较高端的心理品质也是应该要关注的，即把学业和其他综合素质都要考虑进来。一个奖项的设置应该说不只是短近的、眼前的，还要考虑到孩子们长远的发展，要有一个引领，有一个导向。此外，我觉得除了对学生起到一种教育的作用外，很多时候也要对家长有一个教育，这样我们才是发挥了家长会的重要作用。

主持人：姚老师，这个案例谈到经过老师的努力，班上还有少数学生“刀枪不入”，您认为应该怎么解决这部分孩子的心理？

姚梅林：其实这个“刀枪不入”，看上去他是游离于这个团体之外的，因为看这个案例背景信息不是特别清楚，是在家长会这件事情上，这个孩子“刀枪不入”，还是他一贯“刀枪不入”？我想即使是在家长会这一件事情上他有点不理不睬，那我的解读是他可能在其他很多时候的表现都是这样比较游离的。在师生关系、亲子关系以及在同伴群体的关系方面都会或多或少地存在一些问题，可能不太容易被同伴接纳，对活动价值的认可度比较低，也可能会自尊感、归属感都比较弱；还有可能这些孩子就是特立独行，我行我素，要标榜自我……不管怎么样，从教师的角度来讲，我们还要关注这些孩子，他们尤其需要我们来了解他们。这些孩子看上去是一种游离在外，但实属无奈而为之，他很想归属于这个团队，可能欠缺一些社会交往的技能，也可能缺乏以往积极的体验，在这种情况下，教师应该发挥团队的力量，即营造一种相对来讲比较好的团体氛围，给他一些社会支持，然后满足或者说合理满足他的一些需要，让他把那种归属的需要通过适当的方式来得以满足。

主持人：最后，请各位专家用一两句话来概括一下自己的观点。

王海燕：在班主任工作当中，我们要不断地争取家长的支持，同时，也不能忘记自己的责任。学校、教师有各自独特的责任，在赢得家长支持的时候一定不能放弃自己，教师应该坚守自己的工作，充分发挥学校作为引导学生积极健康发展这样一个主导作用。

程凤春：在组织家校活动过程中，除了提高家长的认识，更重要的还是要让家长在教育子女上有切切实实的行动，而且是比较合理的、正确的行动。

姚梅林：家长既是我们学习型社会中的一个资源，可以贡献很多力量，同时也是一个学习者。家校合作，形成教育合力，共同促进学生的生涯发展与规划，是很有必要的。

◆ 综合评析

一、回放案例

案例中班主任老师采用的沟通方式主要有两种：书信和家长会。

在第一封信中，老师借助书信与班级中的学生家长“打了个招呼”。

在第二封信中，班主任向家长传递了学生一个月以来在学校的表现，即“将每位学生的思想、学习和生活状况向家长作了详细的汇报”。

在第三封信中，班主任向家长汇报了他们的孩子一学期以来所取得的成绩，以此来激发家长的热情和学生的进取心。

三封信发出后，家长的反应不一：有的反应强烈，而有的则不然。因此相应的，有的学生进步明显，而有的却依然如故。

为了使那些无动于衷的家长有所行动，老师又策划了一次家长会。在家长会上，老师请优秀生的家长介绍各自的育人经验。

然而仍有个别学生我行我素，“刀枪不入”。

二、深入案例

这是一个较为常见的班主任与家长进行沟通的案例。案例在一定程度上反映了当前一些班主任与家长合作的现状与水平。案例中，班主任的做法至少有四点是值得肯定的。

首先，班主任爱岗敬业。如文中提到：“我用了整整一周的时间，每天写到深夜12点。人消瘦了，眼压急剧升高，但我丝毫没有懈怠。”这表明了他热爱自己这份班主任工作，对工作兢兢业业、任劳任怨。

其次，班主任具有一种不断探索的精神。为了得到家长的不断支持和配合，他不仅对已有的沟通渠道进行了改进，而且还对新的沟通渠道进行了探索。这点我们可以从书信内容的不断具体、深入以及家长会上优秀生的家长介绍家庭教育的经验中感受到。

再次，班主任努力去赢得更多家长的支持和配合。苏霍姆林斯基曾说：教育的效果取决于学校家庭的一致性，如果没有这种一致性，学校的教学、教育就会像纸做的房子一样倒塌下来。班主任意识到家长对学校教育教学工作是非常重要的，因此他先后通过三封书信来让家长更多地了解他，了解自己的孩子在学校中的表现，以得到家长更多的支持和配合。

最后，班主任还注重在家长之间、家长与学生之间搭建交流互动的平台，挖掘家长中的教育资源。这些做法密切了亲子关系，改善了家长的教子行为，调动了家长的积极性，使他们成为老师的得力助手。

案例中，班主任的做法在以下三个方面还有待加强。

第一，班主任工作的目的性还需加强。班主任的三封书信不能只是停留在让家长了解学生的在校表现或汇报主要成绩方面，应在此基础上进一步明确要实现的更高层次的目标。目标应是明确的、具体的，并与班级建设和学生的发展密切相关。

第二，班主任要采取走访、请进来等多种形式与个别家长进行个性化的沟通，并给予具体的指导。

第三，学生是教育的主体。在班主任与家长沟通的过程中，应吸引学生的参与，如让学生参与策划家长会，开展让学生给家长写信的活动，要求学生向家长汇报班级的信息，等等。这样既可以减轻班主任的工作负担，同时也为学生提供了一个认识自我、管理自我和提高自我的空间，从而使班主任与家长的合作过程也成为学生自我发展的过程。

三、超越案例

家长在学生教育中是不可替代的力量，但是家长不是专业的教育者，因此开展家长教育是家校形成教育合力的一个举措，而加强家校之间的沟通与联系是其必要的条件。对于案例的深入探讨，提升了我们的思维，从而获得了多方面的启示。

启示一：班主任要不断地推进家校合作向更高的水平发展。

学生是在学校、家庭以及社会的共同影响下成长的。其中家校合作是保证学生健康成长的极其重要的条件。家校合作的水平必然影响着学生的发展状况。

案例为我们引发了班主任应当如何理性地认识自己的家校合作水平，应如何不断地推进家校合作向更高阶段发展的思考。

班主任与家长的合作一般经历三个发展阶段，即分享信息阶段、协调配合阶段、共事双赢阶段。

1. 第一阶段：分享信息阶段

案例中老师和家长的合作水平更多地属于合作的初级阶段，即分享信息阶段。这个阶段的主要特征是班主任与家长分享信息，但它不需要任何共同的活动。分享信息是为班主任和家长提供更为全面的信息，帮助双方把工作做得更好。

从上述三封信和家长会来看，班主任和家长的沟通主要是以单向传递为主，双向沟通还没有占据主导地位，但已呈现出由单向信息传递向双向或多向交流的发展趋势。概括说来，不同阶段的沟通呈现出三点变化：第一，沟通内容的变化。班主任由“打招呼”到对学生方方面面的介绍（第二封），又发展到更有针对性的介绍（第三封），即逐步走向具体、深入；第二，由单向的汇报开始发展到多向的交流，即班主任和个别家长的交流（第二封）、家长与家长之间的交流（家长会）；第三，沟通渠道的变化。班主任不仅在逐步挖掘利用书信的渠道，而且又不断开发出新的沟通渠道——家长会。

2. 第二阶段：协调配合阶段

这个阶段的主要特征是班级有其明确的目标，为了能够使班级目标得以实现，家长需要改变自己原来的计划，配合班主任一起工作，即班主任和家长具有共同的活动，但允许班主任和家长双方保持他们各自独立的目标、期望和责任，是一方寻求另一方帮助的过程。通常是班主任寻求家长帮助解决学生的某个（或某些）问题。

案例中班主任老师特别渴望得到家长的支持和配合，但由于班主任没有提出明确的班级目标，因此使得一些家长没有能够充分发挥他们的作用。特别是对于那些被称为“另类”的个别学生，班主任和家长应一起对这些学生存在的问题做深入的调研，提出目标，共同探讨解决问题的策略。否则就会发生文中所提到的情况：个别学生和家长对班主任的一系列措施“无动于衷”“刀枪不入”。

3. 第三阶段：共事双赢阶段

班主任与家长共同制定目标、参与活动、共享资源和分享成果是班主任和家长合作的第三阶段，也是二者合作的最高阶段。

这个阶段是建立在分享信息和协作阶段基础之上的，它的主要特征有四个：第一，班主任与家长在目标和方向上达成一致，共同开发活动；第二，为了实现班级目标而分配责任；第三，运用每位合作者的专门知识，一起工作去实现目标；第四，共享合作成果。目前这种合作层次还较为罕见，但是它预示着班主任与家长合作的发展目标和方向。我国学者王建军认为合作不仅仅是一个技术过程，合作的目标和远景的共识、价值观念的交流与磨合、角色与权利关系的重构等，不但是合作的组成部分，而且是保证合作得以成功的关键特质。合作是平等和互惠的，是为了双方的利益，而且这种利益是同时发生的。合作需要双方的努力和投入①。

启示二：班主任既要做大面上的工作，又要做深入的个别家长的工作。

启示三：奖励是把双刃剑，奖励家长也要考虑其必要性、针对性、建设性和导向性，尽量避免其负面影响。

（评析人：赵玉如）

拓展案例

1. 让家长会变个味

以往开家长会，几乎都是班主任的一言堂，忙着向家长反馈学生在校的

① 罗丹．课程改革背景下大学和中小学合作的动因与模式［D］．长春：东北师范大学，2006.

学习、生活、纪律等一系列的表现，虽有正面的肯定，但仍有向家长“告状”的嫌疑。这样的家长会对学生的不良行为或多或少起到了一定的制约作用，但总觉得意义不大。

又到了一学期召开家长会的时间，我早早布置好了教室，在黑板上醒目地写上了本次班会的内容和主题：“家长参观、交流会”。我还从家庭教育的各个方面选取了几个热点话题：“您最欣赏孩子的什么？您觉得他还需要在哪些方面努力？”“您对老师让孩子请家长的看法是什么？”“您喜欢老师家访吗？为什么？”“看到孩子成绩不理想时，您会怎么做？”“您认为自己教育子女中的成功之处是什么？”等和家长探讨。在会上我为家长准备了奖品，让他们颁发给半学期以来在作业、识字、计算、纪律、查字典、值日、节约学习用品等方面取得进步的孩子。让家长和孩子们共同参观了孩子们的作业、成长记录袋、小作品等内容，让家长和孩子们共同感受孩子们的进步，同时打开家长的心扉，让他们畅所欲言，并征求家长对我工作的建议。家长会开得热烈而充实。最后，我让几位家长谈了这次家长会的感受，他们说，今天的家长会让他们耳目一新，真正看到了孩子的进步与不足，更重要的是通过与其他家长交流找到了自己作为家长的许多不合适的做法。但我觉得更重要的是让家长和学生们也感受到了成功的喜悦。我也为自己的努力得到这么多家长的肯定与赞赏而感到自豪。

家长会即将结束的时刻，我向家长宣布了本周队活动的主题“亲子共语”，让爸爸妈妈和自己的孩子推心置腹地交谈一次，彼此之间像朋友一样交流，互相说说做得好的方面和希望努力的方面。第二天，我刚走进教室，许多孩子就争先恐后地向我诉说他们的谈心感受。一向沉默寡言的梅梅说：“原来，我在爸爸妈妈心里是那样聪明。我还以为妈妈老说我笨，是因为自己真的太笨了！”调皮的海潮说：“妈妈总以为自己应该对我处处关心，通过今天的家长会和谈心，妈妈才知道她有很多地方太独断专行了，没有尊重我的意见。”就连文静的小双也说道：“妈妈平时总以自己忙，识字不多为借口，很少过问我的学习，有空闲就打牌。今天我大胆地和妈妈说了心里话，妈妈真诚地向我道歉，说今后要多关心我，再也不去打牌了，我听了心里甭提多高兴。”……父母和子女之间真正地、心与心地零距离接触，彼此用真诚打动着对方。孩子们为与父母的成功交流而感动，我为孩子们的健康成长而感动。

点评：

家长会由传统的单项传递，即班主任老师在家长会上对学生进行表扬或批评，发展到由多方参与，以表扬为主，重在发现和解决问题的活动。班主任老师召开的家长会是由家长、老师和学生三方共同参与的活动。其中学生是活动的重要主体，家长会使学生再次与家长一同感受到了学生上学期在各方面所取得的成绩，又一次体验到了成功的喜悦，更加密切了学生与家长的关系。在活动中，家长们有机会在一起交流孩子进步的经验，同时对学生在某一方面暂时落后的原因也进行了较为深入的反思。家长会不再是一种静态静止的总结会，而是一种多方都在不断成长的发展会。

（点评人：赵玉如）

2. 善意的谎言

一天晚上九点钟，我正在观看电视里的体育比赛，忽然接到了我班学生李晓（化名，小学四年级）妈妈打来的电话，问李晓在学校的表现怎样，口气显得比较生硬。我猛然想起，当天下午在上课前我曾在办公室和李晓谈过话，鼓励她改掉一些毛病，认真学习，团结同学。我判断，李晓的妈妈一定是听说了我找李晓谈话的事，但还不知道我们谈话的具体情况。在几天前我就了解到，李晓的妈妈对孩子的管理比较粗暴，母女关系对立得比较严重。从教育和保护孩子的角度出发，我决定报喜不报忧，哪怕是夸大孩子的优点。于是我就用比较高兴的语气对她说：

"您说李晓啊，她现在表现很好呀，学习很认真，她上课回答问题很积极，也很准确。这一学期进步可大了，今天下午我还表扬了她呢。"

"是吗？我还以为她很不争气，正想修理她呢。"

"您就放心好了，只要家长全力支持她，她一定会大有前途的。"

"好，贾老师，我一定听您的。谢谢您，再见。"显然，听到我的话后，她的心情已变得愉快起来了。

第二天，我找李晓了解情况，她非常高兴地告诉我，妈妈昨晚听到老师的话以后特别高兴。老是笑眯眯的，问她喜欢吃什么，今天给她买，还嘱咐她学习不要累着。她说妈妈对自己从来没有这样好过。

事后我也没多想，但事情却朝着超出我预料的方向发展。李晓自此以后竟发生了很大的变化，原来的“老毛病”几乎不见了，在学习、纪律等许多方面都开始进步了。

借着东风，我经常不失时机地表扬李晓，并打电话给她妈妈，称赞她会教育孩子。李晓的妈妈也真服夸，对李晓越来越和气，照顾得也越来越周到。李晓呢，在家里也变得越来越勤快，主动地帮妈妈做一些家务。李晓的妈妈对李晓自然是越来越满意，在电话中向我夸女儿越来越懂事，并一个劲儿地向我表示感谢，说我会教育学生。

细细想来，李晓母女之所以能够发生良性转变，从某种程度上说，是我善意的谎言起到了一箭双雕的作用：首先，我对李晓的虚夸化解了她妈妈的怨气和怒气，并使其增添了对女儿的好感和信心，进而改变了对女儿的态度，由粗暴转向和善；对李晓的虚夸使得李晓的妈妈由衷地高兴，也开始从心里反省自己过去对女儿的态度，开始给女儿更多的温暖和关爱。其次，对李晓来说，把老师和妈妈的谈话与老师在办公室和自己的谈话进行比较，使她真正体会到了老师的良苦用心，是老师善意的谎言让自己摆脱了在妈妈面前的窘境，重新享受到了更多的母爱，促使妈妈对自己过去的表现进行反思，从而决心改变做法，树立良好的家长形象。

由此，我想到：我们在做学生的转变工作时，要紧紧围绕“以学生为本”这个工作中心，根据不同情况，采取灵活机动的方式和方法。要避免只向家长“告状”，激化家长与学生、学生与老师之间矛盾的简单做法。

点评：

贾老师是一位细心的班主任，她不仅发现了李晓身上存在的主要问题，指出了进一步发展的方向，而且还意外地发现了李晓的母亲是一位性格粗暴，且关注李晓学习成绩的家长。如何使母亲由对李晓的粗暴转变到对李晓的关爱呢？贾老师使用了善意的谎言，结果谎言改善了母女俩人的关系，使李晓获得了更多的母爱，帮助李晓树立了克服困难的勇气和信心。善意的谎言在这里只是一种手段，但它的成功使用绝非偶然，它是贾老师的“以人为本”思想的具体体现，它的成功源于贾老师对李晓及其母亲的较为深入的了解，源于对事态的把握，更源于贾老师在实践中不间断的反思与探索。

（点评人：赵玉如）

相关资源

1. 家庭和学校合作的作用与问题[①]

一、家庭和学校合作的作用

主要体现在以下三个方面。

第一，家庭和学校合作有利于激发学生学习的动力。学校和家庭相互协调，将发挥最大的教育功能。当学生感到老师和家长在为自己的发展而共同努力时，他们会因此而受到极大的鼓舞，产生向上的动力，激发成就感，并最终转化为进取的实际行动。家校合作很大程度上满足了孩子们心理上受关注的需要。

第二，家庭和学校合作可以优化教育环境。因为家长的职业、兴趣、知识、阅历、技能和方法都各不相同，可以有效弥补学校教育资源的不足。

第三，家庭和学校合作有利于强化社区对学生发展的影响。家庭和学校的合作有别于家校联系，它是指家庭和学校以沟通为基础，相互配合，合理育人，使学生受到来自两方面系统一致、各显特色、相辅相成的教育影响力，形成多种终身受益的必要素质，更好地实现社会化。

总之，家长和学校的合作不仅可以促进孩子的学习，而且可以使学生在学校内外获得更大的成功。

二、家庭和学校合作的问题

目前家庭和学校的合作主要存在以下三个方面的问题。

1. 家庭和学校对合作的理解还较为模糊

虽然不少家庭和学校在观念上已经有了相互合作的意识，但是什么是家庭和学校的合作？如何实施？各自的责任是什么？双方在理解上还是很模糊的。就家长而言，很多家长把合作看成是到场、是参与、是义务而非权利。就学校而言，只是把合作看成是学校教育的补充和延伸，是相对次要的工作。这样，双方对家庭和学校合作本身缺乏正确一致的理解，在实践中必然导致家庭和学校合作活动的低效，甚至无效。

---

① 赵玉如．社区服务与社会实践［M］．北京：同心出版社，2009.

2. 家庭和学校双方缺乏充分的沟通

作为教育消费对象的家长，经常被一些学校教师认为是“外行”，在合作中只能处在被动接受信息的地位，这种缺乏沟通的合作必然造成一些不必要的误解，致使家庭和学校合作步履维艰。家庭和学校在合作中应是平等互信的。作为活动中相互作用的主体，他们在教育思想、知识背景、教养方式和态度等多方面存在着差异。正是因为有这些差异，所以，为了实现共同的合作目的——更好地促进学生身心健康、全面的发展，他们不仅要相互承认各自的主体性，而且必须进行充分的沟通，才能缩短彼此的距离。也只有当家庭和学校互相沟通、互相尊重、彼此交流以及地位平等时，才有可能实现家庭和学校合作的真正目标。

3. 家庭和学校合作的理念研究与合作行为的发展是不平衡的

我国理论研究人员和实践工作者对家庭和学校合作的界定以及特点的研究已达到了较高水平。

我国学者指出[①]：“家庭和学校合作是指以促进青少年学生健康成长为目的，家庭和学校互相配合和支持而采取的协调一致的互动活动”。另有学者指出[②]：“家庭和学校合作有别于家校联系，是指家庭和学校以沟通为基础相互配合、合力育人，使孩子受到来自两方面系统一致、各显特色、相辅相成的教育影响力，形成多种终身受益的必要素质，更好地实现社会化。”

还有学者概括了家庭和学校合作的五大特点，即目的同一性、地位平等性、形式互动性、理解沟通性和教育系统性[③]。(1) 目的同一性。这就是指家庭和学校是不同的社会组织，在社会中分别发挥着各自的独特作用，但在家校合作中他们具有明确的、共同的目的性。青少年儿童是家庭和学校共同的服务对象，家庭和学校合作必须以青少年儿童为出发点，才能更好地促进青少年儿童身心健康、全面的发展。(2) 地位平等性。学校和家庭都是教育活动中的主体，具有平等性的特征，学校和家庭应该建立起一种平等的合作伙伴关系。(3) 形式互动性。家庭和学校合作的本质具有互动性。家庭和学校的合作就是在学校和家庭之间不断地相互影响，并在互动过程中动态

---

① 徐明峡，吴建成．影响现在家校合作制度建构的环境研究［J］．内蒙古师范大学学报（教育科学版），2003 (3)，5－7.

② 周丹．对家校合作若干理论和实践问题的思考［J］．无锡教育学院学报，2006 (1)：34－37.

③ 刘晓．基础教育“家校合作”的探析［D］．武汉：华中师范大学，2006－11.

地发展。(4)理解沟通性。学校和家庭在教育思想、知识背景、教养方式和情感态度等多方面存在着差异。为了实现共同的合作目的，他们必须进行充分地沟通，这样才有可能实现家庭和学校合作的真正目标。(5)教育系统性。家校合作是一个受多方面影响的包含多种因素在内的综合系统工程，而绝不仅仅是学校与家庭双方交往互动过程中的延伸。家校合作必须有相应的机构设置作保证，由设计严密的计划来体现，由灵活多样的形式来展开。

从上面的研究可以看出，无论是对家庭和学校合作定义的研究，还是对家庭和学校合作特点的研究，都呈现出合作发展的第三个阶段的主要特征：

第一，家庭和学校有着共同的育人目标，即家庭和学校的合作必须以青少年儿童为出发点，更好地促进青少年儿童身心健康、全面地发展。二者共同的目标是开放的，在目标达成的过程中，会不断有新的目标生成。

第二，家庭和学校是地位平等的两种不同的育人力量，他们享有平等的权利，并承担着不同的育人责任。二者的角色都由活动的管理者变为了活动的领导者。

第三，家庭和学校不断地进行沟通与交流，在合作中相互支持和帮助。

但在实践中，大多数来自实践的案例停留在第一和第二个阶段，这就形成了理念超前，而行为置后的现象。

2. 家长素质评价的系统方法

父母是孩子的第一位教师，可见家庭教育与学校教育同等重要。好的家庭教育不在于家庭的“富裕与贫穷”，而在于家长对孩子的教育是否得法。生活中我们常看到这种现象：一些富裕的家庭，因教育子女失败而蒙上阴影；一些贫穷的家庭，因教育子女成功而大放异彩。成功的家长并不能保证有成功的孩子。孩子的成功才是家庭最大的幸福。“问题学生”往往都有“问题家长”。学校教育不是万能的，学校教育不能保证每一位学生都成为优秀学生。

学校教育必须关注家庭教育，家庭教育必须与学校教育协调，教师应当帮助家长，家长也应当帮助教师。这样，才有利于教好孩子。教育好孩子是家长和教师的共同任务。要提高学生的素质，必须首先提高家长和教师的素质。提高人的素质的基本方法，是正面引导、积极评价。科学发展观强调

“以人为本”“全面协调可持续发展”，这是人才素质评价的重要指导思想。对于家长素质评价的指导作用，也是不可忽视的。

提高家庭教育质量的关键，是有效提高家长的素质。一所学校的学生人数上千，家长也就有上千位。家长们的教育水平相差很大，并不是受教育水平高的家长，就一定有高水平的家庭教育。每一位家长都受过教育，但并不一定都了解和掌握家庭教育的规律。每一位学生的素质，都既包括先天的因素，也包括更多的后天的因素。家庭教育必须“因材施教”，要有针对性。家长起码应当了解优秀的家长应当具备哪些素质。

倾听孩子们的想法，对于提高家长的素质大有好处。作者设计了“问卷F：优秀家长的素质调查”，一共有40项，比较简明、易懂、具体、可操作。在学校，以班级或年级为单位，发给学生们选择，进行调查统计。将得到的结果，反馈给家长，让家长自我反思，哪些做得好，哪些做得不够好。进一步，可以让学生从中选出10项，对自己的家长进行评价，家长也可以自评。这体现了教育民主，有利于提高家长素质，从而提高家庭教育的质量。

优秀家长的素质调查表

问卷F　优秀家长的素质调查 什么样的家长是优秀家长？请在本表中选出10项您认为优秀家长应首先具备的重要素质。请把本表各项内容全部看完，然后在答卷纸上圈填。	
F01. 经常正面鼓励孩子	F21. 带领孩子去接触社会实际
F02. 和孩子商量孩子的事	F22. 讲道理，不打骂孩子
F03. 工作很忙，回家仍关照孩子	F23. 不在孩子面前抱怨老师
F04. 不向他人抱怨孩子的缺点	F24. 父母不当着孩子面争吵
F05. 关心孩子德、智、体、美、劳全面发展	F25. 心情不好，不迁怒于孩子
F06. 吃饭时不唠唠叨叨	F26. 注意精神鼓励
F07. 不训斥、不吓唬孩子	F27. 尽量回答孩子的问题
F08. 不把自己的意见强加给孩子	F28. 敢于当着孩子的面承认错误
F09. 不贬低和嘲笑孩子	F29. 培养孩子独立生活的能力
F10. 不干涉孩子的正常娱乐	F30. 留心孩子看的书籍和交的朋友
F11. 具体地帮助孩子	F31. 以身作则，身教重于言教

续表

F12. 注意从小培养孩子的良好习惯	F32. 帮助孩子物色好导师
F13. 认真听孩子倾诉	F33. 要求严格，但不凶恶
F14. 孩子有错，严加管教	F34. 态度和蔼，但不放任
F15. 了解孩子的长处，并注意培养其长处	F35. 要求孩子与同学团结友爱
F16. 对培养孩子有长期打算	F36. 尊重孩子的好奇心
F17. 满足孩子的兴趣爱好	F37. 鼓励孩子的上进心
F18. 经常与学校老师保持联系	F38. 要求孩子尊重老师
F19. 不让孩子乱花钱	F39. 能随时代的发展更新教育思想
F20. 不娇惯孩子	F40. 不袒护孩子的缺点和错误
如果您有不同于上表中40项的其他看法，请将您的观点写在下面：	

这张表内的40项，学校在广泛征求家长、学生、教师的意见后，可适当调整、修改。关于“问卷F优秀家长的素质调查”的统计结果，不同学校，不同年级，不同班级，结果是不同的。几年前笔者在一所小学、一所中学的调查统计结果如下：

调查结果统计　表1

小学二年级学生统计的优秀家长素质项目	小学三年级学生统计的优秀家长素质项目
①工作很忙，回家仍关照孩子	①经常正面鼓励孩子
②经常正面鼓励孩子	②工作很忙，回家仍关照孩子
③关心孩子德、智、体、美、劳全面发展	③关心孩子德、智、体、美、劳全面发展
④具体地帮助孩子	④具体地帮助孩子
⑤孩子有错，严加管教	⑤讲道理，不打骂孩子
⑥注意从小培养孩子的良好习惯	⑥注意从小培养孩子的良好习惯
⑦和孩子商量孩子的事	⑦不贬低和嘲笑孩子
⑧不把自己的意见强加给孩子	⑧不训斥、不吓唬孩子
⑨满足孩子的兴趣爱好	⑨父母不当着孩子面争吵
⑩不让孩子乱花钱	⑩孩子有错，严加管教

调查结果统计　表2

小学四年级学生统计的优秀家长素质项目	小学五年级学生统计的优秀家长素质项目
①具体地帮助孩子	①经常正面鼓励孩子
②要求孩子与同学团结友爱	②关心孩子德、智、体、美、劳全面发展
③关心孩子德、智、体、美、劳全面发展	③带领孩子去接触社会实际
④不在孩子面前抱怨老师	④具体地帮助孩子
⑤带领孩子去接触社会实际	⑤满足孩子的兴趣爱好
⑥敢于当着孩子的面承认错误	⑥工作很忙，回家仍关照孩子
⑦不把自己的意见强加给孩子	⑦不干涉孩子的正常娱乐
⑧能随时代的发展更新教育思想	⑧不让孩子乱花钱
⑨孩子有错，严加管教	⑨注意从小培养孩子的良好习惯
⑩态度和蔼，但不放任	⑩能随时代的发展更新教育思想

调查结果统计　表3

初中一年级学生统计的优秀家长素质项目	初中二年级学生统计的优秀家长素质项目
①讲道理，不打骂孩子	①不干涉孩子的正常娱乐
②能随时代的发展更新教育思想	②讲道理，不打骂孩子
③不干涉孩子的正常娱乐	③能随时代的发展更新教育思想
④满足孩子的兴趣爱好	④认真听孩子倾诉
⑤关心孩子德、智、体、美、劳全面发展	⑤满足孩子的兴趣爱好
⑥不把自己的意见强加给孩子	⑥经常正面鼓励孩子
⑦带领孩子去接触社会实际	⑦敢于当着孩子的面承认错误
⑧经常正面鼓励孩子	⑧培养孩子独立生活的能力
⑨认真听孩子倾诉	⑨心情不好，不迁怒于孩子
⑩和孩子商量孩子的事	⑩鼓励孩子的上进心

调查结果统计　表4

高中一年级学生统计的优秀家长素质项目	调查统计频率较高的优秀家长素质项目
①能随时代的发展更新教育思想	①经常正面鼓励孩子
②经常正面鼓励孩子	②关心孩子德、智、体、美、劳全面发展
③和孩子商量孩子的事	③不干涉孩子的正常娱乐
④带领孩子去接触社会实际	④讲道理，不打骂孩子
⑤讲道理，不打骂孩子	⑤和孩子商量孩子的事
⑥不把自己的意见强加给孩子	⑥具体地帮助孩子
⑦态度和蔼，但不放任	⑦工作很忙，回家仍关照孩子
⑧满足孩子的兴趣爱好	⑧要求孩子与同学团结友爱
⑨不干涉孩子的正常娱乐	⑨能随时代的发展更新教育思想
⑩了解孩子的长处，并注意培养其长处	⑩满足孩子的兴趣爱好

根据上述统计的结果，一般应当分年级制作“家长素质评价表E”。分年级、分班级制作“家长素质评价表E”，比较麻烦，但针对性更强。以下是根据调查统计频率较高的优秀家长素质，制作的“家长素质评价表E”，这张表可应用于全校家长的素质评价。方法是将此表发给学生，请学生为他的家长评价，按“优、良、中、差”四级评价。在学校召开家长座谈会时，将学生的评价发给家长，供家长参考。

家长素质评价表E

家长素质评价的项目	学生评价	家长自评
• 经常正面鼓励孩子		
• 关心孩子德、智、体、美、劳全面发展		
• 不干涉孩子的正常娱乐		
• 讲道理，不打骂孩子		
• 和孩子商量孩子的事		
• 具体地帮助孩子		
• 工作很忙，回家仍关照孩子		
• 要求孩子与同学团结友爱		
• 能随时代的发展更新教育思想		
• 满足孩子的兴趣爱好		

《家长素质评价的系统方法》是在“科学发展观”指导下，提出的评价方法。每一年可进行一次调查、统计、评价。整个过程不复杂，用的时间也不长，但有效，且公开、公正、公平，透明度高，能促进家长反思，体现了“以人为本”。调查问卷的40项，较为全面，选出的10项，较有针对性。通过把学生“群体”的看法反馈给家长“个体”，有利于发挥家长自身的“主体性”，自觉提高自身的素质，促进家长的全面协调可持续发展。

（查有梁　张小涛）

学员作业

请根据本班的实际，针对班主任和家长合作的三个不同阶段，分别设计一项活动。

专题 7 评价评奖

评价活动价值取向的冲突

核心问题

- 评教的目的是什么？学生参与评教活动的特殊意义在哪里？
- 在评教中，班主任应当如何协调科任教师与学生之间的关系？
- 在评教中班主任应该如何处理因评教而引发的与科任教师之间的矛盾？
- 班主任在实际工作中应该如何帮助学生了解评教并指导学生正确地参与评教？

拓展案例

- 奖状该不该发

案例故事

“评教”给我上了一课

相关资源

- 评语是学生的一面镜子
- 写评语的忌讳

对话班主任

主持人：肖北方

班主任：刑　艳

　　　　岳建伟

对话专家

主持人：肖北方

专　家：延建林

　　　　李兰巧

　　　　鲍传友

综合评析

评析人：迟希新

学员作业

- 结合自己参与评教的工作经历，谈谈你对学生评教工作意义的认识。
- 当学生在评教中给你打分很低或有很多负面评价时，你会怎么处理？

核心问题

1. 评教的目的是什么？学生参与评教活动的特殊意义在哪里？

2. 在评教中，班主任应当如何协调科任教师与学生之间的关系？

3. 在评教中班主任应该如何处理因评教而引发的与科任教师之间的矛盾？

4. 班主任在实际工作中应该如何帮助学生了解评教并指导学生正确地参与评教？

案例故事

“评教”给我上了一课

快放学了，我正整理桌子上的东西，这时，门被重重地推开了。门撞在墙上，发出了巨大的声响，教历史的张老师气冲冲地闯了进来，她重重地把书摔在桌子上看了我一眼，就不阴不阳地开口了：“对我有成见就直说，干嘛用学生来说事儿?”这话明显是冲我来的。待张老师出去，对面的小丽老师悄悄对我说：“你们班学生捅马蜂窝了，在这次‘评教’中，给张老师打的分最低。这下先进泡汤了，人家能不和你急吗!”我一听，不由得心中暗暗叫苦。

每学期末，学校都要组织“评教”活动，以此来考核教师的日常工作表现，作为奖惩教师的一个依据。具体来说，就是由学校教务处组织人员随机抽取各班一定比例的学生给科任教师打分，分数高的自然就是优秀教师，分数低的自然就是工作表现不好的教师。

作为班主任，为了搞好和各科任教师的关系，同时也为了让科任教师对我们班有更好的印象，事前我就专门召开了一次班会，强调“评教”的重要性，同时说明不管个人对科任教师有何成见，打分时都要尽量打高分。让科任老师满意，学生才会受益。最后我也做了做表面文章："当然了，同学们得实事求是。"虽然这样说，我心里还是认为凭现在学生的智商，他们会明白我的真实意图的。

谁知"评教"的结果却大大出乎我的意料，任历史课的张老师的分数被我们班学生打得最低。于是就出现了故事开头的那一幕，张老师异常气愤，瞧那气势，好像我这个班主任故意和她作对似的。

我感到很没面子，于是就怒气冲冲地去找那几名参与"评教"的学生兴师问罪。"谁给张老师打的低分，说！"见我生气的样子，他们面面相觑，只是低着头，默默地站着，我愈发生气了，"评教前我是怎么跟你们说的？为什么不听话，难道非要和我对着干不成……"这时，学习委员小霞抬起头来，"老师，低分是我打的。"一听这话，我气更大了。小霞一向是所有老师公认的好学生，学习好、品德好、爱好广泛，当然更是我的得意弟子。对于她，我一向非常器重，关键时刻，她怎能给我出难题呢？真令我失望！"你为什么这样做？"我压了压火气。"老师，张老师本来工作责任心就不强嘛！讲的课我们听不懂不说，她还经常迟到、旷课，作业也不认真批改，还……要不信，您问问其他同学。"其实我又何尝不知道。"即便这样，你也不能在这个时候让她下不来台呀！""可是——老师，您不是经常告诉我们做人要实事求是，光明正大吗？我觉得我做得没错。"她的声音不高，但很坚定。"老师知道你做得没错，但不应采取这样的方式。"我慢慢地开导她，她不再言语，只是把头低下，默默地听我训导，似懂非懂。

自那以后，我发觉小霞像变了个人似的。上课时，老低着头，不再像从前那样积极举手发言，对班里的事也懒得管，对我讲的大道理也表现得不置可否。我知道她对我产生了抵触情绪，对我产生了不信任感，想到这，我就有一种不寒而栗的感觉。如果学生连培育他们的老师都不信任，那么他们又如何相信这个社会呢？

这种恐惧的感觉一日日地折磨着我，让我食不知味，让我感到自己很虚伪、很假。作为老师，我们总是要求学生要实事求是，要诚实正直，要光明正大、堂堂正正、言行一致，可我们自己做到了吗？有时为了一己之私，我们会违背良心，说假话，做假事，是什么污染了我们心灵的净土，让我们变得如此世俗，并以世俗的眼光看待学生，进而要求学生一方面做一个纯洁的人，一方面又要做一个世俗的人？

终于，在一次班会上，当着全班同学的面，我语气诚恳地肯定了小霞的做法，同时对当时自己的做法表示了歉意。说完后，全班一时静得出奇。不知谁带头鼓掌，全班立时响起了热烈的掌声。我的双眼有些湿润，朦胧中看到小霞悄悄地抬起了头，两颊绯红，正激动地鼓着掌……

这次评教的对象虽然不是我，但这次评教引发的风波却着实给我上了一课。

对话班主任

主持人：肖北方

班主任：邢　艳、岳建伟

主持人：刚才我们看了这段案例故事，大致了解了案例故事的来龙去脉。历史老师在知道了班上的学生给自己打低分以后，非常气愤，来找班主任发泄。班主任一时不知道如何是好，因此就去找参与这次打分的学生兴师问罪，结果引起了师生关系和自己内心体验的一系列改变。原本表现突出、积极上进的学生开始情绪低落，对班级的工作消极应付。班主任看在眼里，心里很不是滋味，内心产生了强烈的不安。

我想问问二位老师，如果是您遇到了这样的情况，也会像这位老师一样，首先去责问学生吗？

邢　艳：我觉得我肯定不会去责问学生的。因为第一，学生既然做了，这就已经是既成事实了，火冒三丈去直接责问学生肯定于事无补。因为孩子是无辜的，学生之所以能说出这番话，或者打出这么低的分，肯定有学生的道理。作为班主任，我不可能像学生那样能与历史老师有课上的近距离接触，学生们肯定真正了解老师的教学能力和教学效果。学生们说的，有自己的道理，这不是说袒护我自己的学生，而是要尊重事实。

第二，谁都希望自己的班团结、和谐、积极向上。作为班主任我特别希望所有的科任教师都对我的学生好，我也特别希望我的学生成绩好，各科老师都喜欢我的学生。如果是我的话，类似案例这样的事一出来，我会马上冷静思考一下：在这件事中，我有哪些地方是不对的？或者说我做得欠妥的，比如说事前我有没有暗示学生等。这位老师明显考虑不周。现在的孩子，尤其是中学生，都有自己的判断、自己的主见。老师过多地暗示反而会引起他们的反感。我觉得学校在评教工作之前，肯定在公开的场合，对学生进行了明确的指导，该怎么做，学生一定能很好地把握。所以，我觉得，老师提前的暗示会影响评教的公正性，一味地想讨好别人，是不应该的，会对学生产生负面影响。

主持人：案例中，评教之前班主任已暗示过学生，但是不那么明确。感觉事后学生没有领会他暗示的意思，反而还打了低分，所以让他很为难。您如何看待这样的暗示？

邢　艳：我觉得这个暗示首先就是不对的。作为班主任要清楚地知道，自己是一个什么样的角色？自己其实就是一座桥，这一头是我的同事，那一头是我的学生，这边是铁打的营盘，那边是流水的兵。你作为一个桥梁，必须把这两方面沟通好，这样所有的活动才会和谐顺畅，也才不会出现类似的问题。

我觉得可能这位老师在做工作的时候，缺乏和学生的交流，或与科任老师的交流。比如，上完课了，遇上历史老师，就问一句，今天我们班课上得怎么样啊？谁又捣乱了？等等。科任教师觉得你跟他很亲，然后你再帮助他组织教学，他就会配合你。而且你平时在聊天的时候问问学生或课代表，这样从聊天中，你就会知道科任教师教育中的瑕疵，然后很善意地、很智慧地告诉这位教师，提醒这位教师。

主持人：在您看来，班主任应该在平常多做一些学生与任课老师之间的沟通和协调工作，防微杜渐，不要等出了问题，再来想办法被动地应对。

邢　艳：是这样的。

主持人：就案例看，前期，班主任没有做好细致的沟通工作，导致了班主任老师与任课老师的冲突。致使历史老师直接找班主任发泄不满，我想问问岳老师，如果是您，您怎么来面对这位历史老师？

岳建伟：我的做法是先去调查一下，最起码，没有调查就没有发言权。要了解一下，到底这个事件发生的背景是什么？像这个学生描述的，这位老师课讲不清楚，学生听不懂，应该说她对老师讲课的意见非常大。从这个角度来说，班主任此时所能起到的作用，我觉得应该是比较小，为什么？因为安排老师是学校的教学管理问题，班主任无法决定一个老师的去留。这个事件的处理方式的确会影响到老师之间的关系。我刚上班的时候，有一位老教师跟我说过这样一句话，千万不要因为学生得罪同事。

邢　艳：这是经验之谈。

岳建伟：对，所以这位老师在评教以前的一系列做法，就是按照这句话去实行的。这就又涉及一个尖锐的矛盾问题，在这里遇到了一个和社会上一些不良现象一样而产生的矛盾问题，在这个矛盾当中，作为班主任，他的反思应该是成功的。因为前半截他去兴师问罪，他看问题的角度就是学生对我的同事造成了不好的影响，先进泡汤了这些事情。后半截当他发现了学生真实的态度之后，他的触动应该是极大的，对于他今后的教育策略，应该说都有一个积极的影响。

因为在这个过程中，他经过反思之后可以更好地处理类似的问题，我想，社会再复杂，我们还是要珍惜好学校这一片净土。

主持人：在您看来，咱们首先应该肯定学生的评价，肯定他们评价的合理性。尊重学生的评价结果，而不能简单地否定学生，也不能因为有科任教师的这样一种情绪而去批评学生。

岳建伟：对。

邢　艳：其实，这位班主任的处理不当，也和他遇事不够从容冷静有关。遇到事就慌了，所以他就直接去兴师问罪了。其实有的时候，一旦某些特别尖锐的冲突出现的时候，教师往往缺少冷静，而这时，学生就是弱势。

我觉得，如果是我遇到这个情况，我可以第一时间做两件事，首先我要发一个短信，特善意地向历史老师提出请求，我要跟你谈一谈；其次，我再去调查这件事情，当我把事情搞清楚以后，我肯定要找一个没有第三人在场的情况下，跟历史老师推心置腹地谈一谈，告诉她学生到底为什么给她这样的分，我和班里的学生是怎么想的，很巧妙、很贴心地跟她谈一谈。

也可能开始她火气很大，但到最后想一想，也会明白，有可能还会成为一段专业成长的佳话呢！

主持人：像这个案例题目说到的，评教给班主任本人上了一课，我们关注的可能更多的是怎么去协调跟历史老师的关系。像您说到的，找一个恰当的机会，一种恰当的她能够接受的方式，与她做一个很好的沟通和交流。二位也有共同的感受。但是，怎么去关照学生，怎么去利用一定的教育契机，来引导、教育学生？

邢　艳：我觉得这个事件是给班主任老师上了一课，使他体会到，自己的工作方法对孩子的伤害太大了。像这里面提到的小霞同学，是特别好的一个孩子，就因为老师说的和做的不一致，给孩子的心灵造成了很大伤害。说实话，现在好多孩子压力特别大，也承受不起更大的心理压力，如果因此出事的话，老师有不可推卸的责任。所以我给年轻教师做辅导的时候常说，任何人来了，家长也好，学生也好，任何事情发生的时候，在第一时间，你要强迫自己冷静下来，想好对策，然后你再去行动。如果猛地出击的话，容易造成对他人的伤害。特别是我们面对的都是未成年的孩子，你如果把他的心灵给伤了，他会痛苦一辈子。

主持人：正如两位班主任体会的那样，案例中的班主任在没有向学生道歉的那一段时间里，他自己一直情绪低落，饱受煎熬，主要是因为他已经意识到自己的言行对学生产生的伤害。

我想问问两位，你们觉得小霞受到的伤害会在多大程度上因为道歉而得到弥补？或者班主任老师应该怎样做才能使她这种心理损伤减少到最低的程度？

岳建伟：从我个人感觉来看，对小霞的伤害是非常尖锐的。也就是说，这个案例写得很简单，经过一个道歉，就扭转过来了，我觉得有点快了。实际上，我觉得班主任应该对这个孩子思想的转变下很大的工夫，这种年龄层的学生，当他的意识一旦形成之后，要想去转变，我们就必须真正地从心灵上给他一个触动，这需要一个漫长的过程。

所以我想，这位老师很可能要做不止一次两次的心理沟通工作，才能够达到好一点的效果。

主持人：因为小霞同学在这个过程中，可能经历的是一个很深层的价值冲突，平常老师教育的是要为人正直、诚实，结果老师在这个评教过程中的角色、引导，却让学生很难接受，或者说很难理解。原来那么教育我们，现在出了这样的冲突，老师又来这么批评我们，到底是应该听前面的，还是应该听后面的？学生很为难，她经历了非常激烈的认识上的矛盾冲突，所以这种伤害不是一次两次工作就能够奏效的。

邢　艳：而且刚才的案例中也说到了，老师是当着同学的面问的，而且小霞也是当着同学的面说的。她是个好孩子，她在这种时候，能站出来说，说明这个孩子是受老师潜移默化影响特别深的。老师教我诚实、教我实事求是，我都接受了，也这样做了，可是我换来的是什么？我换来的就是老师对我的批评，是让我在班里丢面子。因为她是中学生，我觉得中学生更注重的就是面子问题，自尊的问题。尽管自尊心受到伤害了，但是这孩子并没有去做过激的事，真的是这位老师的幸运。

所以我觉得，老师在做工作的时候，一定要平复这个孩子的心灵。除了与她谈心以外，老师在以后做事时，还一定要身正为师，学高为范，你身要正，孩子才能听你的。

主持人：对教师来讲，也有一个比较为难的。刚才您说到，平常在课堂上教育学生是一套，他自己还要应对社会给他的复杂影响。比方涉及这个案例里面，班主任老师和科任老师之间的关系，可能不是在学生的课堂中能讲得清楚的一些东西，需要去领悟、感受，需要自己领会其中的潜规则。现在他面对学生，还有一个为人师表、立身示范的问题。不但是小霞，还涉及全班学生，怎么看待这个问题，从中受到什么样的影响，可能都需要我们班主任去反思。

所以对班主任来讲，这次评教，就像给他上了一课一样。然而这一课的内容，应该说是非常丰富的。总之，期末评教，是一个基本的工作环节。但是如何组织引导学生参与对科任教师的评教，需要班主任更多的用心，需要更多的智慧，这个里面涉及如何教育学生，如何协调学生和科任教师之间的关系。还有，就是班主任老师个人的专业素养问题，都涉及在里面。所以对班主任来讲，对于日常工作的每一个环节，我们都要用心去做，才能让学生和老师都能受益。

对话专家

主持人：肖北方
专　家：延建林、李兰巧、鲍传友

主持人：评价是每一位教师都非常熟悉的工作内容。评价不但包括老师对学生的一学年、一学期学习结果的评价，也包括学生对老师各学科教学情况的评价。

刚才我们看了案例，案例故事是“评教给我上了一课”，主要谈的是学生评价老师的问题。在学生评价老师的过程中，班主任老师应该扮演什么样的角色，如何协调评教的过程中学生和科任教师之间可能发生的冲突，在这个案例里面，都涉及了。

延老师，您是做教育理论研究的，我想问一下，您认为这个案例故事中，班主任老师和历史老师冲突的根本原因是什么？您觉得班主任老师为什么会陷入这样一种被动的局面？请您分析一下。

延建林：我想每一位班主任都知道，我们班主任所承担的这个角色，就像立交桥，这个立交桥要沟通什么样的关系呢？要沟通学校与学生、学校与学生家长，科任教师和学生，以及学生与学生等的关系。这相互之间各种各样的关系，构成了班主任所要处理的教育关系。

那么，在这个案例当中，班主任之所以陷入到这样一种尴尬的境地，我觉得很重要的一个方面，在于他没能够把这个教育关系中科任教师和学生之间的关系处理好。

我们知道，案例当中这个班主任在处理科任教师和学生以及自身三者之间的关系时，实际上他混淆了两个关系，班主任和科任教师之间应当是一种同事关系，而科任教师和学生之间，他们更重要的是一种教育关系，而这三者合起来，他们都是基于教育学生的目的而走到了一起的。

在这个过程中，作为班主任，和科任教师之间是一种同事关系。那么同事关系在处理的时候，可能与一般的人际关系有一些类似之处，它可能会涉及一些人际交往的技巧，比方说我要给对方带来好处，或者是给双方带来好处，等等。但是科任教师和学生之间的关系，是一种教育关系，这种教育关系，就强调正面的和积极的引导，而一些负面的影响，可能会带给学生不良的反馈。

我们知道，班主任在处理各种关系的过程当中，提供给学生的，其实也是一种教育资源，这种教育资源就是教学生如何协调好各种各样的关系。如果班主任不能够把各种关系协调好，他在学生面前的表现是一种负面的形象，那么他就无法教学生做得更好，这就是所谓其身正，不令而行，其身不正，虽令不从。

在案例故事中，班主任一方面想要讨好科任教师，让学生给科任教师打高分，结果却是学生不依，科任教师不满意；另一方面，让学生弄虚作假，学生反感。结果两头不讨好，于是就陷入了这样一个尴尬的境地。

那么，如何走出尴尬，这里面关键就是要处理好班主任、科任教师以及学生三者之间的关系。尤其是把科任教师和学生之间的关系处理好，这对于班主任来讲，是构建和谐班集体、形成教育凝聚力、共同把班级搞好的一项基础性的工作。

那么如何协调好科任教师和学生之间的关系呢？从班主任的角度来讲，我觉得有两个方面需要注意。

第一，要正确认识科任教师和学生之间的关系。科任教师和学生之间的关系，从本质上讲是一种教育关系。我们要教育学生，所以科任教师和学生之间才能建立一种关系，它既具有一般的人际关系的特点，但是又不同于一般的人际关系。从本质上来讲是为了教育学生，教育学生是师生各种关系构成的一个基础，从这点来讲，班主任在处理各种各样关系的时候，要以教育学生为出发点。

主持人：这是根本之所在。

延建林：第二，注意加强沟通。要让科任教师了解学生，同时也要让学生理解科任教师。那么，从科任教师来讲，作为班主任，首先，建立起良好的同事关系，工作当中要融洽地配合、相处；其次，要把本班学生的实际情况，定时、定期地采取各种各样的方式，向科任教师反馈，使科任教师不仅仅是把自己的书教了就了事，更重要的是还要了解我们的班集体，了解我们班的孩子们。从学生的角度讲，班主任也要积极地向学生介绍科任教师，树立其形象，尤其要注意维护科任教师的一些权威，而且他还要引导学生客观地评价老师。每个老师都有他的长处，也都有他的短处。我们要引导学生看到老师的长处，这样我们就能在学生当中建立起接纳和容纳科任教师的氛围。

我想，科任教师和学生之间的关系搞好了，那么，我们整个班级开展工作的基础就打好了。

主持人：在您看来，学生和科任教师的关系是我们组建一个良好班集体的一个必要的基础。

延建林：应该是。

主持人：我觉得您的分析非常到位。这位班主任老师之所以陷入这种尴尬的局面，主要在于他对这两层关系把握得不太到位，以致两层关系交织在一起产生了冲突。事实上，在处理、应对这两层关系时，应该采取不同的原则和不同的思路。

但是如何走出这种尴尬呢？您也提了很好的建议，首先，咱们要本着一点最基本的原则，即一切为了学生，一切有利于学生发展。其次，可能还应该注重更多的平常的交流、沟通，使班主任老师和学生之间有一个更和谐的关系，有更多的理解。

李老师，您是做心理研究的，这个案例中，班主任在教师公正方面出了较大的问题，在学生面前表现出明显的言行不一。但意识到自己处理问题方式不太妥当后，他又做了一些弥补。经过一番思考，他向学生道了歉。您觉得这样一个过程，对相关学生和全班的学生，会产生什么样的心理影响呢？请您分析一下。

李兰巧：在学生心目中，老师代表了权威，所以，老师对学生的态度，对学生的心理和行为都会产生很大的影响。学生是非常关注老师对自己的态度的，他们会去体察老师对自己的态度，还会揣摩，老师是不是喜欢自己？是不是信任自己？他们会在老师的赞扬当中，强化自己的行为，也会在老师的批评当中，去修正自己的言行。

在这个案例中，小霞是一个学习委员，是老师一直非常喜欢和信任的一个学生，只是因为在评教中，实事求是地给历史老师打了一个低分，就惹得班主任老师怒气冲天。对此，小霞感到非常委屈，而且感到迷惑，不知道自己做错了什么，应该怎么做？同时对老师产生了一种不信任的感觉。而其他的同学，也会从老师对小霞这样一种态度的变化上感觉到，老师的言行不一。这些学生还没有学会用世俗的眼光看待老师的时候，他们有可能真的以为自己错了，或者说虽然心存疑惑，但是在下次评教中，会选择让老师满意，甚至是形成一种思维定式，这将是十分可怕的。

可贵的是我们这位班主任，有很好的自省精神，而且非常勇敢地向学生道了歉，真的是挺令人敬佩的。我觉得这个在很大程度上，可以弥补先前给学生造成的一定的影响。因为当学生感觉到老师是真诚的时候，他们能够重新找回对老师的信任，而且当老师向他们道歉的时候，他们还会有一种感觉，原来老师也有犯错误的时候，从而拉近了学生与老师的心理距离。所以我觉得老师及时地向学生道歉，这对学生的心理和行为都会产生一种积极的影响。

主持人：也可以弥补前期对学生心灵的伤害。

李兰巧：对。

主持人：您说得非常好，随着心理距离的彼此拉近，让学生感觉老师也是普通人，人人都可能犯错误，知错就改最为重要。案例中的班主任老师就做出了这样一个积极的示范。

李兰巧：对。

主持人：这是一个活的榜样，不需要再去说教。鲍老师，您是做管理研究的，我也想问您一个问题，对于学校组织学期末的评教工作，让学生参与教师教学情况的评价，您怎么看？

鲍传友：最近几年，学生评教在实践中遇到了不少困难。尽管现在学生评教，作为一种现代教育理念，已经讲得很多了，但是实际上，确实遇到了很大的阻力，我们在实际情况中，也发现了这样的问题。很多学校说学生评教可以，但是让我做，我就不去做。在这方面，我觉得首先需要正确地认识学生评教的价值，现在很多学校，对学生评教的价值还没有真正地认识到。

主持人：以为就是走过场。

鲍传友：觉得我把权力交给学生了，其实并不是这样的。我觉得，学生评教的价值需要重新确立。第一点就是学生评教是学生主体地位的一种体现。过去我们讲市场经济的时候，有一个众所周知的事实，在计划经济时期，我们的商品质量是没有保证的，现在市场经济以后，商品质量大大地提高，越来越丰富了，其中一个重要的原因，就是“顾客是上帝”这个观念的确立。这个商品的质量、商品的价格不是你一个生产厂家决定的，也不是哪一个组织机构决定的，更不是政府或者某一位市长说了算的，是由消费者用消费来决定的。这样就促使生产者不断地改进质量，然后降低价格，去满足消费者的需求。实际上教育也是一样的，我们从经济学的角度来讲，教育这种关系，其实就是学生消费教师教育服务的这样一个过程，本质上与商品的性质不同，但是过程都是一样的。

因此你要想提高，要想突出学生的主体地位，你却不让学生对他消费的东西有一个话语权，你说这个主体地位怎么能够体现？我们要把学生主体地位落实，就必须有学生评价的意识。

第二点，学生评教有助于教师自我提高，也可以改善师生关系。另外一个角度，它也可以促进学生更主动地发展，但遗憾的是我们很多的学校没有认识到学生评教的这层含义。

刚才我们讲，学生评教促进教师教学质量的提高，这个已经没有什么异议了，很简单的，就是要让消费者说话。另外，就是关于学生评教的自我主动性可能很多人没有理解。事实上，要让学生评教，学生肯定要在平时去搜集和老师的行为、表现相关的信息，注意老师课堂上讲了什么，是否清晰、准确，是否易接受，是否有利于学生的综合素质培养，等等。这样，学生在评教时才有话说，而这实际上也促进了学生的自主学习。

我们说，学校的教师就是一个活的教材，可以通过教师的行为引导学生的发展。教师所做的工作，就是希望更多的学生将注意力集中到老师的言行上来，这样才能产生作用，而评教就具备这个作用。

主持人：也就是说评教只是一个工作环节，其实它有利于咱们教育实践回归本质，就是回归到尊重学生的主体性上来。

鲍传友：对。

主持人：让学生和老师能互动起来，使学生在接受教育、参与教育的过程中，更主动、更积极地关注老师教学工作的一些细节，这样可能收益更大。

鲍传友：评教可以促进师生互动。一方面使学生关注老师的行为，更有利于学生的主动发展；另一方面，教师也不能像过去了，我讲的课不理你学生如何反映，讲完我就走了，那是不行的，学生要给我打分的。所以说，教师也会更加关注学生对于他自身教学的反映。他要及时地了解，我第一堂课上完以后，学生对我的课评价怎样，以便于以后的改进。这样，实际上评教活动也就拉近了学生与老师之间的距离，促进了老师与学生之间的互动，只是这层关系，很多学校都没有看到，只看到打分评教的最后结果，或是结果的公正性问题，没能看到评教另外的教育意义，以致评教没有受到重视。

我们应该认识到学生评教的另外一个重要价值。学生评教体现了一种教育管理的科学化、民主化，是教育公平的体现。我们讲了，管理就是决策，决策不能空口决策，你要从实践中收集一些真实的信息，根据这些信息做决策。对教师来讲，最能反映教师在课堂表现的、最有话语权的，就是学生。

所以你要想对一个教师做客观的评价，那你必须到实践中捕捉学生的信息，了解学生的反馈，这个是管理科学化的必然要求。你都不能走到课堂上，就给教师评价，这显然是主观判断。

另外，管理民主化，为什么要民主化？因为我们知道学生是学校的主体，学校里有很多人，我们现在讲他们是平等的主体，平等的主体体现在哪儿？学生的主体地位跟教师在学校里的主体地位怎么体现？这一切都是通过学生评价来体现的。让多个主体参与到教师教学的评价中，这就是民主化的要求。

另外，通过评价，也促进了教师关注每一个学生的反映，这样也促进了教育的公平。我们讲，教育过程中的公平就是赋予每一个学生平等的发展机会，而通过评教，老师知道，学生要给我打分的，我哪一个学生都应该重视，这样实际上给更多的学生带来了更多的发展机会，因此它有利于增进教育公平。我觉得这个价值也是非常重要的。

主持人：我还想问您一个问题，作为班主任教师，怎样使班里学生去客观公正地评价这个班里的科任教师呢？

鲍传友：我接着刚才的话讲，学生有其自身的特点，比如说他认知上的有限性，很难摆脱主观因素、情感因素的干扰，因此，他在评教的过程中，可能更多地偏向于自己的情绪。所以，对于学生评教的结果，学校使用时就要注意，不能把学生评教当做判断教师所有教学成果的唯一标准，也就是说，它要和同行的评价、专家的评价，甚至领导的评价结合起来考虑。要给他一个合理的权重，像这个案例中的历史老师，为什么她会对班主任老师产生反感？就是因为学校在评价标准上有问题，学校可能把学生的评教作为评价教师的唯一标准。这是有问题的，非常有问题。所以说，要合理认识学生评教的局限性。

主持人：这可能不限于班主任教师。

鲍传友：对。下面这个就是班主任的工作，刚才两位老师讲了，班主任实际上是联系我们所有教师和学生之间的桥梁、纽带。如果在评教的过程中，班主任不对学生的评价加强引导，那么学生与科任教师之间可能就会产生矛盾，这个案例中，我们也看到了这个问题。

这位老师应该怎么做？我想首先，班主任要向所有的学生传达评价的公正性、全面性这样一些观念上的引导，因为小孩子也不知道，什么是公正，什么是全面。所以班主任平时就要告诉他们怎么样做是公正地、客观地、全面地去评价一个人。

但是仅有观念也不够，还得有一些方法和技术。所以说，我们现在看到历史老师对班主任老师的不理解，可能是对他的评价标准质疑，就是说，学生凭什么给我打这个分？所以，班主任平时要教会学生收集教师信息的一系列客观的方法。比如，怎么填写问卷，怎么接受访谈，这些细节的东西，班主任教师必须教会学生。否则的话，学生评价教师有很多短暂性的因素在里面，比如那天上课，他一开始上课上得很好，可是就在课快要结束的时候，他批评了学生，学生就有了这么个记忆。像这个短暂性事件引起的情绪上的体验，在评价过程中，想排除这个主观因素是不容易的。学生受到批评，受到表扬，肯定情绪上是有反应的，所以就要通过客观技术来规避这个情绪反应，这是班主任教师要做的一个重要工作。

另外，要教会学生如何排除情绪干扰，要采取哪些技巧？怎么样客观全面地收集信息，比如说这个老师从学期开始到学期结束，整个的过程中，信息怎么去采集，怎么样进行档案整理，这个我觉得都要有。如果没有的话，最后学生评教变成了班主任评教，那就麻烦了。

在这个案例中我们看到，历史老师很大程度上是把这个矛盾集中在班主任身上了。由于学生评教存在技术、操作上的问题，结果往往导致科任教师理解为是班主任在操作评教，因此矛盾就激化了。所以要通过班主任对学生的技术性的指导来化解这些矛盾。

另外一个，学生是未成年人，他对很多东西的认识都是不全面的。因此，一旦学生出现了问题，评教出现了失误，教师要有一个宽容的心胸，要正确认识这个问题。

可以说涉及具体的评价过程，是比较复杂的，所以班主任要做的工作非常多。

主持人：所以他最后说出来一种感受，评教给他上了一课，这一课的内容相当丰富。也就是像您谈到的，评教工作虽然看似是一个终端工作，其实可能需要平常，或者从教学工作一开始，就得让学生收集一些素材，需要贯穿整个的教学过程。

鲍传友：它实际上是对一个过程的评价。我们现在做教学评价，由原来的关注结果到现在的关注过程，实际上是在讲发展性的评价，这是一种现代的教学评价理念。所以我们平时让学生搜集信息，这是对的，但是我们绝对不能因为学生年龄小，就排除学生评教，这个是不对的。

主持人：即便是到终端组织这一块儿的工作，也得把握两个基本点，一是让学生有一个基本认识的提升，比如说评价，让学生认识我们评价的目的，评价的基本方法、原则；二是通过技术手段，让学生尽量避免因为情感因素而导致打分可能有偏差这样一种情况。

刚才鲍老师说到了关于公正的问题，其实这个案例里面就涉及了这一点。因为据案例中班主任回忆，当初在评教前，他给学生做了评教的引导，觉得在评教中要本着公正客观的原则，而事后，在学生看来，她是客观公正地评价了历史老师。结果班主任老师因为学生打分低，来责问学生，似乎觉得不应该打这么低的分，学生就不好理解了。您怎么看这个问题?

鲍传友：在学生评教过程中，班主任是一个矛盾的集合体。因为他既要面对同事，又要面对学生，而且他有一个担心，一旦学生评教评差了，是不是会导致科任教师对这个班级的另一种对待。怎么正确认识这个问题非常关键，因为学生评教更多是靠班主任来引导，所以实际上从某种程度上来讲，学生评教可能就是班主任评教。所以，班主任在传达给学生公正的观念之前，自己首先必须有一种公正客观的观念。如果你给学生灌输打假分的观念，那么首先你就是不公正的，你没法保证把公正的观念传达给学生。所以说，班主任教师第一步要自己确立一个公正客观的意识，一旦教师教学有失误，那么按照标准来做，该怎么打分就要怎么打。

另外，要一以贯之地让学生收集客观的信息，不要给学生传达一些像即使老师课上得不怎么样，也要打高分这样一种错误的观念。

我想这点是非常关键的，班主任应该端正对学生评教的认识。这个案例也反映了班主任老师对学生评教的认识是不充分的。如果认识到学生评教可以促进学生主动地发展，可以促进教师自我提高的话，他可能就不会这么做了。

主持人：从这个案例来看，他可能前期确实没有认识到，所以很被动、很尴尬。

鲍传友：是的。

主持人：但是要走出这种尴尬，以后可能就得像您说的，认识上有所提升，观念上有所调整，平常多做一些工作，多和科任教师沟通，那么就会尽量避免出现这样尴尬的局面了。即便出现了，教师们也可以更好地去协调。总而言之，可能评教从管理上讲，只是一环工作，而实际上，我们如果做得好，应该是一个教育的契机。无论是学生，还是教师，都要用心去做，相信都会从中获益不少。从这个角度说，评教真的是一堂很好的课。

最后，我想请三位专家，各用一句话来总结一下关于今天这个话题的观点。

延建林：班主任工作无小事，时时处处皆教育，教育学生是我们班主任处理各种关系的出发点和落脚点。

李兰巧：一位好的教师，胜似一本优质的教科书。我希望各位班主任，都不仅是知识的传授者，而且是学生心灵的领路人。

鲍传友：学生评教是现代教学改革的一个方向，它需要班主任去精心地设计，对学生进行精心的全面的指导。

◆ 综合评析

本案例是学生在参与评教活动中，因班主任教育方式选择不当，而引发的一系列学生教育问题。尽管这是一个很小的教育个案，但是它所产生的潜在影响却是广泛和深远的。从表面看，评教似乎只是一个教育评价和教育管理层面的问题，但是因为学生直接参与其中，评教活动就超出了学校一般性事务活动的范畴，成为一个特殊的教育过程，而具有隐性教育功能。案例中的评教活动的后果不仅导致师生关系的改变，而且也导致了教师榜样作用的变异。

一、回放案例

案例中的班主任为了在评教中不给科任教师打低分，在打分以前就在班级里向学生暗示，不管学生个人对科任教师有何成见，打分时都要尽量打高分。这样做的结果是不仅破坏了评教的严肃性与公正性，同时，弄虚作假的行为也会成为一个消极的榜样示范，对学生价值观念和是非判断的形成会产生不利影响，进而形成误导。

在得知以优秀学生小霞为代表的部分学生不理会老师的安排和要求，坚持实事求是地给历史老师打了低分以后，班主任老师严厉批评了学生。因此，给学生带来了许多负面的影响。班主任不顾学生感受，不尊重学生自主选择和行使正当权力的做法大大挫伤了学生参与评教的积极性，也使得老师在学生心目中失去了威信。

因评教而产生的矛盾冲突也影响了师生关系的和谐，给科任教师与学生之间的正常交往和有效沟通带来了不利的影响。因打分问题而导致了师生关系紧张，教师之间关系不和谐。师生关系的紧张难以让学生们“亲其师，信其道”，而班主任和科任教师之间关系的不和谐必然会削弱教师群体的教育功能，难以形成教育合力。

本案例命名为“评教给我上了一课”足可以窥见这位班主任在教育实践中的问题意识和反思精神。正是这种可贵的反思精神使他能够对具体教育情境中发生的教育事件冷静、客观地审视，及时发现自己教育方式的偏颇，并及时给予了改正。案例中，班主任及时地意识到了自己错误的严重性，特别是自己的言行给学生带来的严重影响，在班会上诚恳地向学生们道了歉，认真检讨了自己的过失。从而重新赢得了学生们的理解和信任。

我们也相信，这样的教育事件必定会引发班主任对其后教育实践的深入思考。这一“课”所带来的深刻触动和警醒势必有助于他更加认真地处理教育问题，不断地丰富自己的教育智慧，提升自己的教育艺术。

二、深入案例

纵观整个案例，我们可以看出班主任在处理具体教育情境中的一些值得肯定的地方。

1. 知错改错的精神是颇值称道的

应该说，案例中的老师犯的错误是严重的，他颠倒了是非观念，诱导学生弄虚作假，丧失了教师应该坚守的道德操守和原则，对学生形成了严重的误导。在学生面前知错纵错，滥用教师的权威，也影响了教师公正的形象。但最后他还是幡然醒悟，并当着全体学生的面真诚地承认了错误，从而重新赢得了学生们的理解和信任。

2. 注重教师群体内部的团结以及与科任教师之间的合作是值得肯定的

本案例中，尽管班主任在评教之初让学生给科任教师打高分的做法欠妥，但是可以看出他对教师之间关系的注重。从中可以看出，他对班主任教师和科任教师之间的团结、协作对形成教育合力的意义有一定的认识。

3. 用“冷处理”的方式解决与科任教师的矛盾是可取的

在因打分问题与历史老师出现矛盾时，班主任表现出了比较好的克制力，没有和历史老师发生正面的冲突，避免了矛盾的进一步激化，也为以后自己班主任工作的顺利开展，特别是当下矛盾的解决提供了良好的条件。

三、超越案例

通过案例的深入探讨，我们得到如下启示。

启示一：班主任首先要明确评教的目的。

评教不仅是一种教育教学管理的常规手段，同时，也是一种隐性的教育资源，是教育学生的一种有效途径。从直接的作用看，评教可以提高教学质量，促进教师的专业发展。从长远的影响和潜在的作用上看，评教活动又是尊重学生主体地位，科学民主管理精神的集中体现。学生在参与评教活动过程中不仅可以提高他们的判断力和分析能力，同时，他们在自由表达自我意愿的过程中，也可以感受和体会到民主的意识和平等的思想。

启示二：班主任要尊重学生评教中的自主判断和评价。

尽管大多数学生的评教不能保证全都客观、公正，但基本上都是他们真实的感受和意愿，他们的意见和建议如果不能得到老师公正的对待，不仅会影响到他们参与学校活动的热情与兴趣，同时，班主任的表现也会变成一个负面的榜样示范，对他们建立正确的是非观念产生消极的影响。案例中学生们对教学效果不佳、责任心不强的教师所给出的评价是合理的、客观的。学生们实事求是，敢于讲真话的做法不仅不应该受到老师不公正的对待，而且应该受到老师的褒奖。

启示三：教师要树立并向学生传达公正、客观、全面的科学评价观念。

从学生方面看，对老师的教学水平和教学态度做出评价是他们应有的权力。班主任要向学生传授把握评价标准，平时搜集资料，评价时克服短暂性和情绪性干扰的方法和技术。不仅要让学生了解和掌握科学评教的一般过程和基本原则，更要通过具体的活动过程，教会学生科学、合理地参与评教活动。

启示四：班主任要有意识地创造适当的交往空间和机会，增进科任教师和学生之间的相互了解。

这样，一方面，可以弥补科任教师与学生因交往时间短而导致的情感疏远，形成良好的人际交往的心理氛围；另一方面，也有助于学生系统全面地了解科任老师，从而，使学生对科任教师的评价更趋全面、公正、合理，避免过多主观臆断和有失公允现象的出现。班主任教师应有意识地让学生学会以恰当的方式，借助适当的场合来表达他们的建议和意见。

启示五：班主任教师在评教工作中还要认真做好和科任教师的及时联系和沟通的工作。

班主任要化解因评教而产生的教师群体内部矛盾以及科任教师与学生之间的矛盾，尤其是要做好与科任教师的事前沟通和评教后的及时沟通，做到防患于未然。本案例中，尽管在班会上班主任向学生们认真地承认了错误，但是他本人的认错并没有从根本上解决问题。历史老师如果依旧耿耿于怀，势必会给学生带来很多消极的影响。班主任老师应该主动与历史老师沟通，帮助历史老师转变态度，正确看待自己的错误，和学生们面对面地交流，解开困扰双方的心结。

启示六：班主任要及时地承认错误并挽回影响。

对于教师，特别是对学生心理成长和道德人格发展影响都十分直接的班主任来说，明察自身错误，及时纠正自己的错误的意义更加突出。因为，只有这样才能最大限度地减少因自己工作失误而带给学生的消极影响。案例中的班主任经过了“日复一日的恐惧感的折磨”，才终于在最后的班会上承认了自己的错误，这样的认错与纠错似乎太迟了些，它不仅给敢于直言的优秀学生的心理和是非观念产生了很大的消极影响，也破坏了本应健康、融洽的师生关系。例如，案例中的小霞不仅“上课时，老低着头，不再像从前那样积极举手发言，对班里的事也懒得管，对我讲的大道理也表现得不置可否。”对这样的现象教师应该更早做出反应。

启示七：给学生评教一个适当的、合理的权重。

基于学校教学管理的视角，在评教方案的制订和具体实施方法的选择上也特别需要关注学生评价在整个评教中的构成比例。考虑到学生的不成熟因素，给学生评教一个适当的、合理的权重。

（评析人：迟希新）

拓展案例

奖状该不该发

开学第一天，是班级表彰的日子。今天要发上学期评出的三好学生奖状，本来应该是一个学生们都高兴的日子，却引起了一场意想不到的轩然大波。

班主任张老师宣布了三好生的名单，并让获奖的学生到前面领取奖状。正在这时，传来了一声喝问："老师，为什么没有我?"说话的是班级学习委员小菊。班主任张老师看看小菊说："小菊，同学们的投票只是评选的一部分，还要参考其他条件，最终决定谁可以获得三好生的奖励，你在班里的票数第一，但其他条件不够。""请您告诉我什么条件不够?"小菊接着问。"小菊，你一定还记得我们的班规吧!"张老师平静地说。这下，小菊不做声了。全班学生也一下安静了下来。教室里静得有点可怕。正在张老师准备接着讲话时，一声凄厉的嚎哭声打破了教室的宁静。小菊趴在自己的桌子上放声大哭，并边哭边大声地喊："凭什么不让我做三好生，我在班里的票数第一，你们欺负我。"同学们都面面相觑，不知如何是好。张老师费了很长的时间才让小菊平静了下来。

原以为事情就此平息了。没想到，下午下班前，小菊的妈妈气冲冲地来到了办公室，见到张老师劈头盖脸就是一通数落。对着张老师发完了火，又找学校的校长理论，在办公室其他老师的一再劝解下，才不依不饶地回去了。这场因评"三好"引发的风波把班主任张老师一天的教学生活全搞乱了。张老师不仅感到难过，也觉得满腹的委屈。

这个颁奖风波还得从去年学期初的制定班规开始说起。去年学期初，张老师在班会课上宣布一条班规：在学校日常管理中，凡是因为个人原因而影响班集体荣誉，被学校扣去1分的同学，无论是谁，哪怕学习成绩再好，本学期三好生一票否决。请全体同学从维护集体荣誉出发，人人为班集体增光添彩！后来，有一天，班上学习成绩最好的小菊到校迟到，刚好又被值日的大队委看到。结果，班级被扣去1分，导致当月文明班级丢失了。当时张老师也找到小菊了解了此事。据小菊讲，那天早上因为奶奶出去晨练，不小心摔伤了腿，当时只有妈妈和小菊在家，她帮妈妈安顿好奶奶，赶到学校时就迟到了。尽管她是陪奶奶去医院看病才迟到的，但是，三好生评选时，张老师仍按照年初班规的要求，取消了小菊的三好生资格。

其实，在做这个决定以前，张老师也犹豫再三。一方面，她考虑到小菊平时表现不错，在班级里的成绩也名列前茅，因为这次迟到就取消她的三好生资格，也的确于心不忍。但是另一方面，张老师又担心，班规有约在先，制定的规则在小菊这里出现例外，就对别的学生失去了约束力，以后班级的管理工作就不好开展了。反复思量以后，张老师还是决定取消了小菊的参评资格，这样就引发了本文开头的那一幕。

冷静下来，张老师也在认真反思。自己制定班规到底有没有错？在处理小菊的问题上做法是否妥当？这个案例给张老师本人和我们每一个局外人都提出了许多需要认真思索的问题。

点评：

本案例是优秀学生评价与班规冲突的一个典型案例。在本案例中，张老师为了强化班级的管理，特地制定了班规。

张老师制定的班规是一个刚性十足的制度。“不管什么原因，只要使班级在学校检查中被扣分，本人在三好生评选中就一票否决。”没有充分考虑到这一规定实施的可行性，以及可能会出现的一些特殊情形。在本案例中，学生评价和班规的制定之间出现的矛盾还反映在规则制定的方式上，本案例中的班规似乎完全是班主任的一己之言。案例中的张老师不仅应该认真反思班规是否科学，是否符合实际情况，是否有执行的可能性，还要特别关照让学生们主动参与到班规的制定和讨论中，使班规制定的过程成为学生们给自己立法的过程。

本案例中，小菊本人在课堂上的过激反应，以及家长到办公室的大吵大闹，不仅严重影响了学校正常的教育和教学秩序，也给师生关系、家校沟通带来了一定的消极影响。但是，如果能够事先进行有效的沟通，这些冲突都是可以化解的，至少可以最大限度地降低因此带来的消极影响。对于小菊迟到违反班规，不能获得三好生荣誉称号的处理结果，张老师应该事先向小菊本人和家长做具体说明与解释。

另外，张老师还可以采用一些具体的办法化解矛盾：把小菊因特殊原因迟到，违反班规的事件在班会上提交学生讨论，让大家共同做出选择，并决定是否更改班规的具体内容。

（点评人：迟希新）

相关资源

1. 评语是学生的一面镜子[①]

学期接近尾声，撰写学生评语工作已拉开序幕。学期评语是老师对学生一学期学习生活的评价，以及对学生的期望；能帮助学生正确认识自我、发扬优点、改正缺点；能使家长对子女进行有的放矢的家庭教育；同时具有向学生进行思想品德教育的功能。据说黑格尔之所以能成为一名著名的哲学家，在某种程度上还得感谢他的一位大学老师给他写的这样一段评语："你记忆力强，判断力健全，文字通顺，作风正派，神学成绩平平，但语言知识丰富，在哲学方面有天赋且十分努力。"原来，由于家庭的影响黑格尔考入了神学院，打算毕业后去从事当时颇受人尊敬的牧师职业。然而正是这段评语深深地触动了黑格尔，使他走上了哲学研究的道路，并取得了巨大的成绩。所以，学期评语是班主任工作的一个重要方面，不可等闲视之。

（陈　丽）

2. 写评语的忌讳[②]

评语，是对学生一学期来的学习、生活、工作、身心等各方面的总结和评论。一则好的学生评语能促进学生的发展，甚至影响学生的一生。课程改革的积极进行，教育理念的不断更新，已经使得那种老式的、说教型的、千篇一律的操行评定与现代化的教育格格不入，操行评定也应与时俱进。

一、内容构成

操行评语的内容构成一般包括三个部分：优点、缺点、期望。优点一般来说是主要部分，往往写在前面。对优点要充分肯定，既要写得概括，又不

① 陈丽．评语是学生的一面镜子［EB/OL］．（2008－06－02）［2009－05－11］．http：//www. pep. com. cn/xgjy/jiaoshi/xsyj/jstd/200806/t20080602_ 470661. htm.

② 幽兰．写评语的忌讳［EB/OL］．（2007－10－27）［2009－05－11］．http：//www. edudown. net/teacher/banzhur/pingyu/200710/17329. html.

能空洞，应结合具体事例。缺点一般来说是次要的，但也不能掩饰，要明确指出，也应注意用词造句的分寸感，要让学生感受到你真诚的关怀和爱护。期望既是老师对学生提出的要求，又是学生日后努力的方向，用词上可以以鼓励和激励为主。我在写评语的时候一般是两个部分，把缺点放在期望部分，语气比较婉转，不至于让人丧失信心，还能起到激励作用。

二、评语要求

1. 分清主次，看本质

在撰写评语的时候，教师应该以鼓励为主，坚持正面教育，要像放大镜一样找出学生身上的“闪光点”，肯定他们的点滴进步。

2. 突出个性，重情感

教师要学会仔细观察，以小见大，从小事中发现学生，了解学生。同时，在写评语的时候，一定要带着感情去写。建议使用第二人称，因为这样的语气显得老师和学生之间更平等、更融洽，写出来的评语更感人，更容易引起学生的共鸣，更能达到良好的教育效果。

3. 讲求艺术，激活力

在用词上，教师一定要不怕麻烦，字字斟酌，不仅要语句通顺，更要做到客观准确、恰如其分。特别是在指出学生错误的时候，一定要注意表述的语气。要做到既能一针见血，又不伤其自尊，从而较好地引导学生，激发他们的活力，产生良好的教育效果。

4. 注重变化，求发展

不能孤立、静止、片面地看待学生，而要细心观察，分析研究学生的变化，做到参照过去、着重现在、放眼未来。

三、写评语的忌讳

1. 忌戴高帽

给学生的鼓励要恰当，不能太夸张。我在看一个班级的学生评语时，竟然80%用到了“聪明”一词，大部分评语都有“很、非常、极了、真、太”等表示程度的词语，那么事实上是不是真的这样好或者差呢？评语可是一种导向啊，应该恰如其分。

2. 忌突出“老师”

我们有的评语满篇都是“老师”的影子：“老师很高兴，老师生气了，老师欣赏你，老师喜欢你，老师期待你……”本来有的学生就有种不成熟的思想，以为我的学习都是为了老师，这样的评语就更给学生以这样的导向。

3. 忌不着边际

有的评语诗情画意：你是一朵含苞欲放的花朵，你像教学楼旁的小树，茁壮成长……有的评语非常概括：你关心集体，团结同学……如果通篇都是这种文体，那么等于没写评语，太空洞了，应该写出具体的事例，或者更加细小的方面。

4. 忌错字病句

一般来说，作为一名教师已经不太会出现这样的问题，但是偶尔不检查，或者抄写时不注意，就会出现错误的字、词、句以及标点。看似小事，影响到的可是教师自己的声誉，以及对学生的不良影响。

尽管只是短短几十字的评语，但我们要认真对待，把它作为一个展示自己才华的窗口，把它作为与学生、家长沟通的平台，以自己的严谨让学生与家长找到目标，找到方向。

学员作业

1. 结合自己参与评教的工作经历，谈谈你对学生评教工作意义的认识。

2. 当学生在评教中给你打分很低或有很多负面评价时，你会怎么处理？

专题 8 学年结束

信任出自实事求是

核心问题

- 班主任的年末总结，到底是为了什么？
- 班主任在做年终总结时有哪些基本要求？
- 班主任在总结工作中，应当以什么样的态度开展表扬与批评？

拓展案例

- 用心灵去感受，用真情去倾诉

案例故事

学年结束时的一幕

相关资源

- 享受着写总结的快乐

对话班主任

主持人：肖北方

班主任：王淑君

李卫东

对话专家

主持人：肖北方

专　家：白铭欣

张东娇

田万生

综合评析

评析人：崔静平

学员作业

- 回顾自己的班主任工作，选出你认为最成功、最有效的一个学年的工作，进行班主任工作总结。

核心问题

1. 班主任的年末总结，到底是为了什么？
2. 班主任在做年终总结时有哪些基本要求？
3. 班主任在总结工作中，应当以什么样的态度开展表扬与批评？

案例故事

学年结束时的一幕

小强、小为和一些同学正在初二办公室与班主任康老师理论。

“我们俩根本就不是您说得那样，更不是为了我们自己。当时就是考虑了咱班同学，为了大家好。您凭什么在总结会上那样评价我们？”满脸怒气的两名同学面对班主任发出了这样的质问。

……

“这样的板报内容太伤人了，我当时没理你们就得了，现在总结还要表扬板报组呢！”

……

“老师，那件事不光是我一个人，还有好几个同学参与呢。再说，这件事的主意不是我出的，是咱班小辉想出来的。我只是参与者，您别把功劳都记在我身上，我承受不了。”

……

办公室里还有其他几名学生，好像也在等着要和班主任老师解释什么！

班主任认真地听着，还不时地记录着。

事情原来是这样的：

在2007年7月9日上午，初二（5）班学年工作总结会上，班主任康老师对整个学年的班级工作做了全面的总结。没想到，班级总结会刚刚结束，学生们就出现了这么多不同意见。“怎么？一个学年总结，会带来这么多问题？”班主任注视着一个个发问的学生，努力思考着久久没有作答。脑海里被这一个个问题缠绕着。

学生们一通嚷嚷之后，悻悻地离开了办公室。班主任康老师陷入了沉思：“到底哪儿出了问题？根源何在？被批评、被表扬的同学为何都不满意？”

小强和小为是班上个子最高而学习却较差的两名学生。他俩在班内非正式群体中的威信较高，且凝聚力较强。在一次年级篮球比赛中，由于对方球员犯规，与我们班球员小敢产生了争吵。小敢在球场上发怒，和对方球员动了手，而小强上场将本班同学小敢连拉带拽地揪出了球场，小为将对方球员推出了场外劝说。但因当时双方球员情绪都比较激动，故使比赛停赛。不过，事后在小强、小为等人的调解下，矛盾双方还是和好如初了。

班主任康老师误认为是小强和小为的参与，致使双方矛盾激化，比赛停止，影响了两个班级之间的团结。

对于班内板报组的工作，老师的表扬引起了小新同学的不满。原来上学期班内出了一期题为“同学，你要自重”的板报。内容点名批评了小新同学在物理课上与科任教师争辩，其原因是老师所讲的内容与小新的理解有误。结果物理老师在课后评价表中，给这节课打了80分。班内板报组就此出了一期板报，而后来小新同学又与物理老师沟通了几次，已经解决了师生之间的隔阂和知识上的疑点。小新属于外向型的学生，对板报登出的内容也没有太在意。谁知，班主任老师在年终总结会上提及此事，且大张旗鼓地表扬板报组，诱发了小新同学的极大不满。

小萍是班委干部，各方面表现都很出色。在一次周日学生自发组织的整理教室前面被雨水冲出的大沟的活动中，她积极地参加了，并在整个过程中积极献计献策。但那次义务劳动的最初发起人不是她，而是班上的小辉同学。班主任康老师对那次活动在总结中给予了充分肯定，且表扬了以小萍为首的团队。而小萍内心感到愧疚，因此找班主任老师进行解释，她最担心的是怕老师的表扬给她带来同学之间的不和，让同学们认为她贪功。

对话班主任

主持人：肖北方
班主任：王淑君、李卫东

主持人：这个案例故事，主要讲的是学年结束的一幕。在办公室，老师不解地在那儿思考：被表扬和被批评的学生都不满，原因何在呢？我想问问王老师，您怎么看这个问题？

王淑君：我认为这位老师的初衷是好的，很想在学期末通过表扬，让孩子有信心，下学期做得更好。同时，对班级中存在的问题、学生所犯的错误，作为班主任也是应该指出的。

主持人：案例故事后面陈述了这几位学生为什么不满。那么您怎么看呢？

王淑君：我看了后面的内容以后，我觉得老师犯了一个错误，他没有经过仔细的调查研究、没有听取学生的意见，而是盲目地去表扬和批评，导致被表扬的和被批评的学生都对他的做法有异议。

主持人：在您多年的班主任工作中，您遇到过这种误解学生的情况吗？

李卫东：在我刚工作时发生过这种事情，我在板书时听到一个学生在说话，我回头一看，就以为是自己看到的那两个学生说话，可他们不承认。我坚持说就是你们说的，这时候课堂上陷入了尴尬的境地。我强忍怒火，把课上完了。下课后，我刚走到教室门口，另外一个学生就追了出来，对我说：刚才上课是我说话的。我听了以后，自己心里很矛盾：是向学生去道歉，还原事情的真相呢？还是维护老师的尊严，隐瞒真相？经过斗争，我还是马上当着全班学生的面对被批评的学生说：真对不起，是我批评错了，没有调查清楚，向你们道歉。

主持人：您是这样来补救失误的。那您要做学年末总结，一般会怎么做？

王淑君：我是教小学的。小学生非常在乎老师对他的批评和表扬。我在做总结前要做大量的准备工作，要充分地向学生、家长调查了解，还要看班级活动记录，等等。综合调查后，才开始我的总结工作。一般以期末学生的自我评价手册为主。

主持人：让学生自评。

王淑君：对，评价是多项，主要是平时的表现，先学生自评，然后同学互评，再请家长评，最后我综合大家意见，得出结论进行表扬，这是最基本的。学生非常在乎老师期末的表扬，这是对他一个学期的认可。很多小学生，在各种各样的活动中，也希望老师在同学们面前对他进行特长的肯定。我们还搞过“闪亮之星”活动：期末的时候，学生把在校内外参加各种活动获得的证书以及奖品都拿到班上进行展示，目的是让孩子们有一个参与的活动，这对培养集体荣誉感很有好处。另外，我们班在期末还搞了评好家长活动。以平时班干部的记录为准，看哪位家长为班集体管理建设所作的贡献大，到期末就当选为家长之星。这样总结不仅表扬了孩子，也表扬了家长。这样，家长参与班级管理的积极性会更高，对孩子的教育也特别有好处。总之，在期末总结时一般不采用批评的方式，我们的期末总结会永远充满了表扬和笑声。批评怎么办？都是留在私底下。在平时点点滴滴的小事中，我觉得应该给孩子指出其缺点和错误来，对他以后成长有好处，但我会私底下做。

主持人：班主任老师的总结一般来说表扬可以是公开的，批评尽量是私下里交换意见，这样效果会更好，也算是保护孩子的自尊心。中学也是这样吗？

李卫东：中学一般也这样。批评学生时，一般是单独交流，这样可能更有实际意义。发现问题进行及时处理，学生也容易接受。期末总结毕竟是对他一学期的评价，尽量多表扬，给学生更多的信心。

主持人：对一学年来说，可能仅就某一件事情总结，学生是很难接受的。

李卫东：如果对一件小事评价，会以偏概全，对学生评价不全面，不具体。这就需要班主任老师平时多去关心、观察、了解学生，这样，再形成对学生年终的总结。教师在总结时要特别慎重，你说的每一句话，你所表扬的目的，事先都要做好准备，你心里也要特别清楚。事情发生是在平时，已经处理完了，期末就没必要再提出批评。

主持人：在事情发生的时候，该批评的就批评，教师要及时处理。但学年末总体评价，应该以肯定和激励为主。案例中班主任应该怎样做更好？

李卫东：对于两个学生打架那件事，我觉得应该把这两个学生找来，问明情况后应给予积极的肯定。

主持人：肯定两位学生的初衷和表现。对于板报组的学生受表扬，个别学生不满，班主任应该怎么做？

王淑君：我会了解事情的原委，之后若自己做错了，就应该向学生承认错误。是集体的成绩，就表扬这个集体。漏表扬的，此时要补充上去。这样，学生就易于接受了。

主持人：总结本身不是目的，而在于对日后的学习和生活有更好的激励作用，所以我们班主任教师一定要用心做好学期末的总结工作，这样才能使班主任工作一年比一年做得更好。

对话专家

主持人：肖北方
专　家：白铭欣、张东娇、田万生

主持人：说到学年末，有一项基本的工作内容：班主任要对学生各方面表现做一个总结。不同的班主任，在总结中会有不同的思路，不同的风格。但一般来讲，在总结中无外乎对学生肯定或否定。案例“学年结束时的一幕”，这位班主任肯定了班里的一部分学生，也明确指出了班里学生值得改进的地方，但是结果是被肯定的学生不买账，被否定的学生也气势汹汹地跑到了办公室，和老师一番理论。我先请白老师谈谈，您怎么看待这个问题？

白铭欣：我觉得这位班主任工作是失败的。他不清楚自己要做什么，目的、想法非常模糊，所以就在期末随便表扬几个、批评几个。最后搞得不说怨声载道吧，也是意见很大。原因在哪儿？从原则上讲，有这么几点：第一，就是批评与表扬没有教育性，没有紧扣教育目的，盲目地做这个事，不知道为了什么；第二，这位老师没有认识到批评与表扬的必要性；第三，他这个表扬没有群众基础，是自己想当然的，不是大家关心、学生们都呼应、能引起共鸣的东西。他只不过是在履行一个工作程序而已；第四，这个批评、表扬的毛病是没有事实依据，没有经过调查研究。所以这种批评、表扬的结果就是大家不服气，议论纷纷，甚至找老师来说理。这就是教育的失败。

主持人：就这个案例来讲是不成功的。您认为作为一个班主任老师，在运用表扬与批评这种激励手段的时候，应该注意什么，何种手段更有利于学生的发展？

白铭欣：我是这样看的，第一方面是教师的批评与表扬要把握教育性：首先，要对批评与表扬的目的、意义认识清楚。其次，方法上要适度，选择最恰当的方法。最后，要考虑教育的互补性。

第二方面是在内容上要注意几个问题：首先，批评与表扬和班级工作目的要紧密结合，不能离开班级工作目的来表扬、批评。其次，表扬必须要有教育集体的作用，好的批评与表扬应该是得到群体的呼应和共鸣的。最后，由教育集体的作用发展成为有引领的作用，有借鉴意义。通过批评与表扬，引领大家认识何事该做，何事不该做，该做应怎样做，不该做应借鉴、警惕什么，这样就达到教育的目的了。

第三方面是表扬与批评的方法，轻重增减要适度，不能说过了，也不能轻描淡写。在批评与表扬过程里面，要做好批评与表扬前后的工作。教师要站在一定的高度、从理性分析角度进行批评、从事情的益处和危害来认识这个批评与表扬的必要性，让学生接受。表扬不能就事论事。教师的态度要合适，不能声色俱厉，不能嬉皮笑脸，不能随随便便。期末总结，指名道姓地以一个个事例作为批评的对象，我觉得不合适。因为批评是一种惩罚，不能随便指名道姓，有些问题完全可以个别交谈，不宜在大家面前讲，这不仅伤害学生，也会给教师以后的工作带来被动。

主持人：总之，这个批评与表扬，看似是学期末做工作总结的一种基本手段，其实最根本的是一种教育手段，要从教育的目的出发。张老师，您是做管理研究的，像案例中的老师被动尴尬的局面是否可以避免？

张东娇：整个案例，是由三个事件构成的：拉架事件、板报事件、平大沟事件，先后涉及四个学生。老师通过一场总结造成了一种管理上的尴尬：被表扬的不高兴，遭批评的更不高兴。这主要是老师的管理经验不足，沟通不到位，领导不到位。我认为尴尬完全可以避免。

我想可以从三个方面去做。

第一，就是从班级管理和建设的角度：首先，教师在班级管理的过程中，应该建立起一个非常完备的沟通制度和渠道，就是说凡是班级遇到问题的时候，我怎么去解决，都要提前做好安排。其次，我建议他不要就事论事，而应把总结当做是班级管理和建设中一个环节考虑。从管理学的角度来讲，要做好计划，再实施行动，然后要检查反馈，最后和领导沟通。

第二，就案例本身怎么去做才可以避免这种尴尬：首先，调查研究要充分一些，不要轻易下结论。其次，要讲究一个传播、沟通的方式。教师在期末总结前是要备课的，不是我想说什么就说什么。建立在调查研究充分的基础上，还要构思好这次班会什么时间开，开多长时间，如果在 30 分钟内完成，你绝不要用 31 分钟，因为要考虑到他人、听者的利益。那么我怎么去讲，以什么方式去沟通，是当众的表扬，还是私下里的批评，这些都是需要慎重考虑的。教师的一言一行，都具有引领意义，对学生成长的影响很大。最后，评估工作要做在前面，要有一个沟通的渠道，思前想后，做完之后的后果是怎么样的？会引起什么？都要想到。

第三，就是要及时地总结和反思。犯错误并不可怕，工作不当也不可怕，可怕的是不知道犯错误，没意识到工作不当。要写反思日记，医生看病人有病例，教师也应有教例，把类似个例记录下来，及时地总结和反思，这样做了，相信他一定是一个非常好的班主任。

主持人：田老师，您是做心理研究的。您觉得老师对学生的误解，对于师生关系会造成什么样的心理影响？

田万生：伤害了感情，伤害主要指的是情绪、情感方面，一般来说，人的心理状态分三种类型，第一种是父母心态，父母心态特点包括两个方面，一方面指责人、训斥人、教训人、管理人；另外一方面也会关心人、照顾人、保护人、安慰人，这些都属于父母心态的特点。第二种就是成人心态，成人心态特点是实事求是，非常客观，有一就是一，有二就是二，与人平等。第三种就是儿童心态，儿童心态完全是情绪、情感，我们知道儿童心态主要有两个特点，婴幼儿时期，他的情绪表达方式只有两个，要么是哭，要么是笑，所以儿童心态一出现的时候，比如说欢乐、愉快这都是积极的一面，痛苦、悲伤，那就是负面的。案例中班主任在做总结的时候，严重地伤害了一些学生，造成了学生的负面情绪增加。你看我每天都处在一种愤怒、怀疑、悔恨、焦虑的生活状态中，我还怎么能正常地学习和生活？

主持人：负性的心态是不利于正常的学习和生活的。

田万生：对，所以他直接伤害了这些学生，也妨碍了这个班集体的发展。师生关系上就出现了一个最可怕的问题：互相不信任。我不信任你，你以后再说什么，你别和我说，我不听，你说对了我也不听。而且互相不相信容易泛化，我对科任老师也不信任，我对学校也不信任，我长大以后对这个社会都不信任，你们都在说假话，都不实事求是，这个关系就越来越僵了，就伤害了人的情感，伤害了儿童心态。

主持人：主要是他的负性的情绪体现占主导地位了。您认为在后期教师应该怎么样去做？

田万生：我想这个案例，责任不在于学生，而在于老师。我一直关注教师的自我成长这个课题。因为他是以人为工作对象的，凡是以人为工作对象，自我成长都是他一生的主题。当我还有问题的时候，我怎么使教出的学生没有问题呢？我要改变我的学生，自己不改变怎么可能改变学生呢？有一位长老在死之前说了这样一段话：当我还年轻的时候，我决定改变世界；当我年长一些的时候，我发现这个目标太大，所以我决定改变我的国家；当我年龄更大一点的时候，我发现这个目标也太大，所以我决定改变我的城市；后来我发现连这个也办不到的时候，我决定改变我的家人，我本来打算在联合国去解放全世界，后来不行，我弄个国家主席行了吧？省长、市长全干不了，我要改变我的家人，现在当我到了生命的晚年我才了解到，我应该先改变的是自己。如果我从自己开始，我就可以改变我的家人、我的城市甚至我的国家。

主持人：正好是逆向的。

田万生：我认为刚才两位老师讲的深入了解情况，把事实都搞清楚，创造机会重新开一次班会，使用成人心理状态，实事求是地把整个班上的情况告诉大家，是正确的。这个教师的父母心态非常强，认为自己高高在上，说了算。这种内部的观念不发生变化，所有形式上的变化都是没用的。我所说的自我成长，绝对是从心灵深处的成长。

主持人：这个案例对于这个班主任来讲，可能是一个失败的经历，但是从这个失败的经历中我们可以反思很多问题：就是作为班主任老师要想改变学生，首先得改变自己。比方对人的看法、基本的学生观、正确的工作思路。还有一个最根本的就是老师和学生之间的关系，应该是平等的。教育的本质是一种双向、互动的交流过程，是一个共同提高，共同成长的过程，而不是我高高在上，给予你、带领你或者评判你的过程。这一点认识到位，我们很多工作思路，工作方法就会有所改进。案例中的班主任老师如果能够在这方面做一些调整，是可以避免案例中这种尴尬的局面的。最后请三位专家，各用一句话对今天的探讨做一个小结。

白铭欣：批评与表扬要讲科学性，更要讲教育性。

张东娇：管理是人和制度的一种对话。沟通就是班主任成功的一个法宝。

田万生：改变自己才能改变他人。

◆ 综合评析

一、回放案例

康老师借学年总结，对班上的学生进行了表扬和批评。然而，他的表扬学生不领情，他的批评学生不认账，康老师因此很苦恼。

（1）康老师批评了在球赛场上肇事导致停赛的两名学生。而事实上，当时是因为对方违规才导致与本班学生冲突，而这两名学生是出来劝架、拉架、协调矛盾才卷入这场风波的。

（2）康老师表扬了板报组写了一篇批评同学因与任课老师发生冲突影响班级得分的事件。而事实上被批评的同学与科任教师之间的矛盾和误解，双方已经私下解决了。

（3）康老师表扬了周日自发组织学生整理教室前面被雨水冲出的大沟活动的班委干部，但这位干部认为这个活动其实不是她最先发起的。

二、深入案例

1. 康老师值得肯定的地方

（1）康老师重视学年的总结，且把对学生和班级工作的评价置于总结的重要组成部分。康老师的初衷是好的。为此他搜集了大量的好人好事加以表扬，对不尽如人意之处进行了批评。他试图体现总结的全面辩证、公正客观，力求通过总结经验与教训，使大家克服缺点、发扬优点、取得进步，以达到激励的作用。

（2）康老师对学生们的不满和意见，他没有生气，也没有反驳，更没有推卸责任，而是追根求源，深入思考，体现了他的责任心和反思意识。

（3）康老师在学生追到办公室大声嚷嚷的时候，能够注意倾听。这体现了康老师具有比较强的忍耐力，较宽阔的胸怀。他不虚荣，不维护所谓的“教师的尊严”。他的这一举一动，对后续师生沟通、班级管理等方面工作的开展奠定了良好的基础。

（4）学生敢于找老师说明实情，说明老师平时与学生的关系比较融洽，班级管理比较民主。

2. 康老师可以改进的地方

（1）班主任康老师在做学年末总结时缺乏目的性，没有确定通过学年末总结要达到什么目的。从案例中看出他缺乏对总结内容的总体设计。希望在总结之前要有整体设计并确定明确的目标。

（2）班主任教师学年末总结缺乏教育性。内容的选择和方法的确定上应该做精心设计以达到教育全班、鼓励集体的作用。

（3）班主任教师可以事先动员全班学生共同参与总结工作，在师生团结互动中将学年末总结工作完成。

（4）班主任教师应精心设计学年末总结过程，用新颖、多样的方式将总结完成，让学生在过程中感觉到有收获，并真正受到深刻的教育。

三、超越案例

学年末的总结在班级工作中具有承上启下的功能。它不仅是班级工作一年来得失的盘点、成败的反思，更是改进新学年工作的重要基础和依据。搞好学年末总结，不是一个走过场的形式，而是关系到学生的发展、教师的成长、班级工作改进的重要环节。班主任不仅要提高对学年末总结意义的认识，还要提高总结的科学性和有效性，把学会总结当成班主任一项重要的基本功。对案例的深入探讨给我们提供了不少有价值的启示。

启示一：学年末总结，表扬与批评有原则。

- 明确的目的性和教育性，避免盲目性。不要为总结而总结，不要把总结当成走过场，更不要认为总结主要是做给领导看的。
- 要有教育引领的作用，能对班级产生积极影响。要使总结成为教育与激励学生的体验过程。
- 做好前期和后续的工作。关注表扬和批评对学生的心理影响，要有必要的防范意识，做好相关工作。
- 总结会上不宜对具体人提出批评。对犯错误学生的批评要私下进行，注意保护学生的自尊。表扬、批评要根据学生的不同特点恰如其分地实施相关策略。
- 以表扬为主、批评为辅。批评要讲艺术，要体现班主任的实践智慧。

启示二：学年末总结，内容选取有要求。

- 要有群众基础，组织学生参与讨论，总结才有说服力。总结得不到大家的认同，就失去它的根本价值。
- 要有事实根据，要经过深入细致的调查研究。
- 要有针对性，要有重点地选择具有教育作用或激励作用的典型事件。
- 要有一定高度，体现班主任对班级工作的高站位、广视野和宽胸怀。

启示三：学年末总结，认真策划有准备。

- 精神准备：师生平等的心态、冷静的反思、先进的教育观和学生观。
- 资料准备：本学年的工作计划、累积的工作记录、调研核实的情况记录等。
- 方法准备：互动式和讲解式等多种形式相结合。

启示四：学年末总结，态度认真讲效果。

- 写总结稿：素材精挑细选，写作叙议结合，文字精雕细刻，反复推敲。
- 开总结会：精神饱满，话语亲切，气氛和谐，力求打动每一位学生的心。
- 讲求效果：总结的最终目的是得出经验，吸取教训，找出做好工作的规律，满怀信心迎接春华秋实的新一年。

（评析人：崔静平）

拓展案例

用心灵去感受，用真情去倾诉

还记得那一年是我踏上工作岗位的第一个学年，对待班主任工作，我空有满腔的热情和初出茅庐的冲劲，却缺少宝贵的工作经验。对待班级顽皮学生的管理没有行之有效的办法，经常需要同级组老师、学校领导乃至校长的指导和帮助。班主任工作没有自己的主见和特色，喜欢盲目跟风或不加分析地笼统接受他人的意见。第一个学期即将拉下帷幕，作为班主任老师，必须做好学期的工作总结和对学生的综合评价，完成每一位学生的《学生素质报告册》。

《学生素质报告册》要求班主任老师如实填写学生一学期各门功课的成绩，并且撰写完学生一学期综合表现的评语。校长三令五申强调这本《学生素质报告册》的重要性，他说报告册是每位班主任交给学生和家长最重要的一份作业，是体现教师工作能力、工作态度的一个窗口，每个学期只有一次，要求我们必须认真填写，保证数据和内容的正确。话虽说如此，可是对于刚踏上工作岗位的我，撰写学生评语还是十分陌生的，因此当时我私底下请教了隔壁班一位年轻的班主任老师，他友善地把他从网络上下载到的学生评语资料借给我，并建议我可以参考这些网上的资料，让这些评语和学生一一对号入座，既省时又省力……毫无头绪的我开始了我学生评语的撰写工作。一个班级的学生很多，我首先选择了许多印象深刻的学生进行了评价。写评语的时候，我的脑海里浮现出了学生们平时的种种表现，他们或活泼开朗，或才艺出众，或成绩出类拔萃，或劳动积极，一一形象鲜明地在我脑海里浮现，这些学生的特点和表现很快在我的笔端流淌成了文字，它们字字真实，句句真切。然而剩下一小部分学生却让我困惑了，他们平时在班级表现平凡，上课时不积极发言，劳动时也不常见他们积极的身影，学习成绩差强人意。我苦苦思索仍无头绪，不知道如何撰写这部分学生的评语。这时我想起了同事借给我的网络评语资料，便拿出来翻阅，然后从中找到几则自认为比较接近的评语，与这部分学生一一对号入座，完成了最后这一部分学生评语的撰写。

学生放假前，我满意地把这份“作业”上交给我的学生们，可后来发生的事却让我始料不及，后悔不已。学生放假后没多久，有一天我接到了校长的一个电话，校长要求我到校长室去。一头雾水的我赶到校长室时，只见办公桌上放着一本《学生素质报告册》，那鲜红的颜色显得特别刺眼。校长让我好好地读一下学生评语，我打开那本报告册时几乎快懵了，正是我班小李同学的报告册。我一字一句地读：

“学习和工作都非常出色的你，曾问我成绩方面为何不能有较大突破，跃居全班第一。南宋诗人陆游的一句话，或许能给你一些启迪：‘汝果欲学诗，功夫在诗外’。如果你把你对网络的那股热情用到学习上，多看些课外书，拓展视野，拓宽知识面，相信你会取得进步的，现代社会需要的是综合素质较高的人才。”

读罢，校长让我解释一下“汝果欲学诗，功夫在诗外”这句诗的意思。这时心虚的我早已结结巴巴，语无伦次。事实上我也不太清楚这句诗的确切意思，只不过因为苦无头绪，就把网络上的学生评语照搬了上去。

校长对我进行了严肃的批评和教育，并给我讲述起了这本《学生素质报告册》的由来。

原来小李家中是没有电脑的，家长对他也管教得很严，上学放学都是亲自接送，小李接触电脑、网络的机会少之又少。因为我评语里的一句“你对网络的那股热情”，家长断定小李在校外沉迷网络游戏，因此狠狠地教训了小李一顿。小李受了委屈，据理力争，闹得沸沸扬扬。最后，家长静下心来思考，觉得家中没有电脑，自己对孩子的教育管理又一向到位，孩子没有沉迷网络的基础和条件，怎么会有“对网络的那股热情”一说？再加上家长实在不理解陆游那句诗的意思，因此就找到校长，投诉班主任老师没有根据学生本人的实际情况认真撰写学生评语，误导了学生和家长……

听着校长一字一句地讲述，我的脸火辣辣的，惭愧地低下了头。细细回想，我发现自己犯了一个不可原谅的大错误：我没有用心、充分地去认识和了解学生，没有根据他的实际情况给出合适的评价，拼凑出的评语连自己都无法自圆其说，这样的评语又怎么有脸去面对学生和家长呢？

这样的一份学生评语是失真的，更是失败的，同时它也给了我一次深刻的教育。为什么对有些学生，我撰写评语的时候才思泉涌，信手拈来，既准确又轻松就完成了对他们的评价；而对于像小李这样在班级低调的学生，我却苦无头绪，就算是堆砌文字也构筑不出一篇评语？经过苦苦反思，我找到了问题的答案：不是学生低调内向，而是我没有用心去走近学生、了解学生。班级的每个学生都好像是一张纯净的白纸，教师必须教会他们用自己的行动、用自己的努力去给这张画纸添光加彩。像小李这样的学生，因为平时在校表现并不活跃，我潜意识里就把他们归入“内向、低调”的行列，不但上课提问的机会更多地向其他学生倾斜，就连一些活动、劳动也经常把他们划在范围之外。久而久之，他们得到锻炼的机会就越来越少，表现的欲望也在一次次冷落中被消磨殆尽，自然更加地低调和内向。而我也就很难从这张白纸上发现任何绚丽的色彩，期末的评语也便苦无头绪，久久下不了笔。

陶行知先生曾经说过：“教育——这首先是关心备至地、深思熟虑地、小心翼翼地触及年轻的心灵。”“真教育是心心相印的活动。唯独从心里发出来的，才能打到心的深处。”从那以后，我用心地走近学生，走进他们的心灵，去认识和了解他们的世界，把学生视为我的朋友、亲人，以诚相待、以情相待，为他们着想，帮他们解决学习生活中的困难。上课的时候，我把提问的机会平均而又有目的性地分配给所有的学生；下课了，我倾听他们的心声，与他们一起踢球、做游戏；劳动的时候和他们一起动手；有各种各样的活动时总是鼓励更多的学生参与其中；学生周记中为他们开辟了“师生交流平台”板块，聊天工具QQ中与他们结为了好友……渐渐地，我发现，学生对我更加地信任，他们的表现也更加活跃积极，我对他们也更加地了解了。蓦然回首，我才惊喜地发现：原来小李手抄报创作得特别好；小张唱歌很好听；小林能弹一手动听的古筝；小陈自理能力很强，做菜特别好吃……这些都是我以前忽略的。

美，一直都围绕在我身边，只是我没有用心去发现。

又一个学期的工作告一段落，这一次我满怀信心，胸有成竹地写下了每一位学生的评语。用心去感受学生的点滴成长，用真情把充实与感动倾诉在笔端。那真切的评语就像是每一个学生的缩影，久久在我的心头荡漾：

“你是一个活泼开朗的女孩子，脸上总是挂着灿烂的微笑……”

“知道吗？你思维敏捷，口齿伶俐，能言善辩，课堂中总少不了你精彩的对答……”

“老师说过，你就是班里的一朵金花。你真诚善良，踏实能干，担任班长工作尽职尽责，深受老师和同学的喜欢……”

点评：

由于这位老师对班上的某些学生平时有些忽略，以致期末给他们写评语无话可写。于是将网上下载拼凑的评语给学生抄上，结果牛头不对马嘴，无法自圆其说，以致引起了一场风波。这位老师深感惭愧，意识到自己犯了一个不可原谅的大错误。

每个班主任都有失败的教训，关键在于怎样对待？许多人常犯的毛病是打胜不打败。出现问题时总善于埋怨别人，找客观原因。这位老师却在挨了校长批评后，认真反思自己，找到问题根源所在——写不出评语，忽略学生，并不是因为学生“内向、低调”，而是自己没有用心去走近学生、了解学生。后来，当他深入学生，对学生以诚相待、以情相待，想他们之所想，急他们之所急时，这些“内向、低调”的学生就变得明朗起来了，他们勇于表现，各有所长，老师为他们写下的评语也就生动了起来，充满了真情实感。师生在总结、评语的激励下共同成长。

（点评人：崔静平）

相关资源

享受着写总结的快乐

岁月匆匆，转眼一年的365个日子又在我们匆匆的脚步中悄然逝去。这是繁忙而充实的一年，这是为六年小学生活打好坚实基础的一年。这一年的辛勤耕耘，最大的收获就是为学生们种下了一颗美丽的种子——童书阅读。

具体操作就是“以阅读促纪律，以阅读正班风，以阅读练写作。”阅读是我们这一年的主题。

学生们幼小的心田就像一块等待开垦的土地，你种下什么就将会收获什么。就我个人而言，我是伴随着阅读成长的，我想将这种简单易行的方法传递给我的学生，从而使他们养成一种好习惯，让阅读伴随他们快乐成长。因为我的大力倡导和身体力行，学生们课外阅读兴趣浓厚：主动阅读、同伴共享、相互交流蔚然成风。我们班的阅读活动开展得如火如荼。上完新课之余的间隙甚至课间十分钟，操场上、乒乓球台旁、教室里，随处可见三个一群，五个一伙，都手捧一本书，信手翻阅或者投入阅读的场景。如果说上个学期的每天阅读 30 分钟常规作业还是一种形式，一种被动完成老师交代的任务，一种部分学生的自觉行为的话，那么这个学期的阅读气氛可以说是空前高涨，几乎所有的学生都加入到阅读的行列中来了。没有什么神奇的魔力，只因为我紧紧地把正了学生的脉搏，以采取物质刺激的方法让学生们乖乖“就范”“束手就擒”。

我告诉学生们，遵守纪律、听课认真的学生将从我这里获得一样最高奖励，那就是借书阅读或者读故事给他们听。这个奖励大大刺激了学生们的上进心和阅读欲望。想急于获得老师肯定的学生不由自主地做到了遵守纪律、认真听课。学习和纪律上的大幅进步是连我自己也意料不到的。当然，最后的结果是每一位学生都从我的手上如愿地得到了想阅读的书。我用语言激励和书籍奖赏，满足了每一位学生想成为好孩子的愿望，一次又一次地物质刺激引导学生们阅读了一本又一本的好书。当学生们发现书能够给他们带来乐趣时，他们已经知道主动阅读了。

借书阅读的同时，我们课前 3 分钟的“故事朗读”也粉墨登场，当然前提也是对“铃声停，人声静”的最高奖赏。每一次读到紧要处时我总会适时停下，学生们在眼巴巴的期盼中等待下一次的阅读时间快点来临。想要获得更多的奖励，当然就要克制自己的行为，一次比一次做得好。我们的阅读游戏就在这样的良性循环中不断前进。我给学生们读《窗边的小豆豆》后不久，我就发现很多学生手中多了一本这样的书，他们和要好的伙伴聚在一起津津有味地阅读，并乐此不疲。有一些学生在日记中写道：我真希望王老师能够每天都给我们读有趣的书。当我给学生们读《猜猜我有多爱你》时，我们一起根据书中的内容做动作，欢笑声充满教室。回家后学生们还会绘声绘色地将故事讲给父母听，和父母一起分享他们阅读的乐趣。

这个学期我和学生们读得最多的是关于爱的故事。除刚才讲到的《猜猜我有多爱你》以外，还有《爱心树》《獾的礼物》《青蛙佛洛格的故事》《逃家小兔》《月亮，生日快乐》《风到哪去了》《爱的教育》等。我期待这一篇又一篇洋溢着和煦春风的爱心故事，能够滋养学生们的生命，能够进行爱的传递。想想看，大伙儿不约而同地关心帮助小誉（一个不能独立行走的孩子），为需要得到救治的孩子捐款……这些都是学生们真挚的爱心表达呀！

每周五的阅读交流课是学生们特别向往的日子。我们或者在阳光下阅读，或者在教室里交流，或者在讲台上表演，或者根据书中的内容做游戏……种种有趣的阅读活动都让学生们惊喜不已，并且迫不及待地在日记里表达出自己的喜悦。因为阅读，我和学生们的交流更多了，常常可以看到这样的情境：几个孩子牵着我的手或者扯住我的衣角，讲他们读过的故事。哪怕再忙，看到那一张张热情而灿烂的小脸，我都会弯下腰或者干脆蹲下来听他们讲。看到学生们蹦跳着满意离去，心中充溢的是一种收获的喜悦。因为阅读，学生们手头上有了好书也乐意和大家一起分享。很多学生将自己的书带来供大家阅读。彼此之间的借阅多了，学生们还学会了写借条。这也是阅读带来的收获。

为了便于指导，我们将《语文报》定为我班的班报，每一周发《语文报》的时间，也是我们大家一起分享阅读的时间，我会有意识地介绍报中的文章，或者提前读给大家听。分享阅读，这样不仅吸引了学生们的视线，也拉近了师生之间的距离，举手之劳却一举两得，真划算。

我们不仅读报纸、读杂志，在书海中找寻乐趣，我们也背诗词、背经典文章。带学生们读现代童诗是希望学生们更有灵气，带学生们背古典诗句是希望学生们更多地吸收传统文化的精髓。都说读诗的学生聪明，一点不假。我带学生们朗读诗歌，学生们眼中总是溢满了欢欣，接着灵动的语句就从他们的口中汩汩流出："茶花是春天的表达""春天像一位打扮得花枝招展的孩子""树在摇曳，那是风娃娃来了，树在向他招手呢！""今天老师将春天带进了课堂！""一到上体育课，我们就像一群快活的小鸟飞出教室"……

因为阅读，那些动作缓慢、发育迟缓、学习有些困难的学生逐渐跟上了班级的步伐，变得自信而精神了。就拿小逸和小林这两个学生来说吧，上学期还基本上属于不会听课、搞不清作业在哪儿的学生，这个学期作业完成得就比较好，基本上养成了认真听课的习惯，更重要的是课堂上能够主动发言了。

我比较赞同舒婷的观点："粗鄙的心灵是配不上优雅的文字的，但是优雅的文字却可以拯救那些日益粗鄙的心。”世界上没有哪一种语言能够像我们的汉语这样精炼、优雅和丰盈。因此在学生们的小学阶段花一定的时间进行阅读和记忆，无疑是有用且必要的。一年来，学生们已经背诵了《声律启蒙》《增广贤文》《小学生必备古诗80首》等。难能可贵的是有一部分学生还能够恰到好处地学以致用，像小洋同学，有一次父母因为小事吵了起来，正当母亲准备大发脾气时，小洋马上对母亲说：“一家之计在于和。”经典的语言带着稚嫩的童音，顿时消除了母亲的火气，也及时化解了父母的矛盾。

因为阅读，学生们似乎长大了，懂事了。原来我常常有一种精疲力竭，疲于应付的辛苦和无奈，这个学期我自觉轻松了许多。一来是学生们的自理能力、自制能力得到了提高，二来也是因为培养的一批小助手已经逐渐上路，班级卫生、纪律等方面都能管理得井井有条。教我们班的老师都不约而同地称赞学生们的表现。无论何时走进教室，你都能看到这样的风景：干净的地面，整齐的课桌、椅凳，彬彬有礼的学生。我想这也是阅读带来的可喜变化。

阅读多了，表达自然也就流畅了很多，小小练笔也就有话可写了。这个学期孩子们写了近40篇日记（一个星期两篇），15篇左右的文章。下面我摘录了两篇学生们的文章。都是写“假如”，一篇主要从关爱的角度入手，一篇则更注重由阅读带来的假想。

……假如我有一支马良的神笔，我要给受灾的小朋友，画上漂亮的房子和家具，那样，他们就不会在寒冷的冬天里，冷得发抖，饿得哭泣。而是在干净的房子里，很温暖、很温暖地休息。

…… 假如我有一支马良的神笔，我一定要给小誉同学画一双好腿，他再也不用等妈妈接送，而是和我们一起上学，一起回家。

（李思恒）

……假如我有一支马良的神笔，我要给台湾画一场美丽的雪景，让台湾的小朋友在冬天能够看到雪白雪白的雪花，再也不会望着棉花做成的雪，心里想着：冬天真没有意思。

……假如我有一支马良的神笔，我要给街上的流浪小狗画一件温暖的棉袄，让小狗在寒冷的冬天也能快活地成长，不会像卖火柴的小女孩一样被冻死。

（钱雅杨）

阅读带来的更可喜的变化是改变了许多家长的陈旧的观念，更多的家长能加入到和学生一起阅读的队伍中来。我给家长推荐的书目他们基本上都会买来和学生一起阅读，许多家长自己也成了热爱读书的人，真正做到了和学生共成长。

本学期班级活动和获奖情况：

暑假上交环保小报34份，15人次获奖。

32人参加“书香校园”征文活动。

捐款达300多元。

校运会上，羽毛球第一名，年级团体总分第一名。

我爱新农村绘画比赛10人参赛。

大队部交代的每一项工作都能按质、按量、按时完成。

这是辛苦的一年，这是成长的一年，这些成绩的取得离不开所有科任老师的共同努力。感谢数学周老师，她积极主动的工作态度和无私奉献的工作作风，减轻了我许多负担，她主动为我承担了至少三分之一的班主任工作。体育邓老师和黄老师使我班的体育成绩不断上升，并且发现了许多体育苗子，让更多的学生热爱体育。美术何老师、音乐柳老师是学生们最喜欢的老师，为我班带来了许多活力，也为班级管理想了许多办法，出了许多点子。在所有老师的共同努力下，相信新的一年将是更加辉煌灿烂的一年。

（王大庆）

点评：

总结是学年末每个班主任必做的事，许多人把它当作负担，但是王老师却如此津津乐道，其间的秘密是什么呢？

总结虽说是学年末的事，其实“活”不在学年末，学年末是收获的季节。王老师新学年伊始播下的种子，经过一年的辛勤耕耘，如今换来累累硕果，怎能不乐？

王老师的总结有个特点值得学习：重点突出，它不是面面俱到的流水账。之所以做到这点是因为他一开始就确定了班级工作的主题——阅读，规定了工作的目标——以阅读促纪律、正班风和练写作。围绕主题他有与之配套的阅读内容、可操作的实施策略和有趣而多样化的阅读方法。好的策划贵在经营，从开始的动机激励，到开展孩子们喜闻乐见的故事朗读、阅读交流课、读班报、诵古诗等活动，都激动着、滋润着孩子们的心田。王老师的心血没有白费：纪律好了，班风正了，孩子们懂事了，成长了。因此王老师写总结，没有“写不出”或“没得写”的苦恼，有的只是成就感和幸福感！

当然，王老师如果能进一步反思这一年来有哪些不足和缺憾，那么明年的收获一定比今年还要大。

（点评人：陈爱苾）

学员作业

回顾自己的班主任工作，选出你认为最成功、最有效的一个学年的工作，进行班主任工作总结。

编后语

凝结着无数人的智慧和心血的《春华秋实每一年——班主任的每一学年》，终于完稿。欣慰之余，我们终于有暇“盘点”本书的每一个付出者，他们中有关注并指导本书的教育部领导、有为打造中小学班主任远程培训精品课程倾尽全力的中国教师研修网团队，有我们特聘的教育教学专家和一线班主任，有未曾见过面的案例和资料提供者。

感谢教育部有关领导，他们政策上的引领导航，关键处的指点把关，使我们看准了方向，少走了弯路，跨过了坎坷。

感谢中国教师研修网的负责人和项目总监周卫研究员，无论是他们台前的部署指挥，还是幕后的筹措运作；无论是书稿内容的架构，还是形式的创意，都是本书完稿和品质的重要保证。

还要感谢中国教师研修网许许多多台下的辟径铺路者：陈敬宏、陈海荣、霍丹、孙健……没有他们，成书之路，将是何等的不平坦和遥远。

感谢参与“对话专家”的老师：蓝维（首都师范大学）、高洪源（北京师范大学）、陶礼光（北京教育科学研究院）、延建林（清华大学）、张东娇（北京师范大学）、李兰巧（北京青年政治学院）、陆士桢（中国青年政治学院）、刘淑兰（北京师范大学）、张彩云（中央教育科学研究所）、刘翔平（北京师范大学）、郑新蓉（北京师范大学）、康永久（北京师范大学）、乔志宏（北京师范大学）、苏尚锋（首都师范大学）、王海燕（首都师范大学）、程凤春（北京师范大学）、姚梅林（北京师范大学）、鲍传友（北京师范大学）、白铭欣（北京教育学院）、田万生（中国青年政治学院），他们对案例的多视角解读，启迪了思维，深化了案例，提升了本书的理性价值。

感谢参与“对话班主任”的一线班主任老师：梁秀丽（北京市第十四中学）、胡颖（北京市西城区师范学校附属小学）、杨勇学（北京市丰台第二中学）、李梦莉（北京市第五十五中学）、李远成（重庆市巴川中学）、欧阳尚昭（北京市顺义区牛栏山第一中学）、石伏平（北京市第八中学）、李京燕（北京市第四中学）、徐立荣（北京市通州区第二中学）、李洪晶（首都师范大学附属密云中学）、唐亮（北京市宣武区北京小学）、王春风（北京宣武区第一职业学校）、荣建伟（北京东城区东四九条小学）、邢艳（北京市海淀区七一小学）、岳建伟（北京市苹果园中学）、王淑君（北京市东城区和平里第四小学）、李卫东（北京市通州区运河中学），他们的丰富经验和实践智慧，是奉献给读者的宝贵财富。

感谢“对话”主持人肖北方，她与专家及班主任面对面的访谈中，用一个个巧设的问话，开启了人们的思维，深挖出了隐含于案例中的重要观点和原理，体现了案例的教育价值。

本书的编写得益于教育部基础教育司和中国教育报刊社主办、中国教师研修网承办、班主任杂志社协办的“班主任话细节”征文活动。感谢案例的提供者：傅艳琳、乔瑞民、乔蔚、王香、左晓梅、雅歌、郭靖华、朱宇、侯明甫、王艳芳、张志群、郑立平、韩延明、李蓉、马伊蕾、贾令河、田司勇、张锁荣、崔静平、蔡泽涛、王大庆。大量的班主任案例故事，是本书的立足之基石、活力之源泉。

为了给读者提供更加丰富的学习参考资料，我们从书籍、杂志和网上搜集了大量的文献，下载、摘选了周建平、李镇西、刘杰、王方、陈智勇、朱英杰、王顺、徐明峡、吴建成、周丹、刘晓、查有梁、张小涛、陈丽、幽兰、王大庆等作者以及其他未见署名的作者的文章，他们是帮助读者拓展视野、扩充认识的重要资源。我们在此一并向他们以及向刊载原文的有关媒体深表谢意。

感谢教育科学出版社教师教育编辑部的编辑团队和本书责任编辑。他们科学严谨的编辑作风和一丝不苟的工作态度，使书稿中的误点和瑕疵尽可能得到了更正和消除。

编书的过程是上下求索的过程，是学习提升的过程，也是团队合作的过程。以北京教育学院班主任小分队为主体的团队成员，分别承担了各个专题的案例综合评析的撰写、案例以及有关内容的精选、提炼、组织和编写任务。具体的分工情况是：专题9（陈爱苾）、专题10（肖北方）、专题11（郭靖华）、专题12（吴安民）、专题13（张红）、专题14（赵玉如）、专题15（迟希新）、专题16（崔静平）。

由于学识浅陋、视野狭窄、精力有限，加上时间仓促，谬误疏漏在所难免，特恳请读者们对于书中可能存在的问题，不吝赐教，勿忌斧正。

陈爱苾

后　　记

根据教育部《关于进一步加强中小学班主任工作的意见》和《全国中小学班主任培训计划》，2008 年 10 月教育部师范教育司会同基础教育一司组织实施了“万名中小学班主任国家级远程培训”。此次示范性远程培训通过公开招标委托中国教师研修网具体承办。为加强培训的针对性，确保培训质量，培训前在全国范围内开展了“班主任话细节”的征文活动，共征集班主任案例 4 万多个。专家们从中精心筛选了 100 多个案例，形成了培训的核心课程资源。

此次远程培训反响热烈，培训成效显著。在持续一个半月的培训过程中，平台访问量达到 8 068 435 人次，日均访问量 164 539. 5 人次，在线峰值达 16 377人，学员总体满意度高达 96. 6%。为了促进优质培训资源共享，应广大学员的要求，中国教师研修网组织专家在教育部师范教育司和基础教育一司的规划指导下，基于此次培训的课程资源，编辑出版了《中小学班主任案例式培训教程》。这套教程包括 6 个分册、48 个专题，每个专题由教育主题、核心问题、案例故事、对话班主任、对话专家、综合评析、拓展案例、相关资料、学员作业 9 个部分组成。本教程从班主任日常工作情境出发，关注班主任工作细节，围绕典型案例中的关键教育事件，组织专家和班主任进行多角度的理论与实践的对话，引导班主任学会面对复杂问题进行深度的思考。以案例为依托的对话式探讨使得整套教程亲切生动、引人入胜。

本套教程的整理、编辑和出版，自始至终都得到了教育部师范教育司和基础教育一司领导的指导和帮助。感谢主持和参与这套教程编写的各分册主编、专家和班主任，感谢教育科学出版社的大力支持。如果这套教程能比较贴近班主任工作的实际，能对提升广大班主任专业素养有所帮助，那就是我们最大的心愿。

编　者

责任编辑　杨晓琳
版式设计　尹明妤
责任校对　贾静芳
责任印制　曲凤玲

图书在版编目(CIP)数据

春华秋实每一年:班主任的每一学年 / 陈爱苾主编. 北京:教育科学出版社,2009.7(2012.9重印)
中小学班主任案例式培训教程
ISBN 978-7-5041-4722-6

Ⅰ.春…　Ⅱ.陈…　Ⅲ.中小学—班主任—工作—师资培训—教材　Ⅳ.G635.16

中国版本图书馆CIP数据核字(2009)第087867号

出版发行	教育科学出版社		
社　址	北京·朝阳区安慧北里安园甲9号	市场部电话	010-64989009
邮　编	100101	编辑部电话	010-64989593
传　真	010-64891796	网　址	http://www.esph.com.cn
经　销	各地新华书店		
制　作	北京金奥都图文制作中心		
印　刷	保定市中画美凯印刷有限公司	版　次	2009年7月第1版
开　本	169毫米×239毫米　16开	印　次	2012年9月第3次印刷
印　张	13.75	印　数	22 001—25 000册
字　数	210千	定　价	27.00元

出于培训需要,在教程编写过程中,作者从书刊或网络选摘了一些相关资料,虽已尽可能注明了出处,但一些著作权人无法联络,相关稿酬问题请与中国教师研修网班主任频道联系,电话:(010)82230990,传真:(010)82235745。

有意开展班主任远程案例式培训的教育部门或机构,请与中国教师研修网项目合作部接洽,联系电话:(010)82232722。